Abbildung von Kreditderivaten im Jahresabschluß
unter besonderer Berücksichtigung
von Sicherungszusammenhängen

Europäische Hochschulschriften
Publications Universitaires Européennes
European University Studies

Reihe V
Volks- und Betriebswirtschaft

Série V Series V
Sciences économiques, gestion d'entreprise
Economics and Management

Bd./Vol. 2775

PETER LANG
Frankfurt am Main · Berlin · Bern · Bruxelles · New York · Oxford · Wien

Matthias Forche

Abbildung von Kreditderivaten im Jahresabschluß unter besonderer Berücksichtigung von Sicherungszusammenhängen

PETER LANG
Europäischer Verlag der Wissenschaften

Die Deutsche Bibliothek - CIP-Einheitsaufnahme

Forche, Matthias:

Abbildung von Kreditderivaten im Jahresabschluß
unter besonderer Berücksichtigung von
Sicherungszusammenhängen / Matthias Forche. -
Frankfurt am Main ; Berlin ; Bern ; Bruxelles ; New York ;
Oxford ; Wien : Lang, 2001
(Europäische Hochschulschriften : Reihe 5, Volks- und
Betriebswirtschaft ; Bd. 2775)
Zugl.: Berlin, Freie Univ., Diss., 2001
ISBN 3-631-38181-6

D 188
ISSN 0531-7339
ISBN 3-631-38181-6

www.peterlang.de

Mein Dank gilt Prof. Dr. H. Egner, Prof. Dr. M. Hein, Dr. M. Janke, Dr. A. Zernack, H. Kelling, A.-S. Forche und K. Forche. Sie wissen schon, wofür.

Inhaltsverzeichnis

Abkürzungsverzeichnis

a.A.	anderer Ansicht
a.a.O.	am angegebenen Ort
Abb.	Abbildung
Abs.	Absatz
Abt.	Abteilung
AO	Abgabenordnung
Art.	Artikel
Aufl.	Auflage
AVB Warenkredit 1984	Allgemeine Versicherungsbedingungen für die Warenkreditversicherung in der Fassung von 1984
AVB Ausfuhrkredit 1988	Allgemeine Versicherungsbedingungen für die Ausfuhrkreditversicherung in der Fassung von 1988
BB	Betriebs-Berater (Zeitschrift)
Bd.	Band
bearb.	bearbeitet(e)
BFA	Bankenfachausschuß des Instituts der Wirtschaftsprüfer in Deutschland e.V.
BFH	Bundesfinanzhof
BFHE	Amtliche Sammlung der Entscheidungen des Bundesfinanzhofs
BFuP	Betriebswirtschaftliche Forschung und Praxis (Zeitschrift)
BGB	Bürgerliches Gesetzbuch
BGH	Bundesgerichtshof
BStBl.	Bundessteuerblatt
BverfG	Bundesverfassungsgericht
BverfGE	Amtliche Sammlung der Entscheidungen des Bundesverfassungsgerichts
bzw.	beziehungsweise
DAX	Deutscher Aktien Index
DB	Der Betrieb (Zeitschrift)
ders.	derselbe
dies.	dieselben
d.h.	das heißt
DStR	Deutsches Steuerrecht (Zeitschrift)
DStZ	Deutsche Steuerzeitung (Zeitschrift)
EFG	Entscheidungen der Finanzgerichte
EG	Europäische Gemeinschaften
erg.	ergänzte
erw.	erweiterte
EStG	Einkommensteuergesetz
etc.	et cetera

evtl.	eventuell (en)
FR	Finanz-Rundschau (Zeitschrift)
GAAP	Generally Accepted Accounting Principles
GE	Geldeinheiten
gem.	gemäß
ggf.	gegebenenfalls
gl.A.	gleicher Ansicht
GoB	Grundsätze ordnungsmäßiger Bilanzierung
GrS	Großer Senat
GuV	Gewinn- und Verlustrechnung
HFA	Hauptfachausschuß
HGB	Handelsgesetzbuch
HGB-E	Handelsgesetzbuch-Entwurf
h.M.	herrschende Meinung
hrsg.	herausgegeben
IAS	International Accounting Standards
IASC	International Accounting Standards Committee
i.d.R.	in der Regel
IDW	Institut der Wirtschaftsprüfer in Deutschland e.V.
IFSt	Institut „Finanzen und Steuern“
IOSCO	International Organisation of Securities Commissions
i.S.d.	im Sinne des
i.V.m.	in Verbindung mit
LIBOR	London Interbank Offered Rate
neubearb.	neubearbeitet(e)
Nr.	Nummer
Nrn.	Nummern
Mrd.	Milliarde(n)
m.w.N.	mit weiteren Nachweisen
o.ä.	oder ähnliches
o.g.	oben genannte(n)
OTC	over the counter
o.V.	ohne Verfasserangabe
RAO	Reichsabgabenordnung
RechKredV	Rechnungslegungsverordnung für Kreditinstitute
RFH	Reichsfinanzhof
RStBl.	Reichssteuerblatt
S.	Seite
SFAS	Statement of Financial Accounting Standards
Sp.	Spalte
StAnpG	Steuer-Anpassungsgesetz
StB	Der Steuerberater (Zeitschrift)

StuW	Steuern und Wirtschaft (Zeitschrift)
Tz.	Textziffer
u.a.	und andere
u.ä.	und ähnliches
überarb.	überarbeitete
US	United States
u.U.	unter Umständen
verb.	verbesserte
vgl.	vergleiche
vollst.	vollständig
WPg	Die Wirtschaftsprüfung (Zeitschrift)
z.B.	zum Beispiel
ZBB	Zeitschrift für Bankrecht und Bankwirtschaft
ZfB	Zeitschrift für Betriebswirtschaft
ZfbF	Zeitschrift für betriebswirtschaftliche Forschung
ZfhF	Zeitschrift für handelswissenschaftliche Forschung
zsgst.	zusammengestellt
z.Zt.	zur Zeit

Abbildungsverzeichnis

I. Einleitung

A. Problembeschreibung

Schon seit längerer Zeit werden an den internationalen Finanzmärkten Derivate gehandelt, mit denen Zins- oder Wechselkursrisiken übertragen werden können. Als weitere Form wurden die sogenannten Kreditderivate entwickelt, mit denen erstmals auch Kreditrisiken isoliert gehandelt werden können. Hinsichtlich ihrer Marktchancen werden Kreditderivate auch mit Zinsswaps verglichen:[1] Die ersten Zinsswaps wurden in den 80er Jahren eingeführt und sind heute aus dem Wirtschaftsleben nicht mehr wegzudenken. Eine ähnliche Entwicklung kann den in den 90er Jahren eingeführten Kreditderivaten bevorstehen. So werden für den deutschen Kreditderivatemarkt Wachstumsraten von 140 Prozent innerhalb eines Jahres prognostiziert.[2]

Aufgrund solcher starken Wachstumsaussichten gewinnt auch die Problematik der Abbildung dieser Produkte im Jahresabschluß zunehmend an Bedeutung. So hat der Bundesverband deutscher Banken eine Empfehlung zur bilanziellen Erfassung und Offenlegung von Kreditderivaten veröffentlicht.[3] Ebenso hat das IDW einen Entwurf einer Stellungnahme veröffentlicht, die die Bilanzierung der Kreditderivate regeln soll.[4] Allerdings haben sich auch aufgrund der Aktualität des Themas noch keine gefestigten Grundsätze zur Bilanzierung von Kreditderivaten bilden können.

Zu den diskutierten Fragen gehört neben der korrekten Bilanzierung und der Erfolgsverteilung der Prämie auch die Bilanzierung bei Beendigung des Derivats. Darüber hinaus wird diskutiert, wann Kreditderivate bei der Bilanzierung ausfallgefährdeter Forderungen zu berücksichtigen sind.

Da in Deutschland neben dem etablierten HGB die IAS immer mehr an Bedeutung gewinnen, wird in dieser Arbeit die Bilanzierung der Kreditderivate nach beiden Rechnungslegungssystemen betrachtet.

B. Aufbau der Arbeit

Der Begriff des Kreditderivats stellt nur einen Oberbegriff über verschiedene Formen dieser Derivate dar. Die einzelnen Formen unterscheiden sich unter anderem in der Art der durch sie abgesicherten Risiken. Deshalb erfolgt zum Beginn der Arbeit eine Darstellung von Risiken, denen Unternehmen im allgemeinen ausgesetzt sind. Anschließend erfolgt eine Beschreibung der allgemeinen Grundformen derivativer Geschäfte (d.h. Forward Rate Agreements, Swaps und

---

[1] Vgl. Ranson (1997) S. 34
[2] Vgl. Burghof/Henke/Schirm (2000) S. 537
[3] Vgl. Bundesverband deutscher Banken (2000) S. 677 ff.
[4] Vgl. IDW (2000) S. 721 ff.

Optionen), da alle Kreditderivate auf diesen Grundformen aufbauen. Im Anschluß werden die Gemeinsamkeiten der Kreditderivate vorgestellt, diese beziehen sich z.B. auf die verschiedenen möglichen Arten von Basiswerten oder die Erfüllungsformen von Kreditderivaten. Bei der danach folgenden Vorstellung der derzeit gebräuchlichsten Formen von Kreditderivaten werden insbesondere solche Merkmale dargestellt, die für die Beurteilung einer korrekten Bilanzierung notwendig sind. Dazu gehören die Wirkung des jeweiligen Kreditderivats, die Zahlungsströme und die Vollständigkeit der Risikoübertragung. Ein Überblick über die Motivationen zum Abschluß von Kreditderivaten, die Preisbildung und ein Ausblick auf deren zukünftige Einsatzmöglichkeiten schließen das Kapitel ab.

Die eigentliche Bilanzierung der Kreditderivate wird aufgrund der zwei völlig unterschiedlichen Bilanzierungssysteme HGB und IAS in zwei verschiedenen Teilen gezeigt. Zuerst wird die Bilanzierung nach HGB dargestellt.

Im HGB befinden sich keine speziellen Vorschriften, die direkt oder indirekt einen Hinweis auf die Bilanzierung der Kreditderivate geben. Aus diesem Grund richtet sich deren Bilanzierung nach allgemeinen Vorschriften, d.h. den Grundsätzen ordnungsmäßiger Bilanzierung, weswegen auch die Grundlagen des HGB dargestellt werden müssen.

Diese werden in einem ersten Abschnitt beschrieben. Im ersten Unterabschnitt erfolgt eine Klärung des Inhalts von GoB und die Festlegung auf ein GoB-System. Der zweite Unterabschnitt umfaßt die Bedeutung einer wirtschaftlichen Betrachtungsweise und des true and fair view für das Handelsrecht. Im dritten Unterabschnitt werden schließlich Einzelvorschriften vorgestellt, die für die Bilanzierung von Kreditderivaten bedeutsam sind.

Der zweite Abschnitt umfaßt die kompensatorische Bewertung, d.h. die Berücksichtigung positiver und negativer Wertfaktoren im Rahmen der Bilanzierung. Eine solche Berücksichtigung von entgegengesetzten wertbestimmenden Faktoren ist insbesondere bei der Abbildung von Sicherungszusammenhängen im Jahresabschluß notwendig. In diesem Abschnitt werden die gesetzliche Regelung, die Rechtsprechung und die Auffassungen in der Literatur zur kompensatorischen Bewertung vorgestellt. Als konkrete Anwendungsfälle einer kompensatorischen Bewertung werden die Kreditversicherung und die Bildung von Micro-Hedges vorgestellt.

Im dritten Abschnitt wird die Abbildung von Kreditderivaten im Jahresabschluß beschrieben. Dazu werden Kriterien aufgestellt, bei deren Vorliegen ausfallgefährdete Forderungen nicht isoliert, sondern zusammen mit dem absichernden Kreditderivat bewertet werden können. Anschließend werden unter Berücksichtigung der GoB Grundsätze zur Bilanzierung von Kreditderivaten und Forderungen unter Berücksichtigung der verschiedenen Formen von Kreditderivaten aufgestellt.

Die Bilanzierung der Kreditderivate nach IAS wird im nächsten Teil beschrieben. Die IAS besitzen ausdrückliche Regeln zur Bilanzierung von Finanzinstrumenten. Dazu werden in einem ersten Abschnitt die einschlägigen und sehr detaillierten Regeln vorgestellt. Im nächsten Abschnitt wird die Bilanzierung der verschiedenen Arten von Kreditderivaten dargestellt.

Der letzte Teil dieser Arbeit faßt die Ergebnisse zusammen und stellt die bilanzielle Darstellung von Sicherungszusammenhängen nach HGB und IAS gegenüber.

II. Kreditderivate

Zur Erleichterung des Verständnisses der Einsatzmöglichkeiten von Kreditderivaten und zur Begriffsklärung erfolgt zuerst eine Darstellung und Unterteilung von Unternehmensrisiken. Anschließend werden verschiedene Formen von Kreditderivaten und deren jeweilige Besonderheiten dargestellt. Um die Einsatzmöglichkeiten von Kreditderivaten in Unternehmen zu erläutern, erfolgt eine Darstellung der verschiedenen Motive zum Abschluß derivativer Geschäfte im allgemeinen und von Kreditderivaten im besonderen. Der Abschnitt schließt mit einer kurzen Darstellung der Preisermittlung von Kreditderivaten und versucht, einen Ausblick auf die weitere Entwicklung des Kreditderivatemarktes zu geben.

A. Unternehmensrisiken

Entscheidungen in Unternehmen beruhen immer auf Erwartungen über bestimmte Zustände in der Zukunft. Der tatsächliche Eintritt dieser Zustände hängt dabei von unternehmensexternen und –internen Faktoren ab. Diese Faktoren sind nur selten ex ante genau zu bestimmen, d.h. es wird oft zu Abweichungen zwischen den ursprünglich geplanten und den tatsächlich eingetretenen Zuständen kommen. Abhängig von der Ausrichtung der Abweichungen spricht man bei der Möglichkeit einer negativen Abweichung von einem Risiko, bei einer positiven Abweichung von einer Chance.[5]

Risiken lassen sich nach unterschiedlichen Kriterien unterteilen, wobei die Strukturierung von Risiken sich bislang hauptsächlich auf die Risiken von Bankbetrieben bezog. Eine Übertragung dieser Strukturen auf Unternehmen anderer Branchen ist aber in all den Fällen möglich und sinnvoll, in denen Unternehmen ähnlichen Risiken ausgesetzt sind, wie sie üblicherweise durch Bankbetriebe eingegangen werden. So werden Unternehmen, die im internationalen Handel tätig sind, meist einem Wechselkursrisiko ausgesetzt sein. Aus diesem Grund werden im folgenden solche bankbetrieblichen Risiken vorgestellt, die auch auf Unternehmen anderer Branchen übertragbar sind.

Eine grobe Strukturierungsmöglichkeit besteht in der Unterteilung nach Geschäfts- und Betriebsrisiken.[6]

Bei Betriebsrisiken handelt es sich ausschließlich um unternehmensinterne Risiken. Sie umfassen alle personellen, organisatorischen und technischen Gefahren im internen Betriebsablauf.[7]

Nach *Büschgen* können die Betriebsrisiken weiter untergliedert werden in:

- Faktorrisiken personeller Art

---

[5] Vgl. Hein (1993) S. 153; Scheffler (1993) S. 4 m.w.N.
[6] In Anlehnung an Büschgen (1998) S. 869; ebenso Schmidt, C. (1996) S. 41 ff.
[7] Vgl. Scheffler (1993) S. 5

- Faktorrisiken sachlich-technischer Art
- Abwicklungsrisiken
- und Rechtsrisiken.[8]

Die Faktorrisiken personeller Art umfassen alle jene Risiken, die aus dem Einsatz von Mitarbeitern resultieren. Dazu gehören eine unzulängliche Aufgabenerfüllung, Nachlässigkeit, Pflichtvergessenheit, und sie reichen bis zu kriminellen Handlungen wie Unterschlagungen.

Zu den Faktorrisiken sachlich-technischer Art gehört die nicht dem Einsatz angepaßte Proportionierung von Betriebsmitteln. So entstehen Leerkosten, wenn Betriebsmittel zu groß konzipiert sind (z.B. bei einem Lager oder einer EDV-Anlage). Bei einer zu geringen Kapazität können hingegen zeitliche Verzögerungen entstehen, z.B. bei einer zu kleinen EDV-Anlage. In anderen Fällen können Zusatzkosten auftreten, z.B. durch die Anmietung eines zusätzlich erforderlichen Lagers.

Die Abwicklungsrisiken beinhalten solche Probleme, die durch Arbeitsteilung in großen Organisationen entstehen können. Das bedeutet, daß durch eine ungenügende Abgrenzung der Aufgaben Schnittstellenprobleme zwischen einzelnen Abteilungen und damit Risiken in der Abwicklung auftreten können.

Unter den Geschäftsrisiken versteht man dagegen die Risiken, denen sich das Unternehmen aufgrund seiner Betätigung auf einem bestimmten Markt nicht entziehen kann. Folglich beziehen sich diese Risiken auf den externen Leistungsbereich.[9]

Die folgende Abbildung gibt einen Überblick über die Geschäftsrisiken eines Unternehmens.

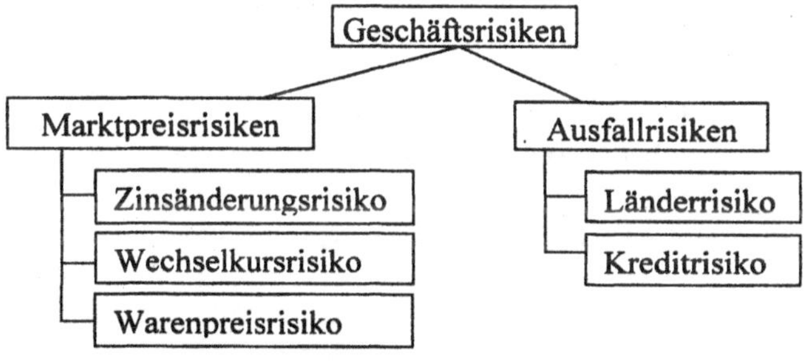

Abb. 1: Übersicht über Geschäftsrisiken[10]

---

[8] Vgl. hierzu und zum Folgenden Büschgen (1999) S. 238 ff.
[9] Vgl. Büschgen (1999) S. 238
[10] Eigene Darstellung in Anlehnung an Büschgen (1998) S. 869

Die einzelnen Marktpreis- und Ausfallrisiken werden im folgenden näher erläutert.

Marktpreisrisiken:
Diese Risiken beschreiben die Möglichkeit, daß sich durch Marktschwankungen Bedingungen für das Unternehmen nachteilig entwickeln. Die unter den Marktpreisrisiken aufgeführten Zinsänderungs- und Wechselkursrisiken treten insbesondere bei Bankbetrieben auf, während Unternehmen anderer Branchen im wesentlichen Warenpreisrisiken ausgesetzt sind.

Das Zinsänderungsrisiko umfaßt das Risiko einer negativen Abweichung des tatsächlich eingetretenen Zinsniveaus vom ursprünglich prognostizierten. Dieses Risiko kann auf der Aktiv- und Passivseite einer Bilanz auftreten. So können Forderungen festverzinslich vereinbart sein, während die zugehörige Refinanzierung zumindest teilweise variabel verzinslich ist.[11] Dieser Fall wird auch als aktiver Festzinsüberhang bezeichnet. Ein Zinsänderungsrisiko kann in diesem Fall durch eine Erhöhung des allgemeinen Zinsniveaus auftreten, da sich das Unternehmen zu einem höheren Zinssatz refinanzieren muß, diese gestiegenen Zinsen aber nicht an den Kreditkunden weiterbelasten kann. Im umgekehrten Fall führt eine allgemeine Senkung der Zinsen der variabel verzinslichen Passivseite bei gleichzeitig festen Zinsen auf der Aktivseite zu einer Erhöhung der Zinsspanne und damit Verbesserung des Zinsergebnisses. Ein Zinsänderungsrisiko ist ebenfalls über eine Festzinsvereinbarung auf der Passivseite und einer variabel verzinslichen Forderung denkbar, d.h. bei einem passiven Festzinsüberhang. Bei einer Senkung des allgemeinen Zinsniveaus muß auf der Passivseite weiter der hohe Zins gezahlt werden, während auf der Aktivseite nur der niedrigere Zinssatz weiterbelastet werden darf.

Das Wechselkursrisiko bezeichnet die Gefahr, daß durch den Übergang von einer Währung zu einer anderen der Erfolg des Unternehmens negativ beeinträchtigt wird.[12] Dieses Risiko kann weiter unterteilt werden in das Devisenkursrisiko, welches auf marktbedingten Schwankungen beruht, das Transferrisiko, welches die Gefahr einer eingeschränkten Übertragung von Währungen in andere Hoheitsgebiete beinhaltet, sowie das Konvertierungsrisiko, bei dem die Währung nicht frei umgetauscht werden kann.

Das Warenpreisrisiko ist die Möglichkeit einer negativen allgemeinen Preisänderung von für das Unternehmen wichtigen Gütern. Der Begriff der negativen Preisänderung trifft dabei nur eine qualitative Aussage über die Auswirkung der Preisänderung in der Erfolgsrechnung des Unternehmens, trifft dagegen keine

---

[11] In dieser eindeutigen Form wird ein Zinsänderungsrisko nicht auftreten. Es soll nur an einer typisierenden Betrachtungsweise die Problematik erklärt werden. In der Praxis wird die Sensitivität der gesamten Forderungen und Verbindlichkeiten meist über Zinselastizitäten berechnet. Zur Erfassung und Steuerung des Festzinsüberhangs vgl. Hein (1993) S. 153 ff.

[12] Vgl. hierzu und zum Folgenden Büschgen (1999) S. 245 f.

Aussage über die Richtung der Preisänderung auf den Märkten. Denn eine allgemeine Preiserhöhung auf der Absatzseite wirkt sich ceteris paribus positiv auf das Betriebsergebnis aus, eine Preiserhöhung auf der Beschaffungsseite dagegen negativ. Umgekehrt führt eine Preissenkung auf der Beschaffungsseite zu einer Verbesserung des Betriebsergebnisses und eine Preiserhöhung auf der Absatzseite zu einer Verschlechterung.

Ausfallrisiken:
Das Ausfallrisiko beschreibt allgemein die Möglichkeit, daß Geschäftspartner ihre Zahlungsverpflichtungen nicht erfüllen.[13] Die Nichterfüllung der Zahlungsverpflichtung kann ihre Ursache im Geschäftspartner selbst haben (=Kreditrisiko) oder in externen Faktoren, die durch das Länderrisiko beschrieben werden.

Das Länderrisiko als Teil des Ausfallrisikos ist vergleichbar mit den oben beschriebenen Ausprägungen des Wechselkursrisikos. Auch hier liegen die Risikoursachen in nicht beeinflußbaren Verhältnissen anderer Länder. Das Länderrisiko kann weiter aufgespalten werden in das politische Länderrisiko und das wirtschaftliche Länderrisiko.[14] Das politische Länderrisiko beschreibt die Gefahr, daß Auslandsverbindlichkeiten aufgrund politischer Ursachen nicht bedient werden. Daneben umfaßt das wirtschaftliche Länderrisiko die Möglichkeit, daß die Bedienung von Auslandsverbindlichkeiten, z.B. aufgrund fehlender Devisen, gefährdet ist.

Das Kreditrisiko besteht im klassischen Kreditgeschäft aus der Gefahr des wirtschaftlichen Ausfalls des Kreditnehmers, d.h. der Gefahr der Wertlosigkeit der eigenen Forderung an den Kreditnehmer. Ebenso kann bei Industrie- oder Handelsunternehmen ein Kreditrisiko durch die Gefahr einer Wertminderung von Forderungen aus Lieferungen und Leistungen entstehen. Diese Fälle werden hier als Adressenausfall- oder Kontrahentenrisiko bezeichnet.

Bei derivativen Geschäften[15] besteht das Kreditrisiko dagegen in einem sogenannten Wiedereindeckungsrisiko, d.h. bei einem Ausfall des Geschäftspartners müssen ggf. Anschlußgeschäfte unter ungünstigeren Bedingungen abgeschlossen werden.

Eine dritte Form des Kreditrisikos ist das Bonitätsrisiko. Dabei handelt es sich um eine besondere Form des Adressenausfallrisikos bei festverzinslichen Wertpapieren. Eine solche Unterscheidung ist notwendig, da eine Einzelwertberichtigung auf einen Kredit erst dann gebildet wird, wenn ein konkreter Ausfall erkennbar ist. Bonitätsveränderungen des Kreditnehmers führen damit nur in seltenen Fällen auch zu einem Adressenausfallrisiko. Anders stellt sich die

---

[13] Vgl. Hein (1993) S. 147
[14] Vgl. hierzu und zum Folgenden Büschgen (1999) S. 243
[15] Zum Inhalt und den Formen derivativer Geschäfte vgl. Kapitel II.B.1, S. 8 ff.

Situation bei Wertpapieren dar. Wertpapiere reagieren i.d.R. sehr kurzfristig auf Änderungen in der Bonitätseinschätzung und aufgrund der handelsrechtlichen Rechnungslegungsvorschriften besteht bei einem niedrigeren Börsenkurs am Abschlußstichtag im Vergleich zu den Anschaffungskosten eine Abschreibungspflicht oder ein Abschreibungswahlrecht.[16] Im Ergebnis zeigt das Bonitätsrisiko die Gefahr einer Abschreibung auf festverzinsliche Wertpapiere im Eigenbestand des Unternehmens.

Vor der Einführung von Kreditderivaten wurden hauptsächlich Marktpreisrisiken abgesichert, um damit Risiken zu minimieren. So konnten durch entsprechende Geschäfte Zins-, Wechselkurs-, aber auch Warenpreisrisiken abgesichert bzw. separat gehandelt werden. Die Instrumente waren bei solchen Geschäften gleich. Diese Instrumente werden im folgenden Kapitel vorgestellt.

B. Grundlagen von Kreditderivaten

1. Definition und Arten von Derivaten

Unter Derivaten versteht man ein Wertpapier oder einen Vertrag, der von Aktienkursen, Wechselkursen, Warenpreisen oder Zinssätzen abhängig ist (=derivativ). Dabei werden die Derivate auf einen Basiswert, auch underlying[17] genannt, abgeschlossen. Derivate werden entweder an organisierten Terminmärkten gehandelt oder als zweiseitiger Vertrag abgeschlossen. Im letzteren Fall werden diese Produkte Over-the-counter-(„OTC") Produkte genannt, d.h. die Produkte werden nicht börsengehandelt. Bei den Derivaten haben sich in den letzten Jahren vielfältige Einsatzformen ergeben. Entsprechend den Einsatzformen wurden auch die Produkte entwickelt.

Bei den Finanzinnovationen kann man unterscheiden nach kreditgewährenden Produkten (Darlehen oder Anleihen), nach preisfixierenden (Forwards, Futures und Swaps) und nach preisabsichernden Produkten (Optionen).[18] Wichtig für die in dieser Arbeit zu behandelnden Kreditderivate sind aufgrund der bislang entwickelten Formen insbesondere die Forwards, Swaps und Optionen.

Bei *Forwards* (vollständig: Forward Rate Agreements) handelt es sich um außerbörslich gehandelte Termingeschäfte.[19] Diese entsprechen den an der Börse gehandelten Futures.[20] Mit diesen Geschäften wird der Austausch von

---

[16] Zur außerplanmäßigen Abschreibung im HGB vgl. Kapitel III.A.3.1.2.1, S. 76 ff.

[17] Der Preis eines Derivats ist immer abhängig von dem Preis eines underlyings, d.h. einem Referenzvermögensgegenstand. Dieses Bezugsobjekt differiert je nach Anwendungsbereich, z.B. ist bei Zins- oder Währungsswaps das Bezugsobjekt bereits aus der Bezeichung erkennbar.

[18] Nach Kümpel (2000), Tz. 14.12

[19] Vgl. Bieg (1998) S. 140: Forwards werden insbesondere im internationalen Handel und zwischen Kreditinstituten genutzt.

[20] Vgl. Bieg (1998c) S. 104

Zahlungen zu einem in der Zukunft liegenden Zeitpunkt vereinbart. Alle Forwards beziehen sich dabei auf einen Basiswert, der aus einem bestimmten Zins, einer Währung, Waren oder auch Aktien bestehen kann. Wird z.B. ein Forward auf eine Währung abgeschlossen, handelt es sich um ein Termingeschäft, d.h. beide Seiten vereinbaren einen bestimmten Basiskurs. Liegt der tatsächliche Kurs zum vereinbarten Termin über dem vereinbarten Basiskurs, hat die eine Partei an die andere einen Spitzenausgleich zu leisten. Liegt der tatsächliche Wechselkurs unter dem Terminkurs, hat die andere Partei eine Ausgleichszahlung zu leisten. Diese Vorgehensweise gilt für die anderen Basiswerte analog.

Alle Vereinbarungen in der Form eines Forwards haben gemeinsam, daß keine effektive Lieferung des Basiswerts erfolgt, sondern ein Spitzenausgleich vereinbart wird. Auch Kreditderivate lassen sich als Forwards gestalten. So lassen sich z.B. langfristige Kredite absichern, bei denen eine Absicherung aus verschiedenen Gründen nur für die letzten Jahre der Laufzeit des Basiswerts gewünscht wird.

Die risikoreduzierende Wirkung von Forwards liegt in der Möglichkeit, z.B. den Wechselkurs einer erst zukünftig fälligen Forderung oder Verbindlichkeit durch das Eingehen eines Termingeschäfts festzuschreiben (=geschlossene Position). Falls der Forward dagegen als offene Risikoposition mit dem Ziel der Spekulation eingegangen wird, ist der zukünftige Erfolg aus dem Geschäft dagegen i.d.R. unklar.

Bei *Swaps* handelt es sich grundsätzlich um eine Aneinanderreihung von Forwards, d.h. es werden zu mehreren Zeitpunkten in der Zukunft Zahlungen auf bestimmte Basiswerte ausgetauscht.[21] So besteht z.B. ein Zinsswap im Tausch einer festen gegen eine variable Verzinsung eines festgelegten Betrags zu bestimmten Zeitpunkten in der Zukunft. Zu den vereinbarten Zeitpunkten erfolgt analog dem Forward ein Spitzenausgleich, im Fall des Zinsswap abhängig davon, ob der jeweilige feste oder variable Zins höher ist. Eine solche Form ist bei Kreditderivaten dann anwendbar, wenn Zahlungen zu verschiedenen Zeitpunkten ausgetauscht werden sollen.

Zur Verdeutlichung der Auswirkung eines Swap auf die Risikoposition des Unternehmens wird als Beispiel ein Zinsswap beschrieben. Besteht bei einem Unternehmen ein aktiver Festzinsüberhang, so führt eine Senkung des allgemeinen Zinsniveaus aufgrund der variabel verzinslichen Passivseite zu einer Verbesserung des Zinsergebnisses. Die Erhöhung des allgemeinen Zinsniveaus führt dagegen zu einer Verschlechterung. Durch den Einsatz eines Zinsswap mit der Position des Festzinszahlers ist es möglich, den Festzinsüberhang der Aktivseite in eine variable Verzinsung umzuwandeln, so daß die Veränderung des Zinsniveaus weder zu einer Verbesserung noch zu einer Verschlechterung

---

[21] Vgl. Bieg (1998b) S. 66

des Zinsergebnisses führt. Dieses Risiko bzw. die Chance wurde auf den Festzinsempfänger transferiert.

Im Gegensatz zur zweiseitigen Verpflichtung bei Forwards und Swaps erwirbt der Käufer bei einer *Option* das einseitige Recht, eine bestimmte Menge des Basiswerts zu einem festgelegten Preis zu kaufen (=Call) oder zu verkaufen (=Put). Falls die Ausübung der Option nur zu einem bestimmten Zeitpunkt möglich ist, spricht man von einer europäischen Option.[22] Ist die Ausübung jederzeit während der Laufzeit möglich, spricht man von einer amerikanischen Option. Die Pflicht des Käufers besteht in der Zahlung der Optionsprämie. Der Verkäufer der Option wird als Stillhalter bezeichnet, da nur der Käufer das Recht, aber nicht die Pflicht hat, die Option auszuüben. Bei Kreditderivaten ist eine solche Form als Absicherungsmöglichkeit denkbar, bei der nicht die gleichzeitige Verpflichtung besteht, evtl. Wertsteigerungen des Basiswerts aufzugeben.

Aufgrund der Tatsache, daß der Optionskäufer das einseitige Recht erwirbt, die Option auszuüben, verschlechtert sich seine Risikosituation durch den Abschluß der Option nicht, und sein maximales Risiko besteht im Verlust der Optionsprämie. Die Risikosituation des Optionsverkäufers ist abhängig davon, ob es sich um eine offene oder geschlossene Risikoposition handelt. Ein Risiko kann nur bei einer offenen Position entstehen.

2. Begriffsbestimmung

Im Jahr 1992 wurden erstmals Verträge über Kreditderivate abgeschlossen, mit denen neben den bis dahin bereits gehandelten Marktpreisrisiken auch Adressenausfall- und Bonitätsrisiken handelbar wurden. Solche Verträge waren insoweit nicht durchgreifend neu, als daß es schon vorher Möglichkeiten zur Reduzierung oder Übernahme von Kreditrisiken gab. Die Möglichkeiten bestanden zum einen im Abschluß einer Kreditversicherung[23] und zum anderen im Kauf oder Verkauf eines Asset-Swap.[24] Die eigentliche Neuerung der Kreditderivate war damit nicht die Möglichkeit der Reduzierung des Kreditrisikos, sondern die neue Möglichkeit der selbständigen Handelbarkeit von Adressenausfall- oder Bonitätsrisiken, ohne den zugrundeliegenden Basiswert besitzen zu müssen.

Wie bereits erwähnt, bezieht sich auch ein Kreditderivat auf einen sogenannten Basiswert. Dieser Basiswert kann aus einer einzelnen Kreditbeziehung oder

---

[22] Vgl. hierzu und zum Folgenden Bieg (1998a) S. 19

[23] Zum Inhalt einer Kreditversicherung vgl. Kapitel III.B.6.1.1, S. 121 ff.

[24] Voraussetzung eines Asset-Swap ist der Besitz einer festverzinslichen Anleihe. Im Rahmen eines Asset-Swap werden durch die Kombination der Anleihe mit einem Zinsswap die fixen Zinszahlungen aus der Anleihe in einen variablen Zinssatz (LIBOR+Aufschlag) umgewandelt. Dadurch wird für den Besitzer der Anleihe ein Zinsänderungsrisiko ausgeschlossen. Der Aufschlag auf LIBOR stellt eine Entschädigung für das verbleibende Adressenausfallrisiko dar, vgl. Hüttemann (1997) S. 36

einem „basket“ mehrerer Kredite von verschiedenen Kreditnehmern bestehen. Die meisten Kreditderivate beziehen sich auf einen einzelnen Kreditnehmer. Schuldner des Basiswerts sind in etwa gleichem Anteil Unternehmen, Staaten und Banken. Dies wird in der nachfolgenden Übersicht dargestellt.

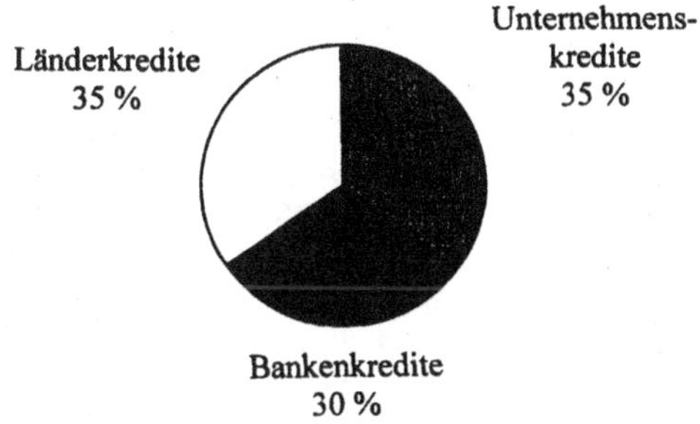

Abb. 2: Unterteilung der Basiswerte nach Schuldnern für das Jahr 1997[25]

Den Basiswert eines Kreditderivats stellen immer Kreditbeziehungen dar. Dazu gehören einerseits Kredite im engeren Sinne, aber auch börsengehandelte Anleihen. Der Anteil der zugrundeliegenden Kreditbeziehungen wird in der folgenden Übersicht dargestellt.

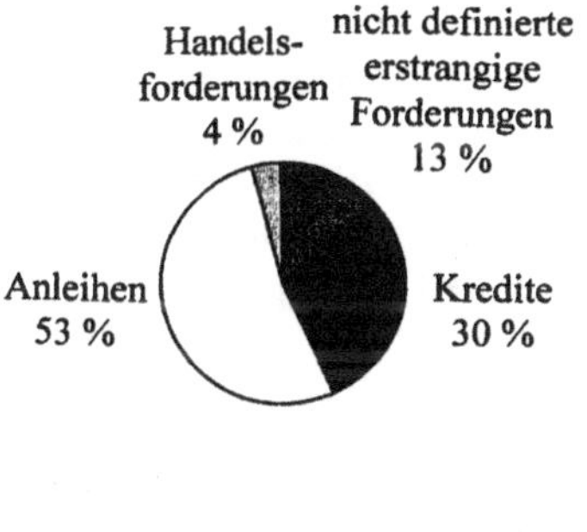

Abb. 3: Unterteilung der Basiswerte nach Kreditarten für das Jahr 1997[26]

[25] Eigene Darstellung in Anlehnung an BBA (1999) S. 128

Bislang werden Kreditderivate als OTC-Instrumente oder als Schuldtitel (Notes) gehandelt.[27] Ein Börsenmarkt hat sich noch nicht gebildet.[28] Aus diesem Grund handelt es sich jeweils um individuelle Verträge, die sich in vielen Punkten unterscheiden können und dadurch den Vertragsparteien einen großen Gestaltungsspielraum geben. Zentrale Bestimmung in jedem Kreditvertrag ist die detaillierte Beschreibung des Ereignisses, das zu einer Ausgleichszahlung führt. Abhängig vom Inhalt dieses Ereignisses lassen sich Kreditderivate unterteilen in solche, die das Adressenausfallrisiko eines Kredits absichern (Default Risk) und andere, die ein Bonitätsrisiko (Spread Widening Risk) absichern.[29] Die Auswahl der einzelnen Bestandteile ist in wesentlichem Maß von dem geplanten Einsatz abhängig. Bereits die Kreditart des zugrundeliegenden Basiswerts ist entscheidend für den Inhalt des Derivats. So kann mit einem Kreditderivat, welches das Ausfallrisiko absichert, jeder der oben aufgeführten Basiswerte abgesichert werden. Die Absicherung eines Bonitätsrisikos ist dagegen nur in den Fällen sinnvoll, in denen die Absicht besteht, den Basiswert vor Ende seiner Laufzeit zu verkaufen. Nur in diesen Fällen besteht bei einem variabel verzinslichen Basiswert die Gefahr, weniger als den Nennwert zu erlösen. Wird der Basiswert dagegen bis zum Ende der Laufzeit gehalten, besteht nur ein Adressenausfallrisiko, das wiederum durch ein Kreditderivat abgesichert werden kann, das ausschließlich dieses Risiko absichert. Voraussetzung für den Einsatz eines Kreditderivats zur Absicherung eines Bonitätsrisikos ist allerdings, daß sich dieses Risiko eindeutig messen läßt. Dies ist nur in den Fällen gegeben, in denen der Basiswert an der Börse gehandelt wird, Bonitätsveränderungen also von einer genügend großen Anzahl von Teilnehmern bewertet werden. Handelt es sich dagegen um einen Kredit, der einerseits nicht frei handelbar ist[30] und zum anderen teilweise durch Sicherheiten gedeckt ist, wird die Ermittlung eines solchen Risikos mit erhöhten Schwierigkeiten behaftet sein. In diesen Fällen ist es möglich, daß als Basiswert z.B. eine börsengehandelte Anleihe des Kreditnehmers vereinbart wird, dessen Kredit gesichert werden soll (=Grundgeschäft). Allerdings kann der Sicherheitskäufer in einer solchen Transaktion grundsätzlich auch kein Interesse am Abschluß eines Kreditderivats gegen Bonitätsverschlechterungen haben, da er den zugrundeliegenden Basiswert ja nicht veräußern kann und ihm insoweit auch kein finanzieller Schaden droht.

---

[26] Eigene Darstellung in Anlehnung an BBA (1999) S. 128

[27] Beispiele für Vertragstexte der einzelnen Derivate sind aufgeführt bei Das (1998) S. 15 ff.

[28] Vgl. Burghof/Henke/Rudolph (1998), S. 278

[29] Vgl. hierzu und zum Folgenden Hüttemann (1997) S. 29; darüber hinaus wurden Kreditderivate entwickelt, die Elemente beider Grundformen enthalten. Diese werden als „Exotic and Hybrid Derivatives" bezeichnet. Solche Formen werden an dieser Stelle allerdings nicht weiter betrachtet, da die Aussagen für die Grundformen entsprechend übertragbar auf die exotischen Formen sind.

[30] Vgl. Burghof/Henke/Rudolph (1998) S. 277

Für den eigentlichen Schadensausgleich sind drei verschiedene Formen möglich, die physische Lieferung (Physical Delivery), der Barausgleich (Cash Settlement) mit der Feststellung des „Schadens" oder der Barausgleich mit einer festen, vorher vereinbarten Zahlung.[31] Bei der physischen Lieferung erfolgt bei Eintritt eines credit-event die Feststellung der Höhe der Ausgleichszahlung durch Berücksichtigung evtl. Tilgungsraten. Der „Restwert" des Kredits wird bei dieser Vereinbarung durch den Sicherheitsverkäufer erstattet und geht in sein Eigentum über. Diese Ausübungsform ist nur in den Fällen möglich, in denen der Basiswert übertragen werden kann, so z.B. bei börsenfähigen Schuldverschreibungen. Bei vielen anderen Kreditaktiva ist dagegen der freie Austausch i.d.R. beschränkt. Bei der zweiten Form, dem Barausgleich mit der Feststellung des Schadens, erfolgt ebenfalls die Feststellung der Summe des Restwerts. Der Basiswert bleibt aber im Eigentum des Sicherheitskäufers. Die Differenz zwischen dem Restwert und dem Nominalbetrag des Kreditderivats wird durch den Sicherheitsverkäufer an den Sicherheitskäufer gezahlt. Die dritte Form, der Barausgleich mit einer festen Ausgleichszahlung, macht die Ermittlung des Restwerts überflüssig, indem bei Vorliegen eines credit-event eine in der Höhe bereits bei Abschluß des Derivats vereinbarte Zahlung fällig wird. Diese Form wird nicht weiter betrachtet, da die Bilanzierung eines Kreditderivats insbesondere in den Fällen interessant ist, in denen das Ausfallrisiko eines Kredits vollständig auf einen anderen Kontrahenten übertragen wird. Bei der Vereinbarung einer festen Zahlung kann der tatsächliche Ausfall höher oder niedriger als die eigentliche Zahlung sein. Den Regelfall bei Kreditderivaten stellt der Barausgleich dar, sowohl in der Form einer festen Zahlung als auch mit Feststellung des eigentlichen Ausfalls.[32]

Für die Übernahme des Ausfall- oder Bonitätsrisikos ist in allen Fällen eine Prämie durch den Sicherheitskäufer an den Sicherheitsverkäufer zu zahlen. Den Vertragspartnern ist es überlassen, ob die Prämie einmalig zu Beginn der Laufzeit oder in gleichen Teilbeträgen (z.B. vierteljährlich) gezahlt wird.

Bislang erfolgt der Handel in Kreditderivaten überwiegend mit Basiswerten von Kreditnehmern, die ein externes Rating besitzen. Auf diese Weise wird gewährleistet, daß Informationen über den Basiswert von einer neutralen Stelle bewertet werden und damit in die Bewertung des Basiswerts einfließen können.[33]

---

[31] Vgl. Rai/Holappa (1997) S. 30

[32] Vgl. Burghof/Henke/Rudolph (1998) S. 278

[33] Zur Preisfeststellung von Kreditderivaten vgl. Kapitel II.D, S. 28 ff.

3. Formen von Kreditderivaten

In der folgenden Statistik werden die Anteile der einzelnen Formen von Kreditderivaten am Gesamtmarkt vorgestellt.

	Ende 1997[34]	2000[35]
Credit-Default-Produkte	52 %	73 %
Total Return Swaps	16 %	13 %
Credit Linked Notes	14 %	7 %
Credit-Spread-Produkte	13 %	5 %
Basket Produkte	5 %	2 %

Nachfolgend werden die Kreditderivate mit den größten Anteilen am Gesamtmarkt vorgestellt und es erfolgt jeweils eine Diskussion zur Wirksamkeit der Risikoübertragung. Dies ist Voraussetzung für die spätere Entscheidung, ob die Kreditderivate das Ausfallrisiko für den Sicherheitskäufer wirksam ausschließen können und so u.U. eine Bewertungseinheit oder eine Hedge-Beziehung vorliegen kann. Vorgestellt werden im folgenden die Credit Default Swaps, Credit Linked Notes, Credit-Spread- und Total-Return-Produkte.

3.1 Credit-Default-Produkte

Bei Credit-Default-Produkten erfolgt eine Absicherung des Sicherheitskäufers gegen negative Wertveränderungen des Basiswerts. Um Wertveränderungen objektivierbar zu machen, wird, wie bereits erwähnt, bei einem nicht gehandelten Basiswert nach Möglichkeit ein gehandelter Referenzvermögenswert desselben Kreditnehmers ausgewählt. Dies kann für das Grundgeschäft eines ungesicherten Kredits beispielsweise eine börsengehandelte Anleihe sein. Auf diese Weise können Wertveränderungen der Anleihe parallel auf den Basiswert übertragen werden.

---

[34] Darstellung der Angaben zu 1997 nach BBA (1999) S. 128; im Gegensatz zur Darstellung der BBA erfolgt in der vorliegenden Arbeit eine Unterordnung der Credit Linked Notes unter die Credit-Default-Produkte, da es sich um ein Produkt handelt, welches den Ausfall eines Kredits absichert und damit mit den übrigen Credit-Default-Produkten vergleichbar ist.

[35] Darstellung der Angaben zum Jahr 2000 nach Burghof/Henke/Schirm (2000) S. 537; die Zahlen von 1997 und 2000 sind nicht direkt miteinander vergleichbar, da sich die Zahlen des Jahres 2000 auf eine Umfrage unter deutschen Kreditinstituten beziehen, während die Zahlen aus 1997 den Stand von in London ansässigen Kreditinstituten wiedergeben. Andererseits wird auch darauf hingewiesen, daß die deutschen Zahlen dem internationalen Trend entsprechen.

Im folgenden werden als Beispiele ein einfaches Derivat mit klaren Strukturen (plain vanilla) und anschließend ein strukturiertes Produkt vorgestellt.

3.1.1 Credit Default Swap

Der Credit Default Swap ist in seiner Grundform vergleichbar mit einer Garantie oder einer Kreditversicherung. Der Sicherheitskäufer leistet eine Prämie und erhält dafür im Fall des credit-event eine Ausgleichszahlung vom Sicherheitsverkäufer. Diese Prämie ist geringer als bei vergleichbaren Absicherungen.[36] Dies liegt unter anderem an der Tatsache, daß Credit Default Swaps auf Basiswerte von solchen Unternehmen abgeschlossen werden, die ein externes Rating besitzen. Dadurch wird die Ausfallwahrscheinlichkeit prognostizierbarer. Ohne ein solches Rating würden hingegen zusätzliche Kosten für die Bonitätseinschätzung entstehen.

Im folgenden Schaubild wird die Wirkungsweise eines Credit Default Swap dargestellt.

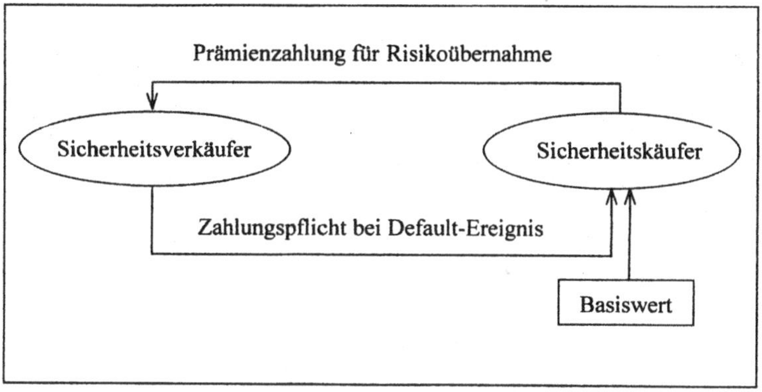

Abb. 4: Funktionsweise eines Credit Default Swap[37]

Bei diesem Instrument ist auffällig, daß die Bezeichnung dieses Kreditderivats nicht durchgängig mit der Terminologie anderer derivativer Instrumente übereinstimmt. So hat der Credit Default Swap grundsätzlich mehr Bestandteile einer Option als eines Swap, wird aber übereinstimmend als Swap bezeichnet.[38] Für die Bezeichnung eines Swap spricht nur die Eigenschaft, daß das Ausfallri-

[36] Vgl. Hashagen/Auerbach (1998) S. 626

[37] Eigene Darstellung in Anlehnung an Burghof/Henke/Rudolph (1998) S. 279; Hüttemann (1997) S. 31

[38] Vgl. Hashagen/Auerbach (1998) S. 626; Rai/Holappa (1997) S. 29; auch im Rahmen des Bankenaufsichtsrechts richtet sich die Behandlung des Credit Default Swap nach den Vorschriften für Optionen, vgl. Bundesaufsichtsamt für das Kreditwesen (1999) Tz. II (ii)

siko „geswapt", also transferiert wird.[39] Die Ähnlichkeit zur Option beruht dagegen auf der asymmetrischen Risikostruktur, die besagt, daß einer der beiden Vertragspartner die Chancen aus dem Geschäft erhält und dafür eine Prämie leistet. Der andere Vertragspartner übernimmt dagegen die Risiken und erhält dafür die Prämie. Diese Ähnlichkeiten zur Option sind wichtig für die spätere Diskussion zur Bilanzierung und Bewertung.[40] Aus diesem Grund muß eine Festlegung erfolgen, welche der möglichen Arten von Optionen (Kauf- oder Verkaufoption) hier vorliegt. Der Sicherheitskäufer möchte im Fall des credit-event eine Befriedigung durch den Sicherheitsverkäufer erhalten. Demzufolge hat der Sachverhalt eine starke Ähnlichkeit mit einer Verkaufoption, d.h. der Optionskäufer hat das Recht, das underlying zum Basispreis dem Optionsverkäufer anzudienen. Eine Kaufoption ist in diesem Zusammenhang nur schwer vorstellbar, da der Credit Default Swap ausdrücklich Kreditverschlechterungen absichert und die Kaufoption für den Optionskäufer das Recht einräumen würde, den Basiswert zu einem vorher festgelegten Preis zu erwerben. In diesem Fall würde somit nicht das Risiko der Bonitätsverschlechterung, sondern der -verbesserung abgesichert. Im Ergebnis kann der Credit Default Swap nur Parallelen zu einer Verkaufoption aufweisen.

Zum Credit Default Swap hat die International Swaps and Derivatives Association einen Mustervertrag entwickelt.[41] Aus diesem sind insbesondere die verschiedenen Möglichkeiten des credit-event zu nennen:[42]

- Bankruptcy (mit neun verschiedenen Begriffsdefinitionen) (Konkurs, Vergleich u.ä.)
- Credit-Event upon Merger (Verschlechterung der Kreditwürdigkeit durch Zusammenschluß mit einem anderen Unternehmen)
- Cross Acceleration Cross Default (vorzeitige Fälligstellung des Basiswerts aufgrund eines credit-event in einer anderen Zahlungsverpflichtung des Kreditnehmers)
- Downgrade (Herabstufung eines Ratings)
- Failure to pay (ausbleibende Zahlung trotz vorheriger Stundung)
- Repudiation (Bestreitung von Forderungen)
- Restructuring (Vereinbarung von Stundungen, Änderungen der Raten, Umschuldungen, Moratorien, o.ä.)
- Sovereign Event (staatliche Maßnahme, die die planmäßige Erfüllung der Verpflichtungen beeinträchtigt)

---

[39] Vgl. Bundesverband deutscher Banken (2000) S. 678
[40] Vgl. Kapitel III.C.2.1, S. 145 ff. für das HGB und Kapitel IV.B.1.1, S. 163 ff. für die IAS
[41] Vgl. ISDA (1998) S. 4
[42] Zum genauen Inhalt der einzelnen Begriffe vgl. Landry/Radeke (1999) S. 567 ff.

Bei dieser Aufzählung sind der Konkurs und die mehrfache Herabstufung des Ratings die beiden Extrempunkte. So wird bei einer Herabstufung des Ratings u.U. das Ausfallrisiko ansteigen, es wird aber i.d.R. nicht zu einem Ausfall des Kredits kommen. Allerdings sind die Vertragspartner in der Gestaltung des Kreditderivats frei und können aus diesen Vorschlägen einzelne Bestandteile auswählen.

Als Besonderheit bei allen Default Produkten ist die asymmetrische Informationsverteilung zu nennen, wonach der Sicherheitskäufer i.d.R. gleichzeitig Kreditgeber ist und aus dieser Geschäftsbeziehung über bessere Informationen zum Ausfallrisiko verfügt als der Sicherheitsverkäufer („Problem der adversen Selektion")[43]. Insbesondere wenn die Laufzeiten des Basiswerts und der Sicherung voneinander abweichen, besteht die Gefahr, daß ein Konkurs vorzeitig herbeigeführt wird.[44] Darüber hinaus existiert ein Moral-Hazard-Problem, wonach der Sicherheitskäufer aufgrund der Absicherung eine geringere Motivation zur Bonitätsüberwachung des Kreditnehmers besitzt.[45] Alle aufgeführten Punkte führen in der Tendenz zu einer Gefährdung des Sicherheitsverkäufers und nicht zu einer Abschwächung der Wirksamkeit der Risikoübertragung.

Die Wirksamkeit des Risikotransfers ist bei Laufzeit- und Betragskongruenz des Kreditderivats mit dem Grundgeschäft gegeben. Nicht abgedeckt werden durch einen Credit Default Swap evtl. Änderungsrisiken aus Wechselkurs- oder Zinsschwankungen. Außerdem muß die Bonität des Sicherheitsverkäufers fortlaufend überwacht werden, da zum Ausfallrisiko des eigentlichen Basiswerts ein zusätzliches in Form des Sicherheitsverkäufers hinzukommt. Sollte dieser ausfallen, ist das Kreditderivat wertlos. Deshalb ist darauf zu achten, daß es keine wesentliche Korrelation zwischen der Ausfallwahrscheinlichkeit des Basiswerts und des Sicherheitsverkäufers gibt.

---

[43] Zum Problem der adversen Selektion vgl. Burghof/Henke/Rudolph (2000) S. 8
[44] Vgl. Burghof/Henke/Rudolph (1998) S. 279
[45] Vgl. Hohl/Liebig (1999) S. 513

3.1.2 Credit Linked Note

Mit einer Credit Default Linked Note (oder kurz: Credit Linked Note) wird das o.g. Kontrahentenrisiko aufgrund eines möglichen Ausfalls des Sicherheitsverkäufers ausgeschlossen. Die Credit Linked Note hat folgende Struktur:

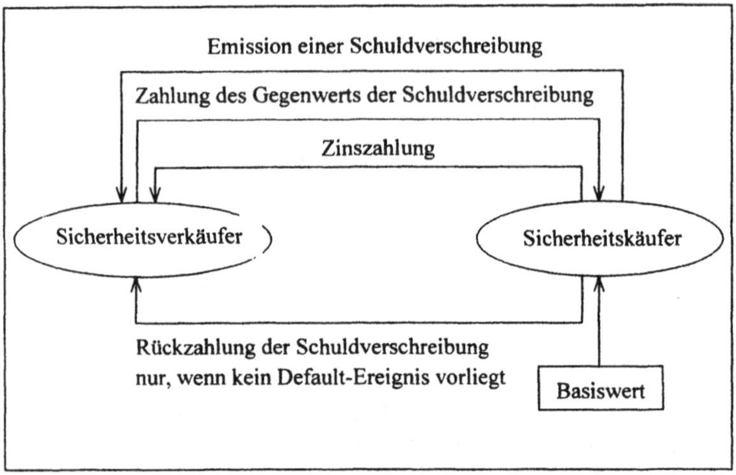

Abb. 5: Funktionsweise einer Credit Linked Note[46]

Wesentlicher Bestandteil dieses Kreditderivats ist die Ausgabe einer variabel verzinslichen Schuldverschreibung durch den Sicherheitskäufer, die in der Höhe im Regelfall mit dem Basiswert übereinstimmt.[47] Dadurch refinanziert der Sicherheitskäufer das Grundgeschäft. Dafür erhält der Sicherheitsverkäufer Zinsen für die Schuldverschreibung und einen Aufschlag zur Übernahme des Risikos des Basiswerts. Soweit kein credit-event vorliegt, d.h. der Basiswert vollständig zurückgezahlt wird, erfolgt eine vollständige Tilgung der Schuldverschreibung durch den Sicherheitskäufer. Liegt ein credit-event vor, erfolgt entsprechend dem Vertrag eine Ermittlung des „Schadens", und die Tilgung der Schuldverschreibung erfolgt nur anteilig oder gar nicht.

Das Adressenausfallrisiko des Basiswerts wird bei dieser Form vollständig übertragen, und gleichzeitig ist der Sicherheitskäufer durch die Schuldverschreibung keinem zusätzlichen Adressenausfallrisiko ausgesetzt. Andererseits hat der Sicherheitsverkäufer ein zusätzliches Adressenausfallrisiko aufgenom-

---

[46] Eigene Darstellung in Anlehnung an Burghof/Henke/Rudolph (1998) S. 280; Hüttemann (1997) S. 34

[47] Vgl. Savelberg (1996) S. 329

men, da die Rückzahlung des Werts der Schuldverschreibung nicht nur vom Eintritt des credit-event abhängig ist, sondern ebenso von der Fähigkeit des Sicherheitskäufers, die Schuldverschreibung bei Fälligkeit auch zu tilgen.

3.2 *Credit-Spread-Produkte*

Bei Credit-Spread-Produkten ist das zahlungsauslösende Ereignis die wesentliche Veränderung des Credit Spreads. Der Credit Spread wird definiert als Differenz (=spread) zwischen dem Zinssatz einer risikolosen Anlage (dies ist im US-Markt eine Staatsanleihe, in Europa meist ein allgemein anerkannter Zinssatz, z.B. LIBOR)[48], und dem variablen Kreditzins einer Referenzanleihe. Credit-Spread-Kreditderivate können als Credit Spread Forwards, Credit Spread Swaps oder auch ähnlich einer Credit Linked Note mit einer zugrundeliegenden Schuldverschreibung gestaltet werden. Das beliebteste Produkt dieser Gruppe stellt jedoch die Credit Spread Option dar.[49] Bei einer solchen Option besteht der Basiswert aus dem Credit Spread. Zur Illustration wird eine Industrieanleihe betrachtet, die bei Abschluß des Kreditderivats mit LIBOR + 0,75 % (d.h. 75 Basispunkten) notiert. Beispielsweise durch eine Herabstufung des Ratings verschlechtern sich die Refinanzierungsmöglichkeiten des Industrieunternehmens (LIBOR + 90 Basispunkte), so daß auch die zu einem früheren Zeitpunkt emittierte Schuldverschreibung nur noch mit einem Bonitätsabschlag verkauft werden könnte. Dieses Risiko kann durch die beschriebene Credit Spread Option abgesichert werden, so daß der Sicherheitskäufer für die Bonitätsverschlechterung einen Ausgleich erhält.

Wie jede Option kann auch die Credit Spread Option als Kauf- (=Call) oder Verkaufoption (=Put) gestaltet werden. Aufgrund der entgegengesetzten Struktur der beiden Alternativen wird im folgenden Schaubild nicht vom Sicherheitskäufer und –verkäufer, sondern vom Optionskäufer und –verkäufer gesprochen. Dargestellt wird der Ablauf eines Credit Spread Put. Mit umgekehrtem Vorzeichen gilt das Gezeigte auch für einen Credit Spread Call.

---

[48] Vgl. Hüttemann (1997) S. 35

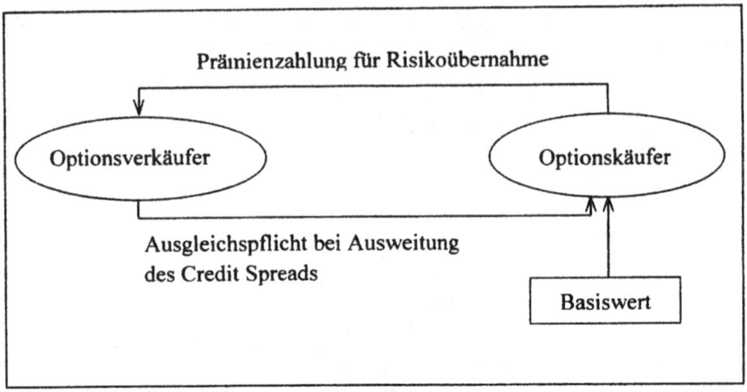

Abb. 6: Funktionsweise eines Credit Spread Put[50]

Mit dem Put erwirbt der Optionskäufer das Recht, bei Überschreitung des vereinbarten Credit Spreads vom Optionsverkäufer einen Ausgleich zu verlangen. Die Form des Ausgleichs entspricht dem der übrigen Derivate, d.h. möglich ist ein Barausgleich, die physische Lieferung oder die Zahlung eines festen Betrags.

Aufgrund der Korrelation zwischen Rating und Ausfallwahrscheinlichkeit einerseits und Credit Spread und Rating andererseits[51] bedeutet eine höhere Ausfallwahrscheinlichkeit in der Folge eine Ausweitung des Credit Spreads.[52] Da die Option den Optionskäufer gegen eine Ausweitung des Credit Spreads absichert, gilt die Sicherung ebenfalls bei einem teilweisen oder vollständigen Ausfall des Basiswerts.[53] Insoweit unterscheidet sich die Credit Spread Option nicht von Credit-Default-Produkten, darüber hinaus sichert sie aber auch Bonitätsverschlechterungen ab. Demzufolge ist die Prämie bei der Credit Spread Option auch höher als beim Credit Default Swap.[54]

Für den Optionskäufer ist die Risikoübertragung mit einem Kontrahentenrisiko verbunden. Die Credit Spread Option unterscheidet sich in dieser Hinsicht nicht von der Problematik des Credit Default Swap.

---

[49] Vgl. Burghof/Henke/Rudolph (1988) S. 280

[50] Eigene Darstellung in Anlehung an Burghof/Henke/Rudolph (1998) S. 280; Hohl/Liebig (1999) S. 509

[51] Vgl. Hohl/Liebig (1999) S. 502

[52] Vgl. zu einer mathematischen Ableitung von Ausfallwahrscheinlichkeiten aus Marktpreisen von Anleihen Kassberger/Wentges (1999) S. 38 ff.

[53] Vgl. Burghof/Henke/Rudolph (1998) S. 280; Landry/Radeke (1999) S. 541

[54] Vgl. Landry/Radeke (1999) S. 541

3.3 Total-Return-Produkte

Bei einem Total Return Swap tauscht der Sicherheitskäufer die Verzinsung und evtl. positive Marktwertänderungen des Basiswerts gegen eine variable Verzinsung und den Ausgleich evtl. negativer Marktwertänderungen. Der Sicherheitskäufer wird damit in seiner Risikoposition so gestellt, als wenn er den Basiswert verkaufen würde und den Erlös variabel verzinslich anlegt. Darüber hinaus behält er aber die Verfügungsmacht über den Basiswert, d.h. es bleibt seiner Disposition überlassen, ob der Basiswert verkauft wird.

Falls bereits der Basiswert variabel verzinst wird und deshalb kein Zinsänderungsrisiko mehr besteht, unterscheidet sich der Total Return Swap nicht von Credit-Spread-Produkten.[55] Bei diesen drücken sich Marktwertänderungen des Basiswerts in einer Änderung des Credit Spreads aus. Die Anwendung eines Total Return Swap ist demzufolge dann interessant, wenn der Basiswert eine feste Verzinsung besitzt und diese durch den Total Return Swap in eine variable Verzinsung umgewandelt wird.

Im folgenden Schaubild ist der Ablauf eines Total Return Swap mit einer festen Verzinsung des Basiswerts dargestellt.

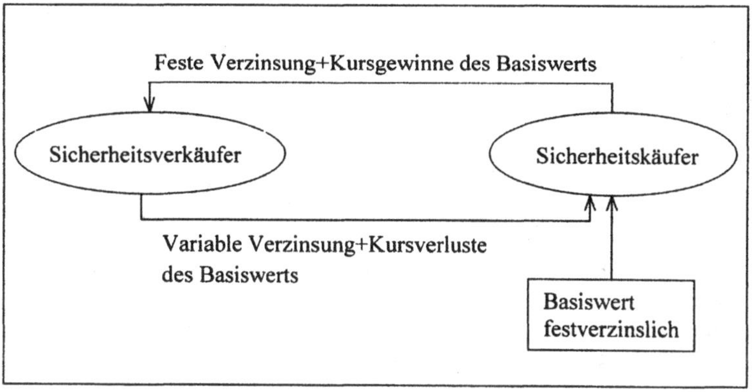

Abb. 7: Funktionsweise eines Total Return Swap[56]

Der Total Return Swap ermöglicht den Handel von Adressenausfall-, Bonitäts- und Markpreisrisiken in einem Kreditderivat. Die Risikoübertragung ist von allen vorgestellten Kreditderivaten am weitgehendsten, da der Austausch der Zinsen und evtl. Marktwertänderungen des Basiswerts in regelmäßigen Abstän-

---

[55] Vgl. Burghof/Henke/Rudolph (1998) S. 281

[56] Eigene Darstellung in Anlehnung an Burghof/Henke/Rudolph (1998) S. 281; Hohl/Liebig (1999) S. 508

den erfolgt. Aus diesem Grund ist das Kontrahentenrisiko für beide Seiten jeweils bis zum nächsten Ausgleichspunkt beschränkt.

C. Motivation zum Abschluß von Kreditderivaten

Die Gründe zum Abschluß von Kreditderivaten sind ähnlich der Motivation zum Abschluß anderer derivativer Geschäfte. Aus diesem Grund werden nachfolgend die Motivationen zum Abschluß allgemeiner derivativer Geschäfte vorgestellt, um anschließend diese Motivationen nach Möglichkeit auf Kreditderivate zu übertragen.

Beim Abschluß derivativer Geschäfte wird grundsätzlich unterschieden zwischen Selbstzweckgeschäften und kommerziellen Folgegeschäften.[57] Kommerzielle Folgegeschäfte werden mit der Motivation des Hedging abgeschlossen, diese Geschäfte sollen der Absicherung eines Grundgeschäfts dienen. Selbstzweckgeschäfte werden hingegen mit der Motivation der Arbitrage oder der Spekulation abgeschlossen. Bei den Kreditderivaten ist als weitere Motivation die Investition zu nennen. Bei der Investition handelt es sich nach der oben angeführten Terminologie ebenfalls um Selbstzweckgeschäfte. Sie beinhaltet die Investition in einen Vermögensgegenstand (=Kredit) durch Übernahme des Ausfallrisikos. Die einzelnen Motivationen werden im folgenden detailliert vorgestellt, da sich abhängig von der Motivation (Hedging oder eine andere Motivation) auch die Bilanzierung voneinander unterscheidet.

1. Hedging

Es ist besser, Deiche zu bauen, als darauf zu hoffen, daß die Flut Vernunft annimmt.

Erich Kästner

Hedging bedeutet eine teilweise oder vollständige Übernahme von Risiken aus einem Grundgeschäft durch Abschluß eines zum Grundgeschäft gegenläufigen Sicherungsgeschäfts.[58]

---

[57] Vgl. Müller, T.-F. (1990) S. 7

[58] Nicht zu verwechseln mit Hedging ist das Netting. Darunter wird die Verrechnung von Ansprüchen mit Verpflichtungen aufgrund einer Aufrechnung verstanden (vgl. Weber (1999) S. 462). Voraussetzung des Nettings sind somit Schuldumwandlungsverträge oder Aufrechnungsvereinbarungen. Im Ergebnis betrifft Netting Ansprüche und Verpflichtungen gegenüber einem Geschäftspartner, während durch das Hedging Ansprüche und Verpflichtungen aus einem Geschäft egalisiert werden. Die Absicherung eines Kredits durch ein Kreditderivat erfolgt regelmäßig mit einem anderen Geschäftspartner als dem Schuldner des Basiswerts, da von diesem keine zusätzliche Sicherungswirkung zu erwarten wäre. Insoweit kann es sich bei Kreditderivaten auch nur um Fragen des Hedging und nicht des Nettings handeln.

Frühe Formen des Hedging betrafen den Warenverkehr. So wurde das Hedging von Risiken erstmals beim Handel mit Baumwolle angewandt.[59] Abgesichert wurde in diesen Fällen das Risiko des Preisverfalls zwischen der Verschiffung im Anbauland und dem eigentlichen Verkauf im Zielhafen.

Ein weiteres Bedürfnis zum Abschluß von Hedgegeschäften entstand durch den Übergang zu freien Wechselkursen zwischen den wichtigsten Industrienationen ab dem Jahr 1973. Wechselkursrisiken konnten durch entsprechende Hedgegeschäfte eingeschränkt werden. So besteht durch den Abschluß von Hedgegeschäften die Möglichkeit, den bei Vertragsabschluß geltenden Wechselkurs auch für den Zeitpunkt der Zahlung der Fremdwährung zu sichern. Solche Kurssicherungsgeschäfte können, wie bereits erläutert, durch ein „Tauschgeschäft" in der Form eines Swap erfolgen. Eine andere Möglichkeit ist die Einräumung eines Rechts in Form einer Option mit dem Inhalt, ein bestimmtes Wechselkursverhältnis zu einem bestimmten Zeitpunkt in Anspruch nehmen zu können, aber nicht zu müssen.

Darüber hinaus konnten durch Hedgegeschäfte auch Zinsrisiken weitgehend ausgeschlossen werden. Die Instrumente bestehen im wesentlichen wie bei der Absicherung der Wechselkursrisiken aus Optionen und Swaps.

Alle drei Anwendungsgebiete haben gemeinsam, daß durch Absicherungsgeschäfte risikoreiche und nicht beeinflußbare Elemente der Unternehmenstätigkeit (Sicherung von Einkaufs- oder Verkaufspreisen, Wechselkursen, Zinsen) reduziert werden. Damit werden Risikokosten in der Höhe der Risikoprämie quantifizierbar, und das Unternehmensergebnis wird in geringerem Maße durch zufällige Ereignisse, wie eine Änderung des allgemeinen Zinsniveaus, beeinflußt. Das Unternehmen kann somit die Preise seiner Produkte entsprechend kalkulieren, ohne zusätzliche Sicherheitskosten für nur wenig kalkulierbare Risiken zu berücksichtigen.

Wie sich gezeigt hat, beziehen sich die bisherigen Anwendungsgebiete von Hedgegeschäften auf die Verringerung von Marktpreisrisiken.[60] Im folgenden wird gezeigt, nach welchen Kriterien bislang Hedgegeschäfte schematisiert wurden. Darüber hinaus wird die Anwendbarkeit dieser Kriterien auf das Hedging durch Kreditderivate geprüft.

a) Grundsatz der Entscheidung auf Einzelgeschäfts- oder Unternehmensebene

Bei der Frage, ob eine direkte Absicherung auf Einzelgeschäftsebene oder indirekt auf Unternehmensebene erfolgen soll, handelt es sich um eine grundlegende Strategieentscheidung. Die Absicherung auf Einzelgeschäftsebene wird als Micro-Hedging bezeichnet.[61] Micro-Hedging bedeutet Absicherung einzelner

---

[59] Vgl. Müller, T.-F. (1990) S. 9 f. m.w.N.

[60] Vgl. Meyer (1993) S. 51

[61] Vgl. Schmidt, C. (1996) S. 58 ff.; Meyer (1993) S. 53; Dietrich (1998) S. 15; KPMG (1995)

Kassa- oder Terminpositionen, durch welche die Unternehmung als Ganzes einem Risiko ausgesetzt ist, das nicht bereits durch andere Termin- oder Kassapositionen neutralisiert wird.[62] Im Rahmen des Micro-Hedging lassen sich Grund- und Sicherungsgeschäft eindeutig einander zuordnen. Im Gegensatz dazu wird beim Portfolio-Hedging das Nettorisiko aus einem Portfolio von Grund- und Sicherungsgeschäften ermittelt (z.B. erfolgt eine Saldierung aller Kredit- und Einlagengeschäfte mit einem Kunden). Beim Macro-Hedging erfolgt eine Betrachtung auf Unternehmensebene, d.h. es erfolgt eine Analyse der Sensitivität der Gesamtbilanz gegenüber Warenpreis-, Wechselkurs- oder Zinsänderungen, und es wird entschieden, ob aufgrund von Überhängen (z.B. USD-Verbindlichkeiten) entsprechende Sicherungsgeschäfte durchgeführt werden.[63] Die Antwort auf die Frage, ob eine Absicherung über das Micro- oder das Macro-Hedging effektiver ist, ist umstritten.[64] Diese Problematik wird an dieser Stelle allerdings nicht weiter behandelt, da die Effizienz von Sicherungsstrategien nicht Thema dieser Arbeit sein soll.

Fraglich ist, ob die Kreditderivate auch als Macro-Hedges eingesetzt werden können. Bislang werden durch Kreditderivate konkrete Kreditbeziehungen gesichert, dies entspricht der oben beschriebenen Form des Micro-Hedge. Darüber hinaus ist grundsätzlich denkbar, daß Forderungen und Verbindlichkeiten gegenüber einem Kunden saldiert werden und der Saldo wie bei einem Macro-Hedge abgesichert wird. Diese Form wird bislang allerdings nicht praktiziert.

b) Einteilung nach der Identität des Basiswerts

Ein weiteres Kriterium zur Klassifizierung von Hedgegeschäften besteht in dem Ausmaß der Identität des Basiswerts des Sicherungsgeschäfts zum eigentlichen Grundgeschäft. Ist z.B. bei einem Währungshedge die Währung der abzusichernden Position identisch mit der Währung der Sicherungsposition, spricht man von einem Pure-Hedge. Besteht dagegen eine indirekte Beziehung insoweit, daß das Sicherungsgeschäft eine andere Basis (Währung, Ware) besitzt, als die gesicherte Position, wird dies als Cross-Hedge bezeichnet. Voraussetzung für einen Cross-Hedge ist eine ausreichend hohe Korrelation zwischen Grund- und Sicherungsgeschäft.[65]

Wird beim Pure- oder Cross-Hedge eine vollständige Absicherung erreicht, d.h. werden Wertänderungen des Grundgeschäfts vollständig durch Wertänderungen des Sicherungsgeschäfts ausgeglichen, spricht man von einem Perfect-Hedge.

Beim Hedging mit Kreditderivaten sind Pure-, Cross- und auch ein Perfect-Hedge denkbar. Der Pure-Hedge stellt bei der Absicherung durch Kreditderi-

---

S. 130 ff.; Herzig/Mauritz (1997) S. 145; Scharpf (1995) S. 199

[62] Vgl. Meyer (1993) S. 53

[63] Zu den Verfahren der Quantifizierung des Risikos vgl. Schmidt, C. (1996) S. 60 ff.

[64] Vgl. Meyer (1993) S. 53 m.w.N.

[65] Vgl. Meyer (1993) S. 54

vate den Normalfall dar, da ein Kreditderivat im Regelfall auf das Ausfallrisiko des eigentlichen Kreditnehmers abgestellt ist. Bei entsprechenden Merkmalen wie Ergebnisabführungsverträgen, personellen oder kapitalmäßigen Verflechtungen kann es dagegen zweckmäßig sein, das Kreditderivat im Sinne eines Cross-Hedge auf das Ausfallrisiko, z.B. der Konzernmutter, auszustellen. Dies erfolgt insbesondere in den Fällen, in denen das Kreditengagement auf den Gesellschafterhintergrund abgestellt wurde.

Ein Perfect-Hedge liegt regelmäßig dann vor, wenn dem kreditgebenden Kreditinstitut aufgrund des Kreditderivats aus der zugrundeliegenden Kreditbeziehung kein Ausfallrisiko droht.

c) Abgrenzung hinsichtlich des Zeithorizonts

Durch Hedging werden in der Regel bereits fest abgeschlossene Positionen abgesichert. Diese Form wird als Bestandshedging bezeichnet.[66] Darüber hinaus können auch noch nicht verbindlich abgeschlossene, aber fest eingeplante Transaktionen durch antizipatives bzw. strategisches Hedging abgesichert werden. In diesem Fall werden Absicherungsgeschäfte vereinbart, deren Grundgeschäfte erst in der Zukunft abgeschlossen werden.

Im Rahmen der Absicherung durch Kreditderivate werden i.d.R. Bestandshedges durchgeführt. So ist die Laufzeit eines Kredits stark von Kundenwünschen abhängig, demzufolge kann das diesen Kredit absichernde Kreditderivat erst nach Abschluß des Kreditvertrags gestaltet werden. Antizipative Hedgegeschäfte mit Kreditderivaten sind nur bei Kreditgewährungen in Form des Kaufs von Anleihen denkbar. Anleihen sind normiert und werden börsenmäßig gehandelt. Aus diesem Grund wären die Ausgestaltungsdetails des Kreditderivats bekannt. Da der Sicherungskauf aus Spekulationsabsicht, d.h. ohne den Wunsch der Absicherung eines Kredits, nicht vorkommt und jede Absicherung Kosten verursacht, ist ein antizipativer Hedge bei Kreditderivaten nur über einen kurzen Zeitraum weniger Tage denkbar. Dieser Hedge könnte das Adressenausfallrisiko einer Anleihe bereits vor dem Kauf dieser Anleihe ausschließen.

2. Spekulation/Investition und Arbitrage

Unter dem Motiv der Spekulation wird hier das bewußte Eingehen von Risiken zur Gewinnerzielung verstanden. Dabei werden alle mit einer Spekulationsabsicht abgeschlossenen Geschäfte mit der Einschätzung getätigt, daß sich der Markt anders entwickeln wird, als es sich im Kontraktpreis ausdrückt. Die Spekulanten übernehmen im Gesamtmarkt eine wichtige Funktion, denn sie

[66] Vgl. hierzu und zum Folgenden Schmidt, C. (1996) S. 70 f.; die englische Bezeichnung zum Bestandshedge lautet „simultaneous hedge“, vgl. Oestreicher (1992) S. 216

gewährleisten die nötige Marktbreite und Liquidität, da sie solche Geschäfte eingehen, die andere Gruppen mit dem Ziel des Hedging abwälzen wollen.[67]

Ein weiteres Motiv für den Auftritt am Markt stellt für manche Marktteilnehmer die Arbitrage dar. Arbitragegeschäfte werden mit dem Ziel abgeschlossen, risikolose Gewinne durch Ausnutzung zeitlicher oder räumlicher Preisunterschiede zu erzielen.[68] Grundgedanke dabei ist die Arbitragepreistheorie, wonach für perfekte Substitute an allen Märkten ein einheitlicher Preis herrschen muß.[69]

Die Übertragung des Motivs der Spekulation wie bei Waren-, Wechselkurs- oder Zinskontrakten ist auf die Kreditderivate nur schwer möglich. So ist der Kreis der möglichen Adressaten einer Spekulation zum einen nur auf die Seite des Sicherheitsverkäufers beschränkt, denn bislang gibt es keine Sicherheitskäufe ohne einen zugrundeliegenden Kredit. Damit werden Sicherheitskäufe immer mit der Absicht des Hedging durchgeführt. Zum anderen trifft der Begriff der Spekulation auch nicht die eigentliche Absicht der Sicherheitsverkäufer. Denn bislang wird die Position des Sicherheitsverkäufers regelmäßig durch Banken übernommen, da diese einerseits die langjährige Erfahrung im Handel mit derivativen Geschäften besitzen und andererseits auch über die nötige Finanzkraft verfügen, um im Falle eines credit-event die notwendige Ausgleichszahlung leisten zu können. In dieser Hinsicht unterscheiden sich insbesondere die Default-Produkte von anderen Derivaten, denn bei einem Zinssawp z.B. werden regelmäßig Ausgleichszahlungen zwischen den Beteiligten geleistet werden, bei einem Credit Default Swap ist eine Zahlung dann und nur dann fällig, wenn das credit-event eintritt. Damit wird in den meisten Fällen keine Ausgleichszahlung erforderlich sein. Falls das credit-event aber eintritt, sind im Regelfall erhebliche Beträge aufzubringen.

Aufgrund dieser Argumente ist der Begriff der Spekulation als Motiv für Sicherheitsverkäufer eher ungeeignet, vielmehr kann hier von Investition gesprochen werden. Für den Begriff der Investition spricht auch die aufgrund der uneingeschränkten Handelsmöglichkeit hervorragende Eignung der Kreditderivate zur Diversifikation eines Kreditportfolios. Eine Diversifikation über eine Änderung des Kreises der Kreditnehmer zu erreichen, ist hingegen mit vielfältigen Problemen behaftet. Wie bereits angedeutet, unterliegen Kreditverträge einem besonderen Vertrauensverhältnis und sind auch aus rechtlichen Gründen nicht für einen freien Handel geeignet.[70] Außerdem gibt es bei den Banken meist aufgrund der Branchenbezogenheit (z.B. hoher Anteil von Schiffsbaukrediten bei Banken im Norden Deutschlands), oft aufgrund geographischer Grenzen (z.B. bei Kreis- und Stadtsparkassen) oder rechtlicher Faktoren (z.B. durch die Vor-

---

67 Vgl. Müller, T.-F. (1990) S. 50 f.; Meyer (1993) S. 56

68 Vgl. Kruschwitz (1999) S. 39

69 Vgl. Meyer (1993) S. 57

70 Vgl. Burghof/Henke/Rudolph (1998) S. 277

schriften zur Unterlegung von Krediten mit Eigenkapital oder spezielle Vorschriften wie dem Hypothekenbankgesetz) diverse Einflußfaktoren, die eine Diversifikation des Kreditportfolios erschweren. Auch aus diesem Grund eignen sich Kreditderivate für eine mittel- bis langfristige Anlage durch Übernahme von Risiken und damit für eine Investition.

Für eine Diversifikation und damit aktive Steuerung des Kreditrisikos spricht auch die zunehmende Berücksichtigung von Bonitätsaspekten im Zinssatz. Bei konsequenter Beachtung einer solchen Vorgabe wäre die Entscheidungsregel, die Ausleihungen an den Kreditnehmer so lange zu erhöhen, bis aufgrund eines „Klumpenrisikos" eine kritische Masse erreicht ist. Bei Erreichung dieser Masse kann durch Kreditderivate das Risiko verkauft oder gekauft werden. Nachfolgend wird dieser Sachverhalt graphisch dargestellt:[71]

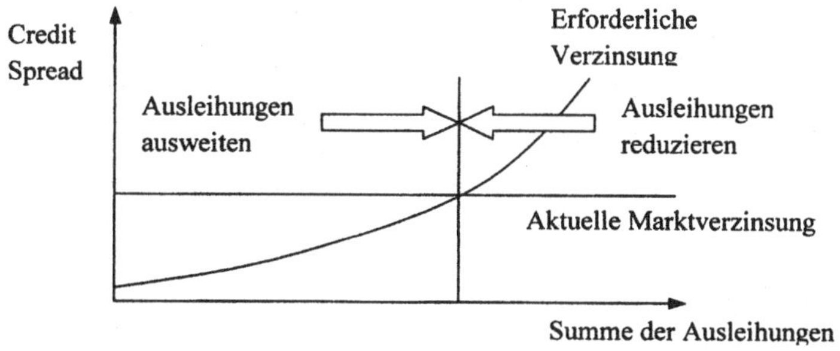

Abb. 8: Entscheidungsregel zur Erhöhung oder Reduzierung der Ausleihungen

Die dritte o.g. Gruppe, die Arbitragegeschäfte, sind mit Kreditderivaten nicht durchführbar, da es sich bei Kreditderivaten bislang um OTC-Produkte handelt und insoweit keine räumlichen oder zeitlichen Preisunterschiede auftreten können. Es sind allerdings Fälle denkbar, die eine starke Ähnlichkeit zu Arbitragegeschäften haben. So kann ein Kreditinstitut über den Kauf einer Anleihe und den gleichzeitigen Sicherheitskauf über ein Kreditderivat praktisch risikolose Gewinne erzielen. Dies ist dann der Fall, wenn die erhaltenen Zinsen höher sind als die Kosten des Kreditderivats und die Geldbeschaffungskosten. Ein solches Geschäft fällt allerdings nicht unter die Definition der Arbitrage, da diese Möglichkeit aufgrund der oben beschriebenen vielfältigen beschränkenden Faktoren im Kreditgeschäft nicht allen Beteiligten offensteht. Vielmehr könnte man in diesem Fall von einer glücklichen Möglichkeit des Hedging sprechen. Auch unterschiedliche Einschätzungen der Bonität von Kreditnehmern werden hier nicht als Arbitrage bezeichnet, da sich u.U. erst bei Ablauf des Kreditderivats herausstellt, ob die ursprünglichen Prämien für die Risikoübernahme gerecht-

[71] Darstellung nach Das (1998) S. 138

fertigt waren. Dies widerspricht aber dem Grundsatz der Arbitrage, Gewinne innerhalb eines sehr kurzen Zeitraums zu erzielen.

Im Ergebnis verbleiben als Motive für den Abschluß von Kreditderivaten das Hedging und die Investition. Oben wurde gezeigt, daß Hedging gleichzusetzen ist mit Sicherheitskauf und Investition mit Sicherheitsverkauf. Auf diese beiden Motive wird im weiteren Verlauf dieser Arbeit Bezug genommen.

D. Preisfindung

Zur Zeit wird versucht, das beträchtliche Wissen, was sich im Zusammenhang mit der Bewertung anderer Derivate entwickelt hat, auch bei der Bewertung von Kreditderivaten anzuwenden.[72] Dabei kann fraglich sein, ob die Portfoliotheorie auch auf Kreditrisiken übertragbar ist.[73] Denn wesentliches Kriterium und gleichzeitig größtes Problem ist dabei die Bonitätsbeurteilung des jeweiligen Basiswerts. Dabei soll versucht werden, eine gewisse Objektivität durch die Nutzung von Ratings einer der drei großen internationalen Ratingagenturen (Moody's, Standard & Poor's und Fitch IBCA) zu erreichen. In einem Rating werden unternehmensunabhängige Analysen (Branchen- und Länderanalyse), qualitative Unternehmensanalysen (unter anderem Grad der Diversifikation, Qualität des Managements) und quantitative unternehmensabhängige Analysen (Kennzahlen) kombiniert, um zu einem Urteil über die Bonität des Unternehmens zu kommen.[74] Aus einem Ratingurteil lassen sich in einem nächsten Schritt Rückschlüsse auf künftige Ausfallwahrscheinlichkeiten ziehen.[75] Allerdings ist in Europa ein wesentlich geringerer Anteil der Unternehmen geratet als in den USA, so daß für die Bonitätsprüfung der nicht gerateten Unternehmen ausschließlich traditionelle, nicht standardisierte Kreditwürdigkeitsprüfungen zur Verfügung stehen. Insbesondere bei dieser Form der Bonitätsermittlung besteht das bereits angesprochene Problem, daß Informationsasymmetrien zwischen Sicherheitskäufer und –verkäufer herrschen, da aufgrund des Kreditvertrags über das Grundgeschäft der Sicherheitskäufer regelmäßig besser über das tatsächliche Ausfallrisiko informiert ist. Die Schwierigkeit bei der Beurteilung des Kreditrisikos ist ein wesentlicher Grund dafür, daß sich bislang kein Modell zur Bewertung von Kreditderivaten durchsetzen konnte.[76]

Aus diesem Grund erfolgt hier nur eine kurze Darstellung der grundsätzlichen Vorgehensweise bei der Bewertung.[77] Aus der Ratingeinstufung des Basiswerts

---

[72] Vgl. Burghof/Henke/Rudolph (1998) S. 277; Burghof/Henke/Rudolph (2000) S.6

[73] Vgl. zum Entwicklungsstand von Portfoliomodellen zur Steuerung des Kreditrisikos Basle Committee on Banking Supervision (1999)

[74] Vgl. zum Inhalt der einzelnen Bestandteile eines Ratings Kassberger/Wentges (1999) S. 26 ff.

[75] Zu verschiedenen Systemen von Ausfallraten vgl. Kassberger/Wentges (1999) S. 31 ff.

[76] Vgl. Burghof/Henke/Rudolph (1998) S. 284

[77] Diverse Bewertungsmodelle zu Kreditderivaten werden vorgestellt bei Hüttemann (1997)

wird auf eine Ausfallwahrscheinlichkeit geschlossen. Grundlage ist jeweils ein Vergleich zu einer sicheren Anlage. Da viele Kreditderivate mit einem zusätzlichen Kontrahentenrisiko in Form des Sicherheitsverkäufers verbunden sind, erfolgt in einem nächsten Schritt die Feststellung der Ausfallwahrscheinlichkeit des Kontrahenten. Aus den Ausfallwahrscheinlichkeiten wird versucht, einen fairen Preis für das Kreditderivat zu ermitteln.

E. Weitere Entwicklung

Das weltweit gehandelte Kreditderivatevolumen betrug im Jahr 1996 mehr als 40 Mrd. USD.[78] Im Jahr 1998 betrug das Volumen bereits 100 Mrd. USD[79], nach anderen Schätzungen 350 Mrd. USD.[80] Für das Jahr 2000 wird mit einem Volumen von 740 Mrd. USD gerechnet.[81] Es kann davon ausgegangen werden, daß das Volumen des Kreditderivatemarkts verglichen mit den anderen Derivatemärkten (Zinsen, Währungen und Aktien) überproportional zunimmt.[82] Der Grund hierfür ist die Qualität der Kreditderivate, Adressenausfall- und Bonitätsrisiken handelbar zu machen. Damit kann ein Ab- oder Aufbau (=Diversifikation) von Kreditrisiken erzielt werden und demzufolge eine aktive Portfoliosteuerung und –optimierung. Außerdem eröffnen Kreditderivate die Möglichkeit, einen Kredit in eine risikolose Anlage und eine Verzugsrisiko-Position aufzuspalten.[83] Dadurch eröffnen sich neue Möglichkeiten für den gesamten Kreditmarkt.

Bislang erfolgt die Nutzung von Kreditderivaten fast ausschließlich im Interbankenmarkt und mit Basiswerten, die eine gute bis sehr gute Bonität aufweisen. Der Abbau von Kreditrisiken ist dagegen insbesondere bei solchen Adressen interessant, bei denen die Bonität weniger positiv ist. So ist damit zu rechnen, daß in Zukunft auch zweifelhafte Kredite über Kreditderivate gehandelt werden. Mit der Ausweitung auf dieses Segment können Kreditderivate auch für Industrieunternehmen attraktiver werden, da auch in solchen Unternehmen vielfältige Kreditrisiken, z.B. mit kleineren Zulieferbetrieben, bestehen. Weiterhin wird voraussichtlich die Nutzung durch Versicherungsunternehmen zunehmen.[84] Diese Unternehmen müssen aufgrund gesetzlicher Vorschriften ihre Geldanlage zum Teil in Papieren erstklassiger Bonität halten. Durch Absicherungen mit Sicherheitsverkäufern erstklassiger Bonität ist damit auch der Kauf von Basiswerten aus niedrigeren Bonitätsklassen möglich.

S. 69 ff.

[78] Vgl. Hashagen/Auerbach (1998), S. 625

[79] Vgl. Burghof/Henke/Rudolph (1999) S. 284

[80] Vgl. BBA (1999) S. 127

[81] Vgl. BBA (1999) S. 127

[82] Vgl. Ranson (1997) S. 34; Whittaker/Frost (1997) S. 24

[83] Vgl. Drzik/Kuritzkes (1998) S. 371

[84] Zu voraussichtlichen Anteilen der Sicherheitskäufer und -verkäufer am Gesamtmarkt vgl. BBA (1999) S. 127

III. Abbildung von Kreditderivaten im Jahresabschluß nach HGB

Allgemeine Vorschriften zur Bilanzierung für alle Kaufleute befinden sich im Dritten Buch des HGB in den §§ 238-263. Dort sind allerdings keine expliziten Vorschriften zur Bilanzierung von Kreditderivaten enthalten. Aus diesem Grund richtet sich deren Bilanzierung nach allgemeinen Vorschriften, diese werden als Grundsätze ordnungsmäßiger Bilanzierung (GoB) bezeichnet.

Ziel dieses Abschnitts ist die Klärung des Inhalts von GoB und die Vorstellung ihrer inneren Struktur. Sie soll es später ermöglichen, evtl. notwendige Abweichungen von Bewertungsgrundsätzen aus dem Zusammenhang der GoB zu begründen.

Im folgenden werden verschiedene Verfahren zur Bestimmung von GoB vorgestellt. Anschließend erfolgt eine Festlegung auf ein Oberziel und verschiedene Einzelziele der GoB. Dies ist Voraussetzung zur Ermittlung von GoB. Anschließend werden beipielhaft drei GoB-Systeme vorgestellt.

A. Grundlagen der Bilanzierung

Aller Kunst muß das Handwerk vorausgehen.

Goethe

1. GoB als zentraler unbestimmter Rechtsbegriff

Nach § 238 HGB ist jeder Kaufmann verpflichtet, Bücher zu führen und in diesen seine Handelsgeschäfte und die Lage seines Vermögens nach den GoB ersichtlich zu machen.[85] Ebenfalls auf die GoB verwiesen wird in § 243 HGB, wonach der Jahresabschluß nach den GoB aufzustellen ist.[86] Eine inhaltliche Ausfüllung des Begriffs der GoB erfolgt im Gesetz allerdings nicht. Dies kann zwei Gründe haben:[87] Zum einen könnte es sich um eine Gesetzeslücke handeln,

---

[85] Neben dem Begriff *Grundsätze ordnungsmäßiger Buchführung* wird in der Literatur der Begriff der *Grundsätze ordnungsmäßiger Bilanzierung* genutzt. Darunter werden Regelungen verstanden, die sich überwiegend auf konkrete Bilanzierungsregeln im Jahresabschluß beziehen, während die Grundsätze ordnungsmäßiger Buchführung allgemeine Regeln zur Technik der Buchführung enthalten, vgl. Leffson (1987) S. 18, Döllerer (1959) S. 1217

[86] Die handelsrechtlichen GoB erhalten über den Verweis in § 5 Abs. 1 Satz 1 EStG auch weitgehend Gültigkeit im Steuerrecht. Begrenzt werden die handelsrechtlichen GoB durch den steuerlichen Bewertungsvorbehalt des § 5 Abs. 6 EStG, wonach der Steuergesetzgeber allein aus steuerrechtlichen Gründen die Anwendung handelsrechtlicher GoB einschränkt. Gründe für diese Einschränkung liegen darin, daß eine Steuerbilanz anderen Zwecken zu dienen hat („Gleichmäßigkeit der Besteuerung") als die Handelsbilanz.

[87] Vgl. Baetge (1996) S. 66

d.h. der Gesetzgeber hat unbewußt diesen Begriff nicht definiert. Die andere Möglichkeit besteht in einem planvollen Verweis des Gesetzes auf einen unbestimmten Rechtsbegriff. Diese Auffassung entspricht der herrschenden Meinung.[88] Danach wollte der Gesetzgeber durch die Nutzung eines unbestimmten Rechtsbegriffs es ermöglichen, auf sich ändernde Rahmenbedingungen (z.B. durch technischen Fortschritt im Rechnungswesen) flexibel reagieren zu können.[89] Denn auch noch so detaillierte Rechnungslegungsvorschriften können nicht alle denkbaren wirtschaftlichen Sachverhalte erfassen.[90]

Der Vorteil eines unbestimmten Rechtsbegriffs stellt aber gleichzeitig seinen Nachteil dar, denn sein Inhalt ist nicht exakt bestimmt. Dieses Problem besteht auch mit dem unbestimmten Rechtsbegriff *GoB*. Zwar wurde dessen inhaltliche Ausfüllung erleichtert durch das Bilanzrichtliniengesetz[91], durch das viele vormals unkodifizierte GoB in das HGB übernommen wurden.[92] Ein GoB-System wurde durch den Gesetzgeber aber nicht verabschiedet. Genausowenig hat er sich auf ein bestimmtes Verfahren zur Ermittlung von GoB festgelegt, auch aus diesem Grund haben sich verschiedene Formen der GoB-Ermittlung entwickelt. Diese werden im folgenden vorgestellt.

1.1 Methoden zur Bestimmung von GoB

Im Rahmen der GoB-Ermittlung existieren drei unterschiedliche Formen, die induktive, deduktive und hermeneutische GoB-Ermittlung.

1.1.1 Induktive GoB-Ermittlung

Grundsätzlich wird durch Induktion versucht, aus Beobachtungen in der Praxis Rückschlüsse auf einzelne Sachverhalte zu ziehen. Im Rahmen der induktiven GoB-Ermittlung wird aus Verhaltensweisen der Kaufleute auf einzelne GoB geschlossen. Beobachtungsgegenstand ist bei dieser Methode das „Tatsächliche", die „Natur der Sache".[93] Aus der Praxis der Kaufleute heraus wird eine theoretische GoB-Strukturierung gebildet. Solche Handelsbräuche wurden als tatsächliche kaufmännische Übung über die GoB Teil des Handelsrechts.[94]

---

[88] Vgl. Baetge (1996) S. 66; Moxter (1986) S. 7

[89] Vgl. Begründung des Regierungsentwurfs zum Bilanzrichtliniengesetz abgedruckt in: Biener/Berneke (1986) S. 22

[90] Vgl. Baetge/Apelt (1992) Tz. 3

[91] Zum Bilanzrichtliniengesetz vgl. Helmrich (1986) S. 5 ff.

[92] Es wurde auch diskutiert, ob ein Tatbestandsmerkmal von GoB u.U. die Nichtkodifikation darstellt (vgl. Müller, W. (1988) S. 5 ff.). Dies würde bedeuten, daß die vormals unkodifizierten GoB aufgrund der Kodifikation ihre Stellung als GoB verloren haben. Ein solch enger Begriff von GoB wird hier nicht vertreten, vielmehr gehören zu den GoB sowohl kodifizierte als auch nicht kodifizierte Rechnungslegungsnormen.

[93] Vgl. Kruse (1970) S. 143 f.

[94] Vgl. Beisse (1988) S. 40

Erstmals wurden die GoB in § 38 HGB 1896 erwähnt. Durch die Verhaltensweisen der Kaufleute wurden allerdings keine konkreten Ansatz- und Bilanzierungsnormen geschaffen.[95] Eine Abkehr von dieser frühen Form der GoB-Strukturierung erfolgte nicht zuletzt wegen massiver Bilanzmanipulationen in der Zeit um 1931.[96] Zwar wurden durch Betriebswirte bereits frühzeitig Systematisierungsansätze geschaffen. Diese hilfsweise GoB-Strukturierungen müssen jedoch vor dem Hintergrund kaum vorhandener schriftlich fixierter GoB bewertet werden, da sie auch stark auf Kaufmannsbräuche Bezug nahmen und damit auch der induktiven GoB-Ermittlung zugerechnet werden können.[97]

Im Rahmen der induktiven GoB-Ermittlung wird nicht geklärt, ob für das Vorliegen von GoB „Mehrheitsentscheidungen" notwendig sind oder ob bereits die Anwendung einer Bilanzierungsweise durch einen Kaufmann ausreicht.

Diese Vorgehensweise berücksichtigt weiterhin nicht, daß es verschiedene Interessen an den Jahresabschluß gibt.[98] Würde man es den Kaufleuten vollständig überlassen, wie sie GoB auslegen, ist zu erwarten, daß bei Ermessensspielräumen im Zweifel nicht zugunsten externer Jahresabschlußinteressenten entschieden wird.

Zwar wurde später durch das von Schmalenbach eingeführte Kriterium, daß maßgeblich ist, wie ehrenwerte Kaufleute bilanzieren sollen, eine gewisse Auswahl hinsichtlich der GoB-Instanz getroffen.[99] Allerdings kann auch dies nicht die grundsätzlichen Bedenken gegen diese Methode entkräften. Es besteht weiterhin die Gefahr, daß in kritischen Unternehmenssituationen jeder Kaufmann zur Bilanzmanipulation neigt und dadurch schwerlich feststellbar ist, wer denn zur Gruppe der ehrenwerten Kaufleute gehört.[100] Im übrigen kann auch erst im nachhinein anhand einer konkreten Unternehmenssituation festgestellt werden, ob der Kaufmann tatsächlich „ehrenwert" handelt.

Die frühen Vorschläge Schmalenbachs sind für die Entwicklung zum heutigen GoB-Verständnis unerläßlich, auch wenn die Form der GoB-Findung nicht zeitgemäß erscheint.

---

95 So Schneider (1983) S. 141
96 Vgl. Leffson (1987) S. 133
97 Vgl. Moxter (1999) S. 5
98 Zu den verschiedenen Aufgaben von Bilanzen vgl. Egner (1974) S. 11 ff.
99 Vgl. Schmalenbach (1933) S. 225-233
100 Vgl. Yoshida (1976) S. 56 f.

Widerlegt wurde die Methode auch durch die Wissenschaftstheorie. Danach sind induktive Schlüsse zur Gewinnung von Erkenntnissen nicht geeignet.[101] Es ist grundsätzlich deduktiv vorzugehen.

Die induktive Methode wird somit in ihrer ursprünglichen Form nicht weiter verfolgt. Es lassen sich mit ihr keine GoB finden. Richtiger Kern bei dieser Methode ist allerdings die Berücksichtigung der „Natur der Sache", d.h. daß Sachverhalte nicht allein nach ihrer rechtlichen Gestaltung, sondern auch vor dem Hintergrund ihrer tatsächlichen Bestimmung im Unternehmen betrachtet werden.

1.1.2 Deduktive GoB-Ermittlung

Bei der deduktiven GoB-Ermittlung wird als Hypothese unterstellt, daß das GoB-System eine innere Ordnung und Struktur besitzt und damit sich aus Obersätzen konkrete Einzelfallentscheidungen deduzieren lassen.[102] Es bleibt somit zu prüfen, ob ein Ordnungssystem vorliegt und welche unteren GoB ggf. hieraus deduziert werden können.

Die deduktive Methode ist als Methode zur GoB-Ermittlung weitgehend anerkannt.[103] Abhängig von dem zugrundeliegenden Ordnungssystem wird zwischen der betriebswirtschaftlich und der handelsrechtlich deduktiven GoB-Ermittlung unterschieden.

1.1.2.1 Betriebswirtschaftlich-deduktive GoB-Ermittlung

Im Rahmen der betriebswirtschaftlich-deduktiven GoB-Ermittlung wird versucht, ein System aus den betriebswirtschaftlichen Zwecken des Jahresabschlusses zu entwickeln. „Deduzierte Grundsätze sind GoB, sofern sie einwandfrei aus der Natur der Sache abgeleitet und nicht widerlegt sind."[104]

Ein System zu den betriebswirtschaftlichen Zielen wurde z.B. durch *Egner* entwickelt, ohne mit diesem System allerdings ein GoB-System aufstellen zu wollen.[105] Die Aufgabe von Jahresabschlüssen ist es danach, finanzielle und nichtfinanzielle Informationsinteressen der Beteiligten zu befriedigen und als Grundlage der Zahlungsbemesssung zu dienen. Die finanziellen Informations-

---

[101] Vgl. Popper (1989) S. 5; für die Anwendung der Wissenschaftstheorie im Rahmen der GoB-Ermittlung Leffson (1987); Yoshida (1976) S. 55; a.A. Baetge (1986) S. 2 mit der Auffassung, daß es sich bei induktiver und deduktiver GoB-Ermittlung um etwas anderes als Deduktion bzw. Induktion im streng mathematisch-logischen Sinne handelt; ebenso Jüttner (1993) S. 10

[102] Vgl. Schneider (1983) S. 141; Baetge/Apelt (1992) S. 21; Leffson (1987) S. 29

[103] Vgl. unter anderem Yoshida (1976) S. 51; Leffson (1987) S. 29; Moxter (1999) S. 5 f.; a.A. Schneider (1983) S. 141 ff.; Schneider widersprechend Beisse (1984) S. 3

[104] Vgl. Leffson (1987) S. 145

[105] Vgl. Egner (1974) S. 12 ff.

interessen umfassen den Wunsch, bei Anspruch auf Zahlungen vom Unternehmen Informationen über diese Zahlungen zu erhalten. Dazu gehören die Höhe der Zahlungen und der Grund für die Höhe der Zahlungen. Nichtfinanzielle Informationsinteressen liegen vor, wenn es sich nicht um die Beurteilung von Zahlungsströmen an den Beurteilenden selbst handelt. Die Zahlungsbemessungsinteressen umfassen die Interessen der Personen, die Anspruch auf Zahlungen aus dem Unternehmen haben.

Ein weiteres betriebswirtschaftliches GoB-System wurde durch *Yoshida* aufgestellt. Im Rahmen seiner Betrachtung sind nicht die gesetzlichen Regelungen Deduktionsbasis, sondern ein betriebswirtschaftliches Ordnungssystem, an dem nichtkodifizierte Normen ausgelegt werden müssen, d.h. die reine betriebswirtschaftliche Jahresabschlußpraxis.[106] Ein weiterer Vertreter der betriebswirtschaftlichen GoB-Ermittlung ist *Leffson*. Er stellt fest, daß es sich bei der Gewinnung von GoB um ein betriebswirtschaftliches Problem handelt, das auch mit betriebswirtschaftlichem Sachverstand gelöst werden muß.[107] Das durch *Leffson* entwickelte GoB-System wird an späterer Stelle beispielhaft vorgestellt.[108] Alle nach der betriebswirtschaftlich-deduktiven Methode ermittelten GoB-Systeme besitzen den Nachteil, daß kein allgemein anerkanntes und widerspruchsfreies betriebswirtschaftliches Zwecksystem vorliegt, das vom Gesetzgeber oder einer sonstigen Stelle als GoB-System anerkannt wurde.[109]

1.1.2.2 Handelsrechtlich-deduktive GoB-Ermittlung

Die handelsrechtlich-deduktive GoB-Ermittlung versucht, aus den handelsrechtlichen Zielen und Zwecken des Jahresabschlusses GoB zu deduzieren.[110] Dabei wird versucht, durch die verschiedenen Formen der Gesetzesauslegung die Absichten des Gesetzgebers zu deduzieren. Im Rahmen der juristischen Methodenlehre werden als Formen der Gesetzesauslegung akzeptiert:[111]

a) der Wortsinn

b) der Bedeutungszusammenhang des Gesetzes

c) die Regelungsabsicht, Zwecke und Normenvorstellungen des historischen Gesetzgebers

d) objektiv-teleologische Kriterien

e) das Gebot verfassungskonformer Auslegung.

---

[106] Vgl. Yoshida (1976) S. 53 ff.
[107] Vgl. Leffson (1987) S. 151
[108] Vgl. Kapitel III.A.1.3.1, S. 42 ff.
[109] Vgl. Baetge (1996) S. 67
[110] Vgl. Döllerer (1959) S. 1217 ff.; Moxter (1987) S. 364; Beisse (1990) S. 500
[111] Vgl. Larenz (1992) S. 208 ff.

Da viele der handelsrechtlichen Rechnungslegungsvorschriften auslegungsbedürftig sind, müssen neben der Interpretation nach dem Wortsinn weitere Auslegungsformen berücksichtigt werden. Insbesondere die Ermittlung des Regelungswillens des Gesetzgebers kann im Rahmen der handelsrechtlich-deduktiven GoB-Ermittlung ein besonderes Problem darstellen, da der Gesetzgeber sich nicht in systematischer Weise über die Bilanzaufgaben geäußert hat.[112] Darüber hinaus verfolgen die einzelnen Vorschriften teilweise individuelle Regelungsziele (z.B. betonen sie teilweise stärker die Rechenschaft, andere dienen der Gewinnermittlung), so daß insbesondere von *Schneider* die Existenz von deduktionsfähigen Jahresabschlußzwecken bezweifelt wird.[113]

1.1.3 Hermeneutische GoB-Ermittlung

Unter Hermeneutik versteht man eine Auslegung, die diverse Faktoren berücksichtigt, um einen Aufschluß über Jahresabschlußzwecke zu gewinnen.[114] Es wird eine Kombination der induktiven und deduktiven GoB-Ermittlungsmethode angestrebt. So fließen hier zum einen die Forderungen der ordentlichen und ehrenwerten Kaufleute ein, andererseits sind die Rechnungslegungsnormen der zugrundeliegende Faktor, an dem sich die induktiven Elemente messen lassen müssen.[115]

Ein bedeutender Anhänger der hermeneutischen GoB-Ermittlung ist *Baetge*.[116] Nach seiner Meinung ist die hermeneutische Methode die grundsätzlich in der Rechtswissenschaft übliche Auslegungsmethode und folglich auch bei der GoB-Ermittlung anzuwenden.[117] Sie ist insbesondere notwendig, weil nach der Kodifizierung vieler GoB durch das Bilanzrichtliniengesetz kein widerspruchsfreies Zwecksystem gebildet werden kann, da mit den verschiedenen Vorschriften unterschiedliche Ziele verfolgt wurden und so kein eindeutiges Ziel erkennbar ist.[118]

---

[112] Vgl. Egner (1974) S. 9 f.: Auch wenn der Gesetzgeber sich in systematischer Weise über die Bilanzaufgaben geäußert hätte, wäre dies eine sekundäre Quelle, da auch der Gesetzgeber Bilanzaufgaben in irgendeiner Form ableiten muß.

[113] Vgl. Schneider (1983) S. 141

[114] Vgl. Baetge (1986) S. 4

[115] Vgl. Baetge (1996) S. 17;

[116] Vgl. Baetge (1986) S. 4 f.; in einem früheren Beitrag (1976) S. 13 ff. scheint Baetge hingegen die Deduktion als vorrangige Auslegungesform zu akzeptieren; neuestens (1996) S. 68 sieht er die Deduktion wiederum als erforderlich an zur Gewinnung neuer GoB; Verwendung des Begriffs Hermeneutik mit einem stärker deduktiven Begriffsinhalt bei Jüttner (1993) S. 14

[117] Vgl. Baetge (1996) S. 69

[118] Vgl. Baetge (1991) S. 41, nach einem früheren Beitrag von Baetge (1986) S. 4 waren die Vorgehensweise der handelsrechtlich-deduktiven und der hermeneutischen GoB-Ermittlung identisch. Die Nutzung des Begriffs Hermeneutik sollte danach nur zur Klarstellung mit der üblichen Jurisprudenz erfolgen

Die nach Baetge in der hermeneutischen Methode zu berücksichtigenden Faktoren haben sich im Zeitablauf geändert. Zu berücksichtigen sind derzeit:[119]

- der Wortlaut und Wortsinn des Gesetzes,
- Bedeutungszusammenhang des Gesetzes,
- Entstehungsgeschichte der gesetzlichen Vorschriften,
- Gesetzesmaterialien und Ansichten des Gesetzgebers,
- betriebswirtschaftliche bzw. objektiv-teleologische Gesichtspunkte
- Verfassungskonformität.

Wesentlicher Unterschied zwischen der hermeneutischen Methode und der handelsrechtlich-deduktiven Methode ist die im hermeneutischen System fehlende Festlegung auf eine Autorität, die letztlich über die Annahme als GoB entscheidet. Damit ist diese Form mit dem gleichen Problem konfrontiert wie die betriebswirtschaftlich-deduktive GoB-Ermittlung. Es lassen sich Ideen zu neuen GoB finden, allerdings können sie anhand dieser Methode nicht konsequent durchgesetzt werden.

1.1.4 Kritik und Würdigung

Die induktiven und deduktiven Formen der GoB-Ermittlung haben in ihrer jeweiligen ursprünglichen Form jeweils klare Nachteile. Die induktive Methode berücksichtigt nicht den Willen des Gesetzgebers, gleiches gilt für die betriebswirtschaftlich-deduktive Methode. Die handelsrechtlich-deduktive Methode berücksichtigt den Willen des Gesetzgebers u.U. so stark, daß Sachverhalte nur formalrechtlich, nicht aber nach ihrem wirtschaftlichen Gehalt beurteilt werden.

Als Ausweg bietet sich eine Kombination von Induktion und Deduktion an.[120] So haben sich die einzelnen beschriebenen Formen einander angeglichen. In den heute vertretenen Formen beinhaltet die betriebswirtschaftlich-deduktive Methode auch das Gesetz, allerdings weiterhin unter einer grundsätzlich betriebswirtschaftlichen Herangehensweise. Die handelsrechtlich-deduktive Methode berücksichtigt neben dem Gesetzestext auch eine wirtschaftliche Betrachtungsweise, um den Sachverhalt nicht nur formalrechtlich, sondern auch im betrieblichen Kontext zu berücksichtigen. Die hermeneutische Methode ist dagegen bereits von Grund auf darauf angelegt, einen Kompromiß aus verschiedenen Ansprüchen an den Jahresabschluß zu erfüllen. Dieses Konzept wird als überzeugend betrachtet und demzufolge in dieser Arbeit als vorrangige Methode zur GoB-Ermittlung angewandt.

---

[119] Vgl. Baetge (1996) S. 69

[120] Vgl. Egner (1974) S. 10; Beisse (1990) S. 502 f.; Leffson (1987) S. 112 ff., weist der Praxis die Aufgabe zu, Ideen zu Bilanzierungsmethoden zu liefern; Schneider (1983) S. 141 f. nennt diese Methode der Kombination von Deduktion und Induktion „genetische Methode“

1.2 *Ziele und Zwecke der Handelsbilanz*

Aufgrund der erfolgten Festlegung auf die hermeneutische GoB-Ermittlung nimmt die Auslegung nach dem Gesetzeszweck zwar eine geringere Stellung als bei der handelsrechtlich-deduktiven GoB-Ermittlung ein. Trotzdem besitzt diese Auslegungsform aufgrund der Autorität des Gesetzes auch innerhalb der hermeneutischen GoB-Ermittlung den höchsten Stellenwert. Vor der eigentlichen GoB-Ermittlung muß nun eine Festlegung auf Ziele und Zwecke des Jahresabschlusses erfolgen, da diese eine Grundlage der GoB-Ermittlung darstellen.

Ein grundsätzliches Problem der Ermittlung von Zielen und Zwecken des Jahresabschlusses besteht in deren nachfolgend beschriebener Zirkularität mit dem Gesamtbild der Vorschriften.[121] So werden einerseits die Vorschriften unter anderem anhand der Ziele und Zwecke des Jahresabschlusses ausgelegt. Andererseits wurden die Ziele und Zwecke nicht eindeutig durch den Gesetzgeber festgelegt, so daß deren Ermittlung auch über das Gesamtbild der Vorschriften erfolgen muß. Dies beinhaltet die Gefahr, daß Ziele und Zwecke nach Betrachtung der Einzelvorschriften modifiziert werden müssen. Trotzdem erfolgt hier eine Festlegung auf die Ziele und Zwecke des Jahresabschlusses, und an späterer Stelle[122] werden ausgewählte Einzelvorschriften vorgestellt. Dies erfolgt auch vor dem Hintergrund des Rückgriffs auf ein etabliertes GoB-System[123], so daß die Ziele und Zwecke zum Verständnis der Einzelvorschriften notwendig sind, die Gefahr einer späteren Änderung des GoB-Systems aufgrund der Betrachtung der Vorschriften aber gering bleibt.

Unter einem Jahresabschlußziel wird ein Oberziel verstanden, während die Jahresabschlußzwecke immer der Zielerreichung des Oberziels dienen.[124] Da die Jahresabschlußzwecke systematisch unterhalb der Jahresabschlußziele angeordnet sind und demzufolge von den Zielen des Jahresabschlusses abhängig sind, muß zuerst eine Festlegung von Zielen erfolgen.

Die Handelsbilanz wird nach herrschender Meinung unter dem Oberziel des Gläubigerschutzes aufgestellt.[125] Dazu muß geklärt werden, was unter dem Begriff des Gläubigerschutzes zu verstehen ist.

In Unternehmen mit eigener Rechtspersönlichkeit, d.h. bei Kapitalgesellschaften, erfolgt eine Trennung zwischen dem Privatvermögen des Eigentümers und dem Gesellschaftsvermögen. Aus diesem Grund ist ein besonderer Schutz der Fremdkapitalgeber notwendig, da anderenfalls die Gefahr besteht, daß der Eigentümer oder Manager Kapital aus dem Unternehmen abzieht und das

---

[121] Vgl. hierzu und zum Folgenden Moxter (1987) S. 363
[122] Vgl. Kapitel III.A.3, S. 70 ff.
[123] Diese Festlegung erfolgt unter Kapitel III.A.1.3.4, S. 50 f.
[124] Vgl. Beisse (1993) S. 82
[125] Vgl. allein Beisse (1990) S. 501; ders. (1993) S. 77 ff. m.w.N.; Begründung des Regierungsentwurfs zum Bilanzrichtliniengesetz, abgedruckt bei Biener/Berneke (1986) S. 18

Unternehmen in Konkurs geht. Aufgrund der eigenen Rechtspersönlichkeit wäre nicht automatisch das Privatvermögen des Gesellschafters haftbar zu machen und die Gläubiger könnten gefährdet werden.[126]

So besteht ein grundsätzliches Interesse von Gläubigern an der Unternehmensfortführung, um die Rückzahlung der eingegangenen Verpflichtungen zu gewährleisten.[127] Damit kann auch der Grundsatz der nominellen Kapitalerhaltung bei der Unternehmensfortführung eindeutig aus dem Gläubigerschutzprinzip abgeleitet werden, denn das Nominalkapital haftet dem Gläubiger für Verbindlichkeiten der Gesellschaft.[128] Ebenso dient das Vorsichtsprinzip dem Gläubigerschutz, denn es fordert bei Bewertungsspannbreiten in Zweifelsfällen den niedrigeren Wert und begrenzt über die enge Definition von Vermögensgegenständen das Realisationsprinzip, wodurch verhindert wird, daß Aktionäre dem Unternehmen über den vorsichtig ermittelten Gewinn hinausgehende Ansprüche, insbesondere das durch Fremdkapitalgeber zur Verfügung gestellte Kapital, entnehmen können. Damit erhalten aufgrund des Gläubigerschutzprinzips die tendenziell längerfristigen Zahlungsbemessungsinteressen der Gläubiger einen höheren Stellenwert als die tendenziell kürzerfristigen Zahlungsbemessungsinteressen der Eigentümer.

Aufgrund der hohen Bedeutung des Gläubigerschutzes ist zu fragen, ob die Bildung stiller Reserven für einen Gläubigerschutz notwendig ist oder sogar zu

---

[126] Dem kann entgegengehalten werden, daß bei einem betrügerischen Bankrott eine Durchgriffshaftung besteht. Dies spricht allerdings nicht gegen die Begründung der gläubigerschützenden Rechnungslegung, im Gegenteil zeigt es, daß das Recht Vorkehrungen schaffen muß, um Fremdkapitalgeber zu schützen. Für die Folge des Gläubigerschutzes aufgrund der Haftungstrennung im Kapitalgesellschaftsrecht vgl. Kübler (1995) S. 369

[127] Damit soll nicht unterstellt werden, daß andere am Unternehmen interessierte Gruppen an der Zerschlagung interessiert wären. Aber insbesondere Aktionäre werden i.d.R. kurzfristigere Interessen am Unternehmen besitzen.

[128] Die nominelle Kapitalerhaltung stellt nur eines der möglichen Kapitalerhaltungsmodelle dar. Weitere Alternativen sind die Erhaltung eines Zerschlagungskapitals, die reale Kapitalerhaltung oder die Erhaltung des Ertragswerts des Unternehmens (vgl. zu den verschiedenen Kapitalerhaltungsmodellen Krümmel (1992) S. 310 ff.). Die Entscheidung für die nominelle Kapitalerhaltung stellt unter dem Aspekt des Gläubigerschutzes den vorsichtigsten Wert dar, denn bei diesem Wert werden verglichen mit den anderen Werten die meisten Vermögenswerte im Unternehmen behalten, die gleichzeitig die Rückzahlung der Verbindlichkeiten sichern. Die Erhaltung des Zerschlagungswerts kann besonders bei hoher Inflation eine Alternative zur nominellen Kapitalerhaltung darstellen. Bei der Alternative der Erhaltung des Ertragswerts soll die Ertragsquelle der Anteilseigner für die Zukunft gesichert werden (vgl. Krümmel (1992) S. 312). Eine solche Forderung könnte i.S.d. Gläubigerschutzes sein, setzt aber eine Abkehr von der Bewertungsgrundlage der historischen Kosten voraus. So kann ein Ertragswert nur dann erhalten werden, wenn die einzelnen Vermögensgegenstände in der Bilanz auch mit ihren Ertragswerten angesetzt werden. Aufgrund der in diesem Fall notwendigen Schätzungen kehrt sich der vermeintlich zusätzlich gläubigerschützende Effekt der Erhaltung des Ertragswerts in das Gegenteil um.

seiner Verbesserung beiträgt. So besteht aufgrund der stillen Reserven zwar ein größeres Haftungspotential, das nicht an die Anteilseigner ausgeschüttet wird.[129] Nach der inzwischen herrschenden Meinung führt dagegen die Bildung stiller Reserven nicht zu einer Verbesserung des Gläubigerschutzes.[130] Denn die Bildung stiller Reserven führt nur bei kurzfristiger Betrachtung zu einer Erhöhung des im Unternehmen gebundenen Kapitals. Durch den fehlenden Ausweis ist über diese Reserve aber den zuständigen Gremien wie dem Aufsichtsrat und der Hauptversammlung keine Kontrolle möglich. Oft ist sogar der Unternehmer über das tatsächliche Ausmaß der Reserven im unklaren.[131] In Verlustjahren, in denen stille Reserven auch still aufgelöst werden, werden nicht zuletzt die Gläubiger über den langsamen Niedergang und damit die tatsächliche Situation des Unternehmens getäuscht. Aufgrund der Täuschung gewähren sie dem Unternehmen u.U. weitere Kredite, die sie bei Kenntnis der wirklichen Lage wahrscheinlich nicht mehr eingeräumt hätten. Damit kann eine stille Bildung und Auflösung von Reserven nicht im Sinne des Gläubigerschutzes sein.

Neben dem Oberziel des Gläubigerschutzes wird von *Schneider* gefordert, daß die Vermittlung von Informationen für den Kapitalmarkt ein Oberziel darstellt.[132] Dazu muß untersucht werden, ob der Kapitalmarkt ein homogenes Gebilde ist, d.h. alle Teilnehmer des Kapitalmarkts die gleichen Informationsinteressen besitzen.

Eine Gruppe des Kapitalmarkts stellen die Aktionäre und potentielle Aktionäre dar. Der Begriff des Aktionärs darf dabei nicht nur auf natürliche Personen beschränkt werden, so besitzen Aktienfonds und Kapitalanlagegesellschaften bzw. deren Aktienanalysten i.d.R. ein höheres Informationsbedürfnis als ein Kleinanleger. Im Rahmen einer typisierenden Betrachtungsweise kann unterstellt werden, daß alle Aktionäre weniger am Ausweis eines vorsichtigen als am Ausweis eines möglichst hohen Gewinns interessiert sind. Der hohe Ausweis des Gewinns führt entweder zu einer hohen Ausschüttung und/oder zu einem hohen Aktienkurs, in jedem Fall aber zu einer Vermögensmehrung des Aktionärs.

Ein gegensätzliches Interesse könnte die zweite Gruppe des Kapitalmarkts besitzen, die der Gläubiger. Deren Interesse liegt in der Beschränkung des Gewinnausweises, so daß die Rückzahlung ihrer Forderungen nicht gefährdet wird.

---

[129] Vgl. Moxter (1985) S. 19 f.: „Zum Beispiel pflegen Kaufleute in guten Jahren stille Reserven zu bilden, um, was grundsätzlich begrüßenswert erscheint, für schlechte Jahre vorzubeugen."

[130] Vgl. Schneider (1967) S. 214; Moxter (1987) S. 373; Egner (1974) S. 61 f.; Oestreicher (1992) S. 244; Rückle (1986) S. 408

[131] Vgl. Leffson (1987) S. 86

[132] Vgl. Schneider (1967) S. 214, mit der weitergehenden Forderung, daß das Ziel des Gläubigerschutzes juristisches Bilanzdenken sei. Stattdessen sei allein die Funktion der Bilanz als Informationsinstrument über die wirtschaftliche Lage der Unternehmung zu akzeptieren.

Beide Gruppen besitzen aber auch gemeinsame Informationsinteressen. Das Informationsinstrument Jahresabschluß kann aber nicht die Informationen bieten, die insider und outsider tatsächlich benötigen, nämlich Informationen über die künftige Entwicklung der Unternehmung.[133] Die durch einen Jahresabschluß gegebenen Informationen sind immer eine ex post-Betrachtung, er kann nur Grundlagen bieten, um aus der Entwicklung der Vergangenheit Rückschlüsse auf die zukünftige Entwicklung zu ermöglichen. Allerdings führen die Rechnungslegungsvorschriften gerade aufgrund der ex post-Betrachtung u.U. zu falschen Schlüssen, denn die Adressaten erwarten überwiegend Angaben über die „Gesundheit" des Unternehmens.[134] Eine solche Gesundheit äußert sich in marktfähigen und innovativen Produkten und motivierten Mitarbeitern. Gerade diese Faktoren werden durch die Rechnungslegung aber nur unzureichend abgebildet. Wenn ein Unternehmen Forschung und Entwicklung betreibt, führt das in der Zukunft voraussichtlich zu marktfähigen Produkten. Unterläßt es solche Aufwendungen, führt das hingegen im Jahresabschluß zu einem höheren Gewinn. Das bedeutet, daß Informationen über die Gesundheit des Unternehmens nur sehr eingeschränkt vor dem Hintergrund der Bilanzierungsvorschriften aus der Bilanz abgelesen werden können. Man wird nur im Zeitvergleich auf Entwicklungstendenzen aus den Bilanzen schließen können. Diese Einschätzungsmöglichkeit der tatsächlichen Unternehmenssituation ist ein gemeinsames Informationsinteresse von Aktionären und Gläubigern.

Die gemeinsamen Informationsinteressen von Aktionären und Gläubigern beziehen sich darüber hinaus auf eine möglichst umfassende Information über das Ausmaß stiller Reserven, um die tatsächliche Unternehmenssituation abschätzen zu können.

Andererseits werden in den Informationsansprüchen von Gläubigern und Aktionären oft Gegensätze gesehen.[135] Teilweise erfolgt auch eine moralische Wertung in der Weise, daß die Informationsansprüche von Aktionären als weniger schützenswert betrachtet werden.[136] Eine solche Wertung muß untersucht werden: Zwar wurde oben festgestellt, daß Gläubiger und Aktionäre weitgehend identische Informationsinteressen besitzen. Unterschiedlich sind dagegen die Wünsche, ob zukünftig weiterhin konsequent der Gläubigerschutz beachtet wird[137] oder die Vorschriften zugunsten eines frühzeitigen Gewinnausweises geändert werden[138]. Bei einem solchen Gewinnausweis müßte dann auch die

---

[133] Vgl. Leffson (1987) S. 69

[134] Vgl. hierzu und zum Folgenden Clemm (1987) S. 106 f.

[135] Vgl. Castan (1993) S. 17 ff.; ähnlich Beisse (1993) S. 78, wonach sich das Interesse des Gesellschafters nicht mit dem des Gläubigers deckt.

[136] Vgl. Beisse (1993) S. 78 f. wonach die Forderung nach Information in besonderem Maße den mitunter nur kurzfristigen Gewinninteressen spekulativer Art Rechnung trägt.

[137] Vgl. Beisse (1993) S. 77 ff.

[138] Vgl. als Beispiel die Forderung nach einer stärkeren Marktbewertung bei Willis (1998)

Kompetenz der Hauptversammlung zur weitgehenden Disposition über den ausgewiesenen Gewinn geändert werden, da ansonsten Gewinne ausgeschüttet werden können, die noch nicht vollständig realisiert sind. Dies würde entweder zu einer vollständigen Änderung des HGB oder zu einer Ablösung des HGB durch ein internationales Rechnungslegungssystem führen. Solche weitgehenden Ideen werden hier aber nicht weiter betrachtet, denn die Erfüllung der oben dargestellten gemeinsamen Informationsinteressen von Gläubigern und Aktionären läßt sich auch unter dem alleinigen Oberziel des Gläubigerschutzes darstellen. Damit ist die Information des Kapitalmarkts kein eigenständiges Ziel der Rechnungslegung.[139] Vielmehr wird sich diese Aufgabe in den noch zu nennenden Jahresabschlußzwecken darstellen.[140]

Es wird auch die Meinung vertreten, daß der Jahresabschluß der Unternehmensleitung zur Vermittlung von Informationen über das eigene Unternehmen dient.[141] So könne die Selbstinformation des Kaufmanns zur Konkursvermeidung beitragen. Diese Auffassung ist aber auf Nicht-Kapitalgesellschaften zu beschränken. Bei solchen Rechtsformen besteht aufgrund der fehlenden Trennung zwischen Eigentümern und Geschäftsführung tatsächlich der Zweck der Selbstinformation. Denn aufgrund der fehlenden Trennung sind keine Interessenkonflikte durch den Reiz der Darstellung einer tendenziell besseren oder schlechteren Lage des Unternehmens aufgrund eines shareholder-value-Gedankens denkbar. Oft ist dieses Rechenwerk für eine Personengesellschaft auch die einzige Erfolgskontrolle, da Personengesellschaften aufgrund der meist geringen Größe kein kalkulatorisches Rechnungswesen besitzen.

Kapitalgesellschaften nutzen für die Zwecke der internen Erfolgsrechnung hingegen meist eine Kostenrechnung, da die handelsrechtliche Erfolgsrechnung aufgrund vielfältiger Vorschriften für eine Betriebssteuerung nur wenig geeignet ist. So wird letztere meist nur jährlich erstellt, während die Unternehmensleitung zeitnahe Kontroll- und Dispositionsgrundlagen benötigt.[142] Damit besitzt die Geschäftsleitung Informationsvorteile gegenüber den Unternehmensexternen, und es bliebe der Unternehmensleitung überlassen, welche Informationen sie weitergibt. Aus diesem Grund wurde durch den Gesetzgeber festgelegt, daß die Unternehmensleitung über die ihr anvertrauten Gelder Rechenschaft abzulegen hat. Dabei sind die Forderungen nach Rechenschaft nur als Mindestanforderungen ausgelegt. Jedes Unternehmen kann freiwillig mehr Informationen veröffentlichen.

S. 854 ff.; Herzig/Mauritz (1998) S. 335 ff.

[139] Vgl. Kübler (1995) S. 364; Beisse (1993) S. 90; Kühnberger/Lenz/Stachuletz (1982) S. 4

[140] Die Jahresabschlußzwecke unterscheiden sich in den einzelnen GoB-Systemen. Die Information wird man meist dem Jahresabschlußzweck der Rechenschaft zuordnen können.

[141] Vgl. hierzu und zum Folgenden Leffson (1987) S. 55

[142] Vgl. Egner (1993) Sp. 1039

1.3 GoB-Systeme

Oben wurde dargestellt, daß es Aufgabe von GoB-Systemen ist, GoB in eine Struktur zu bringen, um neue Sachverhalte im Jahresabschluß korrekt abbilden zu können. Da durch den Gesetzgeber aber keine Festlegung auf ein bestimmtes GoB-System erfolgte, haben sich abhängig vom jeweiligen GoB-Verständnis verschiedene GoB-Systeme entwickelt.

In der Folge werden die GoB-Systeme von *Leffson*, *Baetge* und *Moxter* vorgestellt. Diese Autoren werden beispielhaft als Vertreter der oben beschriebenen verschiedenen GoB-Ermittlungsformen betriebswirtschaftlich-deduktiv (*Leffson*), hermeneutisch (*Baetge*) und handelsrechtlich-deduktiv (*Moxter*) ausgewählt. Im Anschluß erfolgt eine Festlegung auf ein GoB-System, welches Grundlage der weiteren Betrachtungen sein wird.

1.3.1 GoB-System nach Leffson

Leffson unterstellt sein GoB-System den obersten Zielen der Dokumentation und Rechenschaft, wobei er diesen Zielen jeweils separate Grundsätze zuordnet.[143] Die Kapitalerhaltung stellt in seinem System einen Nebenzweck dar.

Die Grundsätze der Dokumentation bezieht *Leffson* auf den Inhalt der Buchführung. Sie sollen gewährleisten, daß die Aufzeichnungen zuverlässig und vollständig festgehalten und in geeigneter Weise dargestellt werden.[144] Dabei bezeichnen die Grundsätze der Dokumentation nur einen Oberbegriff. Im einzelnen umfassen sie die Grundsätze für die laufende Buchführung, die Aufstellung des Inventars, die Eröffnungsbilanz und die Ableitung von Periodenabschlüssen.[145] Aufgrund der Beschränkung auf rein technische Anweisungen zur Führung der Handelsbücher werden diese Grundsätze der Dokumentation an dieser Stelle nicht weiter betrachtet.

Die oberen Grundsätze der Rechenschaft bestehen lt. *Leffson* aus[146]

1. den Rahmengrundsätzen
   - Richtigkeit – Willkürfreiheit
   - Klarheit
   - Vollständigkeit
2. den Abgrenzungsgrundsätzen
   - Realisationsprinzip
   - Grundsätze der Abgrenzung der Sache und der Zeit nach
   - Imparitätsprinzip

[143] Vgl. Leffson (1987) S. 150
[144] Vgl. Leffson (1987) S. 158
[145] Vgl. Leffson (1987) S. 161
[146] Vgl. Leffson (1987) S. 179

3. den ergänzenden Grundsätzen
   - Stetigkeit
   - Vorsicht

Die Rahmengrundsätze bilden nach *Leffson* die Grundbedingungen jeder Vermittlung nützlicher Informationen.[147] Der Rahmengrundsatz der Richtigkeit vermeidet absichtlich die Bezeichnung der Wahrheit, denn in der Abbildung wirtschaftlicher Sachverhalte im Rahmen eines Jahresabschlusses ist nur eine relative und keine absolute Wahrheit denkbar. Die mögliche Bezeichnung eines Grundsatzes der Wahrheit könnte aber beim Bilanzleser den Anspruch erwekken, daß der Inhalt der Bilanz mit den Vorstellungen des Bilanzlesers über den Inhalt der Bilanz übereinstimmt. Die Bilanz kann hingegen nur im Rahmen der handelsrechtlichen Vorschriften Sachverhalte abbilden. Aus diesem Grund bezeichnet *Leffson* diesen Grundsatz als Richtigkeit, denn es läßt sich entscheiden, ob eine bestimmte Bilanzierung mit den Vorschriften übereinstimmt oder nicht, damit als richtig oder falsch qualifiziert werden kann. Eine entsprechende Bilanzierung muß nach *Leffson* für den sachverständigen Leser nachprüfbar sein.[148] Der Grundsatz der Richtigkeit konkretisiert sich somit erst in den Detailvorschriften.[149] Daneben hat der Grundsatz der Willkürfreiheit die Aufgabe, Schätzungsbandbreiten soweit einzuschränken, daß im Ergebnis nur aus realitätsnahen und durch den Bilanzaufstellenden für zutreffend gehaltenen Hypothesen abgeleitet wird.[150] Damit wird gleichzeitig die Möglichkeit zu Bilanzfrisuren und –manipulationen eingeschränkt. Allerdings weist *Leffson* auf die Schwierigkeit hin, reine Willkür von Schätzungsfehlern abzugrenzen.[151]

Der Grundsatz der Klarheit fordert, daß die Bilanz klar gegliedert ist und der Inhalt der Bilanzposten klar durch deren Bezeichnung hervorgeht. Darüber hinaus sind bei entsprechender Notwendigkeit die Bewertungsmethode anzugeben und u.a. der Inhalt außerordentlicher Aufwendungen und Erträge zu erläutern. Der Grundsatz der Vollständigkeit fordert die Angabe der Gesamtheit der Vermögensgegenstände und Schulden.

Die Abgrenzungsgrundsätze beziehen sich vorwiegend auf Regeln zur Gewinnermittlung. Der Realisationszeitpunkt wird bei *Leffson* inhaltlich wie bei anderen Autoren ausgefüllt, insoweit ergeben sich keine Besonderheiten. Aus diesem Grund erfolgt eine Darstellung unter den allgemeinen Ausführungen zum Realisationsprinzip.[152] Gleiches gilt für das Imparitätsprinzip. Eine inhaltliche Beschränkung des Realisationsprinzips ergibt sich durch die Abgrenzung der

---

[147] Vgl. Leffson (1987) S. 179
[148] Vgl. Leffson (1987) S. 197
[149] Vgl. Leffson (1987) S. 201
[150] Vgl. Leffson (1987) S. 203
[151] Vgl. Leffson (1987) S. 204
[152] Vgl. Kapitel III.A.3.1.1, S. 71 ff.

Sache und der Zeit nach. Die Abgrenzung der Sache nach soll gewährleisten, daß Aufwendungen entsprechend dem Ertragsanfall zu berücksichtigen sind.[153] Damit ist z.B. die Problematik der Aktivierung von Herstellungskosten im GoB-System von *Leffson* ein Anwendungsfall der Abgrenzung der Sache nach. Ein im Vergleich zu anderen Autoren unterschiedlicher Inhalt der Reichweite des Realisationsprinzips wird auch durch die zusätzliche Abgrenzung der Zeit nach offensichtlich. Danach müssen die Aufwendungen und Auszahlungen genauso wie Einzahlungen und Erträge abgegrenzt werden, soweit sie andere Perioden betreffen.[154] Die Abgrenzung der Sache und der Zeit nach sind im GoB-System von *Leffson* separate Grundsätze, dabei wird nicht offensichtlich, weshalb dieser Grundsatz notwendig ist und sich nicht bereits aus dem Realisationsprinzip ergibt.[155] Denn nach der hier vertretenen Auffassung folgt die Abgrenzung der Sache nach bereits aus dem Realisationsprinzip, da eine Folge des Realisationsprinzips ist, daß die Ausgaben, die im Rahmen der normalen Geschäftstätigkeit erfolgen und nicht zu Umsätzen geführt haben (z.B. Kauf von Vorräten, Herstellung einer Maschine), aktiviert werden. Ebenfalls ergibt sich die Abgrenzung der Zeit nach aus dem Realisationsprinzip. Aus diesem Prinzip folgt bereits die Notwendigkeit, Erträge entsprechend ihrem Realisationszeitpunkt abzugrenzen. Gleiches gilt für die dazugehörenden Aufwendungen.

Der ergänzende Grundsatz der Stetigkeit beschreibt die Notwendigkeit, aus einer Reihe von Jahresabschlüssen die Unternehmensentwicklung ablesen zu können. Dies wird einerseits erreicht durch die zeitliche Gleichartigkeit, indem die Jahresabschlüsse den gleichen Zeitraum beschreiben sollen, und darüber hinaus durch die inhaltliche Gleichartigkeit.[156] Dem ergänzenden Grundsatz der Vorsicht kommt im Gegensatz zu anderen GoB-Systemen nur ein geringer Stellenwert zu. *Leffson* sieht dabei die Gefahr der Bildung stiller Reserven aufgrund zu starker Vorsicht und damit eine Einschränkung der Objektivierung.[157] Es ließe sich jeder Ermessensspielraum mit der Anwendung des Vorsichtsprinzips begründen. Er begrenzt die Wirkung des Vorsichtsprinzips auf die Festlegung von Schätzgrößen in der Weise, daß nicht durch zu optimistische Schätzungen der Periodenerfolg möglicherweise zu hoch ausgewiesen wird.[158]

Neben diesen Grundsätzen bezeichnet *Leffson* als Voraussetzungen der Bilanzierung die materiality, die Vergleichbarkeit, das going-concern-Konzept und die Periodisierung.[159] Diese Grundsätze werden nicht als eigentliche GoB bezeichnet, gehören aber zum Gesamtsystem Jahresabschluß. Der Grundsatz der

---

[153] Vgl. Leffson (1987) S. 330
[154] Vgl. Leffson (1987) S. 330
[155] Ähnlich Jüttner (1993) S. 64 ff.
[156] Vgl. Leffson (1987) S. 427
[157] Vgl. Leffson (1987) S. 466
[158] Vgl. Leffson (1987) S. 467
[159] Vgl. Leffson (1987) S. 180 f.

materiality fordert als Einschränkung der Vollständigkeit nur die Angabe jener Informationen, die für die Beurteilung eines Sachverhalts wesentlich sind. Die Voraussetzung der Vergleichbarkeit unterstellt, daß Zahlen des Jahresabschlusses nur im Vergleich zu anderen Jahresabschlüssen eine Aussage enthalten können. Aus dieser Voraussetzung folgt direkt der Grundsatz der Stetigkeit. Eine klare Abgrenzung zwischen dem ergänzenden Prinzip der Vergleichbarkeit und dem Grundsatz der Stetigkeit erfolgt nicht. Die Voraussetzung des going concern berücksichtigt bei der Bewertung von Vermögensgegenständen die Fortführung der Unternehmenstätigkeit. Aus der Periodisierung folgt die Zurechnung der Erträge und Aufwendungen zu den einzelnen Rechnungsperioden.

Leffsons GoB-System ist geprägt vom Grundsatz der Rechenschaft, dieser Grundsatz bestimmt gleichzeitig die weiteren GoB. Der Grundsatz der Kapitalerhaltung und damit auch die Ausschüttungsbemessung ist in diesem System nur eine Nebenbedingung. Das System berücksichtigt auch die Begrenzung der Bildung stiller Reserven, wobei insbesondere das Vorsichtsprinzip in seiner Reichweite begrenzt wird. Aufgrund dieser Begrenzung dient dieses System gleichzeitig dem Aktionärsinteresse, indem der Gewinn nicht zu stark durch die Legung stiller Reserven gekürzt wird.

Das GoB-System von *Leffson* ist vor dem Hintergrund der betriebswirtschaftlich deduktiven Entstehung zu beurteilen. So ergibt sich der Vorsichtsgrundsatz mit dem von *Leffson* geprägten Inhalt nicht aus dem Gesetz, ebenfalls ist die materiality nicht dem Gesetz zu entnehmen. Diese Grundsätze entstammen einem betriebswirtschaftlichen Verständnis, welches Inhalte der GoB festzulegen versucht. Nicht berücksichtigt werden in diesem System Erkenntnisse aus der Entwicklung der Rechtsprechung. Aus diesem Grund sind die durch dieses System gewonnenen Grundsätze durch die fehlende Bestätigung durch rechtsprechende oder –setzende Normen leicht angreifbar. Darüber hinaus legt dieses System Grundsätze nur in einer allgemeinen Form fest. Deshalb lassen sich mit diesem System keine Qualifikationsprobleme bei möglicherweise sich widersprechenden GoB entscheiden.

Für die vorliegende Arbeit ist die Stellung des Einzelbewertungsgrundsatzes zu anderen Grundsätzen besonders wichtig. Der Einzelbewertungsgrundsatz findet sich im GoB-System von *Leffson* nicht wieder. Deshalb ist davon auszugehen, daß er diesem Grundsatz nur eine geringe Aufgabe zukommen läßt.

1.3.2 GoB-System nach Baetge

Ziel des handelsrechtlichen Jahresabschlusses ist laut *Baetge* ein Interessenausgleich zwischen den Zielen Dokumentation, Rechenschaft und Kapitalerhaltung.[160] Die Ziele entsprechen denen des GoB-Systems von *Leffson*, allerdings stehen diese Ziele bei *Baetge* gleichberechtigt nebeneinander. Die Dokumenta-

---

[160] Vgl. Baetge (1996) S. 77 ff.

tionsgrundsätze entsprechen ebenfalls weitgehend denen des GoB-Systems von *Leffson*.[161] So wird auch bei *Baetge* unter anderem auf die Notwendigkeit der richtigen Bezeichnung von Konten hingewiesen, auf eine erneute Darstellung dieser Grundsätze wird deshalb verzichtet.

Neben den Dokumentationsgrundsätzen bestehen folgende weitere Grundsätze:[162]

a) Rahmengrundsätze

- Richtigkeit (Objektivität, Willkürfreiheit)
- Vergleichbarkeit (Stetigkeit, Erläuterung von Unstetigkeiten)
- Klarheit und Übersichtlichkeit
- Vollständigkeit, Stichtags- und Periodisierungsprinzip
- Wirtschaftlichkeit

b) Systemgrundsätze

- Fortführung der Unternehmenstätigkeit
- Pagatorik
- Einzelbewertung

c) Definitionsgrundsätze für den Jahreserfolg

- Realisationsprinzip
- Abgrenzung der Sache und der Zeit nach

d) Ansatzgrundsätze für die Bilanz

- Aktivierungsgrundsatz: Prinzip der selbständigen Verkehrsfähigkeit
- Passivierungsgrundsatz: Prinzip der Verpflichtung, der wirtschaftlichen Belastung und der Quantifizierbarkeit

e) Kapitalerhaltungsgrundsätze

- Imparitätsprinzip
- Vorsichtsprinzip

Unter den Rahmengrundsätzen weist auch *Baetge* auf die Problematik eines nur relativ richtigen Bilanzansatzes hin. Allerdings ist nach seiner Auffassung der Grundsatz der Richtigkeit nur im Falle von eineindeutigen Sachverhalten gewährleistet.[163] Bei solchen Sachverhalten ist nur eine einzige Abbildung im Jahresabschluß möglich, und umgekehrt kann aus der Abbildung im Jahresabschluß eindeutig auf den zugrundeliegenden Sachverhalt geschlossen werden. Soweit eine solche Eineindeutigkeit nicht gewährleistet ist, muß der Grundsatz der Objektivität herangezogen werden. Damit werden subjektive Ermessensspielräume des Bilanzierenden zugunsten einer Abbildungsmethodik einge-

---

[161] Zu den Dokumentationsgrundsätzen vgl. Baetge (1986) S. 7 f.
[162] Vgl. Baetge (1986) S. 6 ff.
[163] Vgl. Baetge (1986) S. 8

schränkt, die es dem informierten Bilanzleser ermöglicht, die zugrundeliegenden Sachverhalte nachzuvollziehen.[164]

Als Besonderheit im Vergleich zu *Leffsons* GoB-System ist unter den Rahmengrundsätzen der Grundsatz der Wirtschaftlichkeit hervorzuheben. Dieser hat einen anderen Inhalt als der Grundsatz der Wesentlichkeit aus dem GoB-System von *Leffson.* Der Grundsatz der Wirtschaftlichkeit besagt, daß Informationsvermittlung kein Selbstzweck sein darf und deshalb jede zusätzliche Informationsvermittlung abzuwägen ist im Vergleich zum zusätzlichen Aufwand aufgrund dieser Bereitstellung von Informationen.[165] Allerdings besteht das Problem, daß der Nutzen von Informationen nicht quantifizierbar ist. Deshalb wird durch *Baetge* der Grundsatz der Wirtschaftlichkeit modifiziert, indem die Information für den Außenstehenden relevant sein muß.[166] Einem solchen Grundsatz muß widersprochen werden. Für die Gewährung gesetzlich vorgeschriebener Informationen kann kein Wirtschaftlichkeitsprinzip gelten. Anderenfalls bliebe den Unternehmen die Auswahl überlassen, welche Informationen sie den Jahresabschlußadressaten zukommen lassen. Ein Wirtschaftlichkeitsprinzip kann nur als Anhaltspunkt für zusätzliche freiwillige Informationen gelten, z.B. für eine Kapitalflußrechnung. Als GoB ist die Wirtschaftlichkeit abzulehnen, da ihr damit ein Rang zukommen würde, womit andere GoB eingeschränkt werden könnten.

Die Systemgrundsätze beschreiben ähnlich dem System von *Leffson* grundlegende Voraussetzungen für das gesamte GoB-System. Die Pagatorik beschreibt die grundsätzliche Bindung buchungspflichtiger Vorgänge an Zahlungen. Diese führen u.U. nicht im Zeitpunkt der Buchung zu einem Zahlungsvorgang, müssen aber in der Totalperiode des Unternehmens auf Zahlungen beruhen. Der Grundsatz der Einzelbewertung wird in *Baetges* GoB-System als eigenständiger Grundsatz aufgeführt. Die eigentliche Ausfüllung, was als GoB anzusehen ist, muß dagegen mit unteren GoB erfolgen.[167]

Die Definitionsgrundsätze für den Jahreserfolg dienen der Ermittlung eines vergleichbaren Periodenerfolgs und damit der Rechenschaft.[168]

Die Ansatzgrundsätze der Bilanz umfassen die Aktivierungsvoraussetzungen für Vermögensgegenstände und die Passivierungsvoraussetzungen für Schulden.

---

[164] Vgl. Baetge (1986) S. 8; Eine solche Sichtweise, wonach eine unter den Prämissen des Vorsichtsprinzips aufgestellte Bilanz dem Anleger ausreichend Informationen zur Verfügung stellt, kann kritisiert werden. So ist aufgrund der nicht erkennbaren stillen Reserven kaum ein Rückschluß auf die tatsächliche Vermögenslage möglich. Die Aussage von Baetge ist allerdings trotzdem richtig und notwendig, da ohne die Objektivierungsvorschriften den Bilanzierenden mehr Freiräume geschaffen würden, was zweifellos zu mehr Willkür führen würde.

[165] Vgl. Baetge (1986) S. 9 f.

[166] Vgl. Baetge (1986) S. 9

[167] Vgl. Baetge (1986) S. 10

[168] Vgl. Baetge (1986) S. 11

Zweck der Kapitalerhaltungsgrundsätze ist es, die nominelle Kapitalerhaltung zu sichern.[169] Durch diese Grundsätze wird zwar die Informationsfunktion des Jahresabschlusses beeinträchtigt, diese Aufgabe muß nach diesem GoB-System aber hinter die Aufgabe der Kapitalerhaltung zurücktreten. Ähnlich wie *Leffson* tritt auch *Baetge* gegen eine zu weite Auslegung des Begriffs der Vorsicht ein. Die Vorsicht ist somit zugunsten von Objektivierungsvorschriften einzuschränken. Allerdings ist gerade bei Schätzungsbandbreiten und Ermessensspielräumen eine Objektivierung schwierig. *Baetge* schlägt eine Bilanzierung zum Mittelwert vor, um aber dem Vorsichtsprinzip Genüge zu tun, soll gleichzeitig die Differenz zwischen dem Mittelwert und dem unteren Ende der Bandbreite in eine sogenannte Bandbreitenrückstellung eingestellt werden.[170] Dieser Vorschlag erscheint nicht quantifizierbar, da bereits die Schätzung des Mittelwerts stark von subjektiven Erwartungen verschiedener Zukunftsszenarien abhängig ist. Damit würde die Bandbreitenrückstellung nur zu einem zusätzlichen Instrument, um der Hauptversammlung Gewinne vorzuenthalten.

Als positives Element dieses GoB-Systems ist festzuhalten, daß Baetge die Notwendigkeit eines Interessenausgleichs zwischen den Parteien feststellt und im GoB-System berücksichtigt. Diese Notwendigkeit ergibt sich aus dem fehlenden eindeutigen Jahresabschlußzweck. Damit wird im System berücksichtigt, daß die Vorschriften unterschiedlichen Zwecken dienen und sich auch gegenseitig einschränken können. *Baetges* GoB-System hat damit auch die Aufgabe, auf die verschiedenen widerstreitenden Zwecke hinzuweisen. Im Gegensatz dazu wird bei anderen GoB-Systemen ein eigentliches Ziel der Rechnungslegung genannt (z.B. bei *Moxter* die Gewinnermittlung). Bei diesen Systemen können Vorschriften, die sich evtl. widersprechen, anhand des obersten Ziels ausgelegt werden. Bei *Baetges* GoB-System sind dagegen Einzelfallentscheidungen zu treffen, welchem Bilanzzweck in welcher Situation der Vorrang eingeräumt wird. Auch aus diesem Grund wirkt das GoB-System stark zergliedert.

1.3.3 GoB-System nach Moxter

Inhalt der handelsrechtlichen Gewinnermittlung ist nach *Moxter* die umsatzbezogene, verlustantizipierende und ausgeprägt objektivierte Gewinnermittlung.[171] Deren Zweck ist die vorsichtige Bestimmung des als Gewinn entziehbaren Betrages, Informationsaufgaben der Bilanz werden nur als Nebenaufgabe angesehen.[172]

Zunächst sind die wesentlichen Gewinnermittlungsprinzipien die Fundamentalprinzipien in der Form des Realisations- und Imparitätsprinzips.[173] Das Reali-

[169] Vgl. Baetge (1986) S. 13
[170] Vgl. Baetge (1986) S. 13 f.
[171] Vgl. Moxter (1985) S. 24; ders. (1987) S. 373 f.
[172] Vgl. Moxter (1999) S. 8 f.
[173] Vgl. Moxter (1987) S. 365

sationsprinzip besitzt zwei Unterprinzipien: das Anschaffungswert- und das Periodisierungsprinzip.[174] Damit dient das Realisationsprinzip zum einen einer vorsichtigen, zum anderen einer objektivierten Gewinnermittlung. Das Imparitätsprinzip durchbricht die Wirkung des Realisationsprinzips für den Bereich drohender Verluste. Folgeprinzip des Imparitätsprinzips hinsichtlich des Ansatzes ist die Bildung von Drohverlustrückstellungen. Folgeprinzipien hinsichtlich der Bewertung sind das Niederstwertprinzip auf der Aktivseite und das Höchstwertprinzip auf der Passivseite. Aufgrund des Niederstwertprinzips wird der Ausweis eines verlustantizipierenden Umsatzerfolgs erreicht. Aus den beiden Fundamentalprinzipien (Realisations- und Imparitätsprinzip) ergeben sich weitere Folgeprinzipien, die die Objektivierung der Gewinnermittlung bewirken.[175] Darunter fällt beispielsweise das Gebot der Stetigkeit oder der Grundsatz des entgeltlichen Erwerbs für immaterielle Vermögensgegenstände. Weitere Einzelgrundsätze ordnungsmäßiger Bilanzierung sind nach *Moxter* das Stichtagsprinzip und das Einzelbewertungsprinzip.[176] Diese Grundsätze dienen zusätzlich der Objektivierung der Gewinnermittlung.

Daneben bestehen Vorschriften, die den Einblick in die Lage des Unternehmens gewährleisten sollen. Diese Einblicksfunktion dient sowohl dem Kaufmann selbst als auch Dritten.[177] Entsprechende Vorschriften finden sich nach *Moxter* in den Regelungen für alle Kaufleute nur in vereinzelten Bestimmungen wieder, so in der Gegenüberstellung der Aufwendungen und Erträge und der hinreichenden Aufgliederung der Bilanz. Aufgrund der gläubigerschützenden Vorschriften kann die Information aber nur einen geringen Stellenwert erhalten. Dies folgt aus dem Ausweis von Buchvermögen in der Bilanz.[178] Für eine ausreichende Information wäre hingegen ein Finanzplan erforderlich. Daneben wird für die Kapitalgesellschaften ein weitergehender Einblick gefordert. Dieser Einblick bezieht sich nach *Moxter* allerdings nicht auf konkrete Ansatz- und Bewertungsvorschriften, sondern ausschließlich auf den Anhang.[179] Damit ist allerdings nicht gemeint, daß dies eine Abschätzung der tatsächlichen Situation ermöglicht. Vielmehr soll eine Einschätzung ermöglicht werden, ob sich die Situation am Ende des Geschäftsjahrs, verglichen mit der Situation zu Beginn des Geschäftsjahrs, besser oder schlechter darstellt.[180] Die ebenfalls der Information dienenden Vorschriften zur Rechenschaft umfassen ähnlich den anderen

---

[174] Vgl. Moxter (1985) S. 23
[175] Vgl. Moxter (1987) S. 366
[176] Vgl. Moxter (1985) S. 24
[177] Vgl. Moxter (1987) S. 369
[178] Vgl. Moxter (1987) S. 370
[179] Zur Abkoppelungsthese des § 264 Abs. 2 HGB vgl. im Kapitel III.A.2.2 S. 67.
[180] Vgl. Moxter (1987) S. 373

Systemen die Wahrheit (diese wird in den anderen Systemen als Richtigkeit bezeichnet), Vollständigkeit und Klarheit.[181]

Moxter unterstellt sein gesamtes System dem primären Zweck der Gewinnermittlung. Rechenschaft und Information stellen nur Nebenzwecke dar. Eine solche Zielsetzung entspricht nicht dem hier vertretenen Ziel der Rechnungslegung. Würde man der Auffassung vom alleinigen Zweck der Gewinnermittlung folgen, würde die Bilanz nur eine Hilfsfunktion im Rahmen der Gewinnermittlung übernehmen. Sie hätte darüber hinaus aber nur eingeschränkte Rechenschaftsaufgaben. Eine solche eingeschränkte Rechenschaft ist für Gläubiger nicht zu akzeptieren.

Ein Vorteil des GoB-Systems von *Moxter* ist die detaillierte Benennung einzelner GoB. Grundsätzlich ist ein weiterer Vorteil auch die hierarchische Gliederung des GoB-Systems, in welchem das Vorsichts-, Realisations- und Imparitätsprinzip dominieren. Zu kritisieren ist allerdings das alleinige Ziel der Gewinnermittlung, das bereits oben abgelehnt wurde. Der Einzelbewertungsgrundsatz wird auch in diesem System nur als ergänzender Grundsatz erwähnt. Die Stellung in der Form eines ergänzenden Grundsatzes läßt wiederum keinen Rückschluß auf die Funktion des Einzelbewertungsgrundsatzes zu.

1.3.4 Festlegung und Kritik

In keinem der drei vorgestellten GoB-Systeme wurde eine detaillierte Einordnung des Einzelbewertungsgrundsatzes vorgenommen. Aus diesem Grund ist es notwendig, zuerst eine Festlegung auf ein GoB-System vorzunehmen und anschließend die Einzelvorschriften auch im Licht dieses GoB-Systems zu betrachten.

Als Ergebnis der Festlegung auf eine Form der GoB-Ermittlung wurde oben festgestellt, daß ein GoB-System notwendigerweise induktive Elemente haben muß, um in ausreichender Zeit auf aktuelle Entwicklungen reagieren zu können, wenn auch die reine Form der Induktion abgelehnt wird. Im dargestellten GoB-System von *Baetge* erscheint diese grundsätzliche Form der GoB-Findung am besten verwirklicht. In diesem GoB-System werden gleichrangige Obersätze aufgestellt, wobei die Notwendigkeit eines Interessenausgleichs zwischen den verschiedenen Ansprüchen an den Jahresabschluß betont wird. Zwar würde eine hierarchische Struktur eine strenge Deduktion unterer GoB ermöglichen, dies scheitert aber an den fehlenden allgemein anerkannten GoB-Zwecken. So kann der Interessenausgleich als offenes System eine Abwägung und von der Situation abhängige Einzelfallentscheidungen ermöglichen.

Oben wurde auf die Problematik der fehlenden Autorität zur Festlegung von GoB hingewiesen. Allerdings weist gerade die hermeneutische Methode gegenüber der betriebswirtschaftlich-deduktiven Methode den Vorteil auf, daß sie

[181] Zu den Rechenschaftsgrundsätzen vgl. Moxter (1976) S. 91

Entscheidungen zum Handelsrecht als eine von mehreren Quellen berücksichtigt. Jedoch wird in dieser Arbeit in Abweichung des eigentlichen hermeneutischen Systems die Geltung einschlägiger Gerichtsentscheidungen höher gewichtet, da bei Vorliegen sachgerechter Entscheidungen sich kein Autoritätsproblem ergibt. In anderen Fällen, die nicht von Gerichten behandelt wurden, ist dagegen auf Stellungnahmen beteiligter Kreise Bezug zu nehmen, z.B. auf IDW-Stellungnahmen oder im besonderen Fall der Derivate auf Verlautbarungen des Bundesverbandes deutscher Banken.

Im weiteren Verlauf dieser Arbeit wird auf das GoB-System von *Baetge* und die hermeneutische GoB-Ermittlung Bezug genommen.

Fazit I

Der im HGB genutzte unbestimmte Rechtsbegriff der GoB eröffnet einerseits die Chance, daß die Rechnungslegung flexibel auf sich ändernde Anforderungen und Rahmenbedingungen reagieren kann. Andererseits weist schon die Bezeichnung „unbestimmter Rechtsbegriff" auf die Notwendigkeit hin, diesen Begriff auszufüllen. Dazu haben sich verschiedene Methoden zur GoB-Ermittlung entwickelt. Nach der ursprünglichen induktiven Methode war das tatsächliche Handeln der Kaufleute entscheidend für die Bilanzierung. Allein aufgrund des Vorliegens von Vorschriften zur Bilanzierung in Form des HGB kann die Induktion in seiner ursprünglichen Form nicht weiter verfolgt werden. Die betriebswirtschaftlich-deduktive GoB-Ermittlung kann auch keine Alternative darstellen, da kein allgemein anerkanntes betriebswirtschaftliches GoB-System existiert. Als Konsequenz bietet sich die handelsrechtlich-deduktive GoB-Ermittlung an. Aber auch diese ist mit Schwächen behaftet, denn sie kann zwar auf die Legitimierung durch das Gesetz verweisen. Da das Gesetz aber mit den einzelnen Vorschriften auch verschiedene Zwecke verfolgt, ist eine in sich geschlossene und widerspruchsfreie GoB-Ermittlung allein aus dem Gesetzeszweck nicht möglich. Aus diesem Grund müssen weitere Quellen der GoB-Ermittlung hinzugezogen werden. Eine Form der GoB-Ermittlung, die diese Berücksichtigung weiterer Quellen ermöglicht und fordert, ist die hermeneutische GoB-Ermittlung. Diese ist als die für diese Arbeit anzuwendende Form festgelegt worden.

Trotz der unterschiedlichen Zwecke der Einzelvorschriften war fraglich, ob die Rechnungslegung nach HGB ein gemeinsamens Oberziel besitzt. Als ein solches Ziel wurde der Gläubigerschutz identifiziert. An dessen Einhaltung muß sich jede Auslegung von Einzelvorschriften orientieren.

Anschließend wurde als sachgerechtes und anzuwendendes GoB-System das System von *Baetge* identifiziert, da er den notwendigen Interessenausgleich am besten berücksichtigt.

Nach diesem System sind Buchführungs- und Jahresabschlußzwecke die Dokumentation, Rechenschaft und Kapitalerhaltung.[182]

Der Jahresabschlußzweck der Dokumentation beschreibt die Sicherung einer zuverlässigen und vollständigen Aufzeichnung und einer systematischen Ordnung der Geschäftsvorfälle in der Buchführung sowie die geeignete Darstellung im Jahresabschluß.[183] Damit bezieht sich die Dokumentation auf die formelle Buchhaltung im engeren Sinne.

Der Jahresabschlußzweck der Rechenschaft soll gewährleisten, daß das Unternehmen vor sich selbst, den Gesellschaftern und Gläubigern einen Nachweis über die Auswirkungen der im abgeschlossenen Geschäftsjahr durchgeführten Geschäfte im Jahresabschluß führen kann.[184] Dazu ist es notwendig, daß hinreichende Objektivierungskriterien bestehen, um den Gewinn nicht zu hoch (im Interesse der Gläubiger) bzw. zu niedrig (im Interesse der Gesellschafter) auszuweisen. Da Vergütungen und Tantiemen der Geschäftsführung oft an die Höhe des ausgewiesenen Gewinns gekoppelt sind, besteht das Eigeninteresse der Geschäftsführung grundsätzlich am Ausweis eines möglichst hohen Gewinns.[185] Deshalb ist es notwendig, daß die gläubigerschützenden Vorschriften auch im Sinne einer Objektivierung wirken und keine bestandsgefährdenden Gewinne ausgewiesen werden.

Der Zweck der Kapitalerhaltung berücksichtigt ebenfalls das Ziel des Gläubigerschutzes, indem die Sicherung eines dem nominellen Grundkapital entsprechenden Vermögens angestrebt wird. Andererseits soll dieser Grundsatz auch sichern, daß die kaufmännische Vorsicht nicht übertrieben wird und zu starke stille Reserven gelegt werden.

---

[182] Vgl. Baetge (1986) S. 6
[183] Vgl. Baetge (1986) S. 7
[184] Zur Rechenschaftslegung als Basis von Rechnungslegung vgl. Zernack (1997) S. 31 f.
[185] Vgl. Egner (1974) S. 59 f.

2. Grundsatzfragen der Auslegung von GoB

2.1 *Inhalt und Stellenwert einer „wirtschaftlichen Betrachtungsweise"*

Im Handelsrecht werden Sachverhalte oft vor dem Hintergrund einer wirtschaftlichen Betrachtungsweise beurteilt, teilweise rückt dabei auch die eigentliche handelsrechtliche Norm in den Hintergrund. Aus diesem Grund muß geklärt werden, ob die wirtschaftliche Betrachtungsweise eine eigenständige Vorschrift darstellt, ob es sich um einen GoB handelt oder um eine weitere Form der Auslegung von Gesetzen.

Trotz eines unbestrittenen Stellenwerts der wirtschaftlichen Betrachtungsweise im Handelsrecht finden sich Klärungen des Inhalts und der systematischen Einordnung nur selten in der handelsrechtlichen Literatur. Aus diesem Grund wird im folgenden zuerst der steuerrechtliche Inhalt der wirtschaftlichen Betrachtungsweise beschrieben, dazu wird auch auf die zeitliche Entwicklung eingegangen, um anschließend Rückschlüsse auf die handelsrechtliche Bedeutung ziehen zu können.

2.1.1 Historie des Begriffs der wirtschaftlichen Betrachtungsweise

Der Begriff der wirtschaftlichen Betrachtungsweise war zu keiner Zeit als eigenständiger Begriff in Gesetzen enthalten. Erstmals in § 4 der Reichsabgabenordnung von 1919 wurde eine Wortwahl benutzt, die als Grundlage der Anwendung der wirtschaftlichen Betrachtungsweise diente.[186] Bereits zur damaligen Zeit befürchteten die Kritiker dieser Regelung eine Rechtsunsicherheit und fiskalische Tendenzen, während die Befürworter unter Führung von *Becker* diese Vorschrift als die wichtigste im ganzen Gesetzeswerk ansahen, durch die Rechtsformalismus und Begriffsjurisprudenz überwunden werden konnten.[187] 1934 wurde die wirtschaftliche Betrachtungsweise über § 1 Abs. 2 StAnpG bestätigt, wonach bei der Gesetzesinterpretation der Zweck und die wirtschaftliche Bedeutung der Steuergesetze zu berücksichtigen sind.[188]

Ab Mitte der fünfziger Jahre setzte eine Gegenbewegung zur bis dahin weit fortgeschrittenen Isolation des Steuerrechts vom übrigen Zivilrecht ein. Ziel dieser Strömung war die Wiederherstellung der Einheit der Rechtsordnung, wo-

---

[186] § 4 RAO von 1919: Bei Auslegung der Steuergesetze sind ihr Zweck, ihre wirtschaftliche Bedeutung und die Entwicklung der Verhältnisse zu berücksichtigen.

[187] Vgl. Becker (1930) Anm. 1a zu § 4; hierzu Beisse (1981) S. 4 m.w.N.

[188] Vgl. Urbas (1987) S. 74 ff.: Die Vorschrift wurde später in den Teilen verändert, die nationalsozialistisches Gedankengut enthielten. Als Grundlage für die Anwendung der wirtschaftlichen Betrachtungsweise blieb die Vorschrift aber unverändert bestehen.

nach einzelnen Begriffen im Steuerrecht keine andere Bedeutung zukommen kann als im Zivilrecht.[189]

Zehn Jahre später wurde die Abkoppelungsthese der Unabhängigkeit des Steuerrechts in modifizierter Form wieder eingeführt.[190] Grundlage dieser Änderung war eine Entscheidung des Bundesverfassungsgerichts, das die Eigenständigkeit des Steuerrechts gegenüber dem Zivilrecht bestätigt hat.[191] Dadurch war es wieder möglich geworden, daß Begriffe im Steuerrecht einen anderen Inhalt erhielten als im Zivilrecht.

Seit der Abgabenordnung von 1977 ist die wirtschaftliche Betrachtungsweise als Auslegungsform nicht mehr im Gesetz enthalten. Die Streichung im Gesetz wurde begründet mit der Auffassung, daß es sich bei dem gestrichenen Absatz um eine allgemein akzeptierte Auslegungsregel handelt, die im Steuerrecht ebensowenig wie im übrigen Recht der Kodifikation bedarf.[192] Auch nach herrschender Meinung bleibt die wirtschaftliche Betrachtungsweise trotz der Streichung als allgemeines Auslegungskriterium für das Steuerrecht erhalten.[193] In mehreren Vorschriften bleibt dagegen die wirtschaftliche Betrachtungsweise weiterhin explizit bezeichnet.[194]

2.1.2 Steuerrechtlicher Inhalt der wirtschaftlichen Betrachtungsweise

Im Meinungsstreit um das Ausmaß der Berücksichtigung der wirtschaftlichen Betrachtungsweise im Steuerrecht unterscheidet *Tipke* zwischen drei verschiedenen Richtungen:[195] zum einen der weitreichenden Anwendung der wirtschaftlichen Betrachtungsweise mit der Folge einer Abkoppelung der Begriffe des Steuerrechts von denen des Zivilrechts. Zum zweiten die Ablehnung von zwei verschiedenen Begriffsinhalten. Und als dritte Meinung die fallweise Übernahme oder Ablehnung zivilrechtlicher Begriffsinhalte.

Die *erste Meinung* bezeichnet die wirtschaftliche Betrachtungsweise als allgemeine Korrekturvorschrift, um zivilrechtliche Begriffe in das Steuerrecht umzusetzen. Kriterien sind dabei die Besteuerung nach der wirtschaftlichen Lei-

---

[189] Vgl. Urbas (1987) S. 142 ff. m.w.N.; Beisse (1981) S. 5

[190] Vgl. Urbas (1987) S. 149 f.; Beisse (1981) S. 5

[191] Vgl. BVerfG Beschluß vom 11.11.1964; I BvR 488/62, I BvR 562/63, I BvR 216/64 S. 231 ff.

[192] Vgl. Deutscher Bundestag (1975) S. 15 f.

[193] Vgl. Beisse (1981) S. 1 f.; Tipke (1996) § 5 Rz. 65; differenzierter Groh (1989) S. 230: Wenn die wirtschaftliche Betrachtungsweise auch nach ihrer Streichung aus dem Gesetz eine Aussage behalten will, muß sie sich in die klassischen Auslegungsprinzipien einordnen lassen.

[194] Vgl. Wortlaut des § 42 Satz 2 AO: Liegt ein Mißbrauch vor, so entsteht der Steueranspruch so, wie er bei einer den wirtschaftlichen Vorgängen angemessenen rechtlichen Gestaltung entsteht. Zu dieser Vorschrift vgl. auch Lüders (1986) S. 1945

[195] Vgl. hierzu und zum Folgenden Tipke (1996) § 5 Rz. 66 ff.

stungsfähigkeit und die Gleichmäßigkeit der Besteuerung. Deshalb stellen zivilrechtliche Gedankengänge nur eine Grundlage für weitergehende steuerrechtliche Qualifikationen dar.[196] Nur mit einer solchen Abkoppelung läßt sich nach dieser Meinung das steuerrechtliche Postulat der gleichmäßigen Besteuerung verwirklichen. Deshalb sind die zivilrechtlichen Vorgaben auch nur soweit in die steuerrechtliche Beurteilung zu übernehmen, als sie die steuerliche Leistungsfähigkeit tatsächlich beeinflussen.[197] Ein bedeutender Vertreter dieser Sichtweise ist *Becker*[198].

Die *zweite* Ansicht läßt sich mit dem Begriff der Einheit der Rechtsordnung beschreiben. Deren Vertreter sind der Auffassung, daß das Steuerrecht Begriffen, die zivilrechtlich geregelt und damit belegt sind, keinen anderen Inhalt zuweisen kann.

Nach der *dritten* Auffassung ist grundsätzlich die zivilrechtliche Betrachtungsweise zu übernehmen. Ausnahmen sind in den Fällen möglich und notwendig, in denen die konsequente Anwendung zu im Sinne des Steuerrechts nicht brauchbaren Ergebnissen führt.[199]

Die drei beschriebenen Auffassungen wurden entsprechend dem historischen Ablauf des Inhalts der wirtschaftlichen Betrachtungsweise vertreten. Der Inhalt der wirtschaftlichen Betrachtungsweise umfaßte anfangs eine weitgehende Abkoppelung vom Zivilrecht, später wurde einige Zeit lang die Vereinigung der Begriffsinhalte des Steuerrechts mit denen des Zivilrechts versucht und schließlich wurde ein Kompromiß aus beiden Positionen angestrebt.

Die heute gültige wirtschaftliche Betrachtungsweise durch grundsätzliche Übernahme einer zivilrechtlichen Betrachtung mit steuerrechtlichen Ausnahmen wird von der herrschenden Meinung als Sonderform der teleologischen Gesetzesauslegung bezeichnet.[200] Dies entspricht der oben dargestellten handelsrechtlich-deduktiven GoB-Ermittlung.

---

[196] Vgl. Schulze-Osterloh (1993) S. 308

[197] Vgl. Schulze-Osterloh (1993) S. 309

[198] Wobei *Becker* grundsätzlich vorgeworfen wurde, daß er zu freier Rechtschöpfung tendierte. Vgl. Beisse (1981) S. 7; ähnlich Rittner (1975) S. 51: Becker neigte dazu, die tatbestandliche und begriffliche Selbständigkeit des Steuerrechts zu übertreiben und gleichzeitig schien er mit der Zeit die wirtschaftliche Betrachtungsweise in gefährlicher Weise überschätzt zu haben.

[199] Vgl. Tipke (1998) § 5 Tz. 68 mit der Feststellung, daß weder eine freischwebende wirtschaftliche Betrachtungsweise noch eine zivilrechtshörige Auslegung der Steuergesetze zu richtigen Ergebnissen führt.

[200] Vgl. Groh (1989) S. 230 f.; Beisse (1981) S. 2; Beisse (1984) S. 12; Moxter (1989) S. 232; Burkhardt (1988) S. 27

Der heute vertretene Inhalt der wirtschaftlichen Betrachtungsweise[201] im Steuerrecht beschreibt die Berücksichtigung des wirklichen Normzwecks, der bei Anwendung einer formalrechtlichen Betrachtungsweise nicht sichtbar wird, da diese sich an Rechtsstrukturen orientiert, die den wirklichen Normzweck verdecken.[202] Eine andere Ansicht sieht den Normzweck der gesetzlichen Regelung dann als entscheidend an, wenn nach dem Gesetzeswortlaut mehrere Auslegungsmöglichkeiten zulässig sind, eine verdeckte Regelungslücke enthalten ist oder mehr besagt wird, als das Gesetz nach seinem Sinn und Zweck regeln will.[203] Aus diesen beiden Definitionen ist ersichtlich, daß das Steuerrecht sich mit der wirtschaftlichen Betrachtungsweise grundsätzlich von zivilrechtlichen Begriffsdefinitionen lösen soll, soweit der wirtschaftliche Sachverhalt dies erfordert. Denn das Ziel der wirtschaftlichen Betrachtungsweise ist die Einhaltung des steuerrechtlichen Primats der Gleichmäßigkeit der Besteuerung. Durch die wirtschaftliche Betrachtungsweise wird es möglich, wirtschaftlich gleiche Sachverhalte, die aber verschiedene zivilrechtliche Ausprägungen haben, steuerrechtlich auch gleich zu erfassen.[204] Dabei ist die wirtschaftliche Betrachtungsweise ausschließlich auf Richterrecht zurückzuführen, gesetzliche Vorschriften zu Zielen und Zwecken hierzu existieren nicht. Nachteil des Richterrechts ist die Gefahr einer Kasuistik, d.h. abhängig von den urteilenden Senaten des BFH werden unterschiedliche Aspekte einer wirtschaftlichen Betrachtungsweise betont.[205]

Nach *Körner* besitzt die wirtschaftliche Betrachtungsweise drei Ausprägungsformen.[206] Zum einen werden über eine *persönliche Zurechnung* zivilrechtliche Vorgaben über die Zuordnung von Vermögensgegenständen für die Zwecke der Steuerbilanz korrigiert. Bedeutender Anwendungsfall sind hier die Bauten auf fremden Grundstücken. Als weitere Anwendungsform sieht *Körner* die *zeitliche Zuordnung*. Denn eine Forderung entsteht nach zivilrechtlicher Sichtweise u.U. bereits nach Vertragsabschluß, nach wirtschaftlicher Betrachtungsweise ist der Realisationszeitpunkt maßgeblich. Schließlich kann unter einer *sachlichen Zu-*

---

201 Zu einem verhaltenstheoretischen Ansatz der Erklärung des Inhalts der wirtschaftlichen Betrachtungsweise vgl. Stüdemann (1984) S. 545 ff. Nach seiner Untersuchung soll das konkrete Handeln als Inhalt der wirtschaftlichen Betrachtungsweise und damit für Bilanzierungszwecke maßgeblich sein. Damit sind Stüdemanns Vorschläge mehr unter dem Aspekt einer Umgestaltung des Steuer- und Handelsrechts zu begreifen und weniger, den tatsächlichen Inhalt der wirtschaftlichen Betrachtungsweise zu erfassen, und werden deshalb hier nicht weiter verfolgt.

202 Vgl. Moxter (1989) S. 237

203 Vgl. Oestreicher (1992) S. 146

204 Vgl. Conze (1963) Sp. 221 ff. mit Nachweisen zur zivilrechtlichen Ungleichbehandlung wirtschaftlich gleicher Sachverhalte.

205 Vgl. Körner (1974) S. 797

206 Vgl. Körner (1974) S. 798 f.

ordnung geprüft werden, ob im Rahmen von Rückstellungen ein Aufwand im abgelaufenen Geschäftsjahr wirtschaftlich verursacht ist.

Als wesentliche Anwendungsgebiete werden die Zuordnung des wirtschaftlichen Eigentums, die Abgrenzung der betrieblichen Sphäre von der Privatsphäre[207] und die Gestaltung der Einkommens- und Ertragsbesteuerung bezeichnet.[208] Im Rechtsgebiet der Unternehmensbewertung hat der BFH sich unter dem Stichwort der wirtschaftlichen Betrachtungsweise die Meinung der Betriebswirtschaftslehre zu eigen gemacht, indem er den Ertragswert als Unternehmenswert akzeptierte.[209] Diese Anwendungsgebiete sind in den hier interessierenden Fällen der möglichen Einschränkung oder Erweiterung handelsrechtlicher GoB nicht hilfreich und werden deshalb nicht weiter betrachtet.[210]

Bei einigen Urteilen wurde auch direkt in den Geltungsbereich der handelsrechtlichen GoB eingegriffen, so z.B. bei der Definition des Begriffs der Kapitalgesellschaft für den Bereich des Körperschaftsteuerrechts.[211] Allerdings stellen solche Fälle der Interpretation wirtschaftlicher Sachverhalte durch das Steuerrecht eher die Ausnahme dar.[212]

Problematischer sind hingegen die Urteile, bei denen die Finanzgerichte die wirtschaftliche Betrachtungsweise bzw. die ihr zugrundeliegende Norm des § 1 Abs. 2 StAnpG als die entsprechende Anspruchsgrundlage bezeichnet haben.[213] In diesen Fällen sind die Tatbestände der eigentlichen steuerlichen Norm

---

[207] Vgl. zu dieser Abgrenzung auch Wilk (1995)

[208] Vgl. Urbas (1987) S. 216 ff. Urbas stellt fest, daß in den o.g. Fällen die BFH-Rechtsprechung weniger ein teleologischer Schluß aus einem Gesetzeswerk ist, sondern bei diversen Entscheidungen mehr ein intuitives Gefühl über den Inhalt der wirtschaftlichen Betrachtungsweise entscheidend gewesen sei. Bei der Frage des wirtschaftlichen Eigentums stellt er keine Abweichungen eines betriebswirtschaftlichen Zwecksystems von der wirtschaftlichen Betrachtungsweise fest. Die Abgrenzung des betrieblichen Bereichs von der Privatsphäre wird an Beispielen erläutert, in denen der BFH einen Werbungskostenabzug trotz zumindest teilweiser beruflicher Veranlassung nicht zugelassen hat, was einem idealen betriebswirtschaftlichen Zwecksystem widerspricht. Auch die Einkommen- und Ertragbesteuerung werden wiederum mit einem Idealsystem verglichen, wobei Vorschläge für eine weniger kasuistische und mehr systematische Besteuerung gemacht werden.

[209] Vgl. Groh (1989) S. 228 m.w.N.

[210] Eine Ausnahme kann bei der Zurechnung des wirtschaftlichen Eigentums gelten. Aber gerade dort wurde festgestellt, daß eine betriebswirtschaftliche und die (steuerrechtliche) wirtschaftliche Betrachtungsweise zu keinen unterschiedlichen Ergebnissen führen, vgl. Urbas (1987) S. 244 f.

[211] Vgl. BFH-Beschluß vom 25.06.1984, GrS 4/82, BStBl. II 1984 S. 751-770

[212] Vgl. Groh (1989) S. 230

[213] Vgl. BFH-Urteil vom 15.10.1970, IV R 134/70, BStBl. II 1971 S. 262 f., wonach die für die Gewinnverteilung entwickelten Grundsätze ihren Ursprung in § 1 Abs. 2 und 3 StAnpG und § 12 EStG hätten. Im BFH-Urteil vom 22.01.1970, IV R 178/68, BStBl. II 1970, S. 416-418 wird festgestellt, daß der Sachverhalt auf der Grundlage der in § 1 Abs. 2 und 3 StAnpG festgelegten wirtschaftlichen Betrachtungsweise entschieden wurde.

dadurch verschwommen, daß das schemenhafte Konstrukt der wirtschaftlichen Betrachtungsweise zur Einführung neuer, in der ursprünglichen Norm nicht enthaltener Tatbestandsvoraussetzungen eingesetzt wird. Damit wird die ursprünglich zur Auslegung von Gesetzen vorgesehene Vorschrift zu einer Rechtsgrundlage, die dann nicht nur für den Steuerpflichtigen unkalkulierbar wird, sondern auch der Tatbestandsmäßigkeit der Besteuerung widerspricht.[214] Ein Ziel muß es deshalb sein, die wirtschaftliche Betrachtungsweise auf die Funktion einer Auslegungsregel zu begrenzen.[215]

2.1.3 Bedeutung der wirtschaftlichen Betrachtungsweise für das Handelsrecht

Bei der wirtschaftlichen Betrachtungsweise handelt es sich nach herrschender Meinung um eine rein steuerrechtliche Betrachtung.[216] Trotzdem wird sie vielfach im Handelsrecht angewandt. So ist es für die Aktivierung einer Forderung nach der wirtschaftlichen Betrachtungsweise erforderlich, daß sie so gut wie sicher, hinreichend konkretisiert und wirtschaftlich greifbar ist.[217] Diese Voraussetzungen sind auch im Handelsrecht zu beachten. Ein weiterer Anwendungsfall der wirtschaftlichen Betrachtungsweise ist die Zurechnung des wirtschaftlichen Eigentums. So ist für die Aktivierung von Vermögensgegenständen nicht das zivilrechtliche Eigentum, sondern das wirtschaftliche Eigentum entscheidend.[218] Zwar ist in der Regel der zivilrechtliche Eigentümer auch der wirtschaftliche Eigentümer, das Eigentum kann aber in den Fällen auseinanderfallen, in denen die tatsächliche Sachherrschaft über einen Vermögensgegenstand nicht vom zivilrechtlichen Eigentümer ausgeübt wird.

Aufgrund der Anwendung einer wirtschaftlichen Betrachtungsweise im Handelsrecht stellt sich die Frage, wer entsprechende Kriterien einer wirtschaftlichen Betrachtungsweise festlegt. Für das Handelsrecht wäre grundsätzlich der BGH zuständig. Allerdings hat sich dieser bislang noch nicht mit der wirtschaftlichen Betrachtungsweise im Handelsrecht befaßt.[219] Damit bliebe als gerichtliche Instanz nur der BFH übrig, allerdings mit dem Problem des häufigen

---

[214] Vgl. Dornbach (1977) S. 4 bezieht sich auf das BFH-Urteil vom 22.01.1970 (a.a.O.) mit der Kritik, daß durch die wirtschaftliche Betrachtungsweise neue Tatbestandsmerkmale für das Vorliegen einer Mitunternehmerschaft eingeführt werden.

[215] Vgl. im Ergebnis ebenso Lüders (1986) S. 1946; ders. (1987) S. 43; Dornbach (1977) S. 6 ff. mit Verweis auf § 133 BGB, der auch eine bloße Auslegungsregel darstellt ohne materiellen Regelungsinhalt

[216] Vgl. Tipke (1996) § 5 Rz. 65 ff.; Beisse (1980) S. 643 f.; ders. (1981) S. 1 ff.; Schneider (1980) S. 1225 f., a.A. Tipke (1998), wonach die wirtschaftliche Betrachtungsweise auch in anderen Rechtsgebieten eine Methode teleologischer Gesetzesauslegung sei.

[217] Vgl. Moxter (1989) S. 237

[218] Vgl. Budde/Karig in: Beck Bil-Komm. (1999) § 246 Tz. 4 f.; gegen eine Abweichung des wirtschaftlichen Eigentums vom rechtlichen Eigentum Knapp (1971) S. 1122

[219] Eine Zusammenfassung wichtiger BGH-Entscheidungen zur wirtschaftlichen Betrachtungsweise in anderen Rechtsgebieten findet sich bei Rittner (1975) S. 19 ff.

Einsatzes einer wirtschaftlichen Betrachtungsweise unter fiskalischen Gesichtspunkten, teilweise sogar unter Vernachlässigung der eigentlichen handelsrechtlichen Normen.

Aus diesem Grund muß festgelegt werden, welche Stellung die wirtschaftliche Betrachtungsweise im Handelsrecht übernimmt.

Würde es sich um einen GoB handeln, müßte die wirtschaftliche Betrachtungsweise Teil eines GoB-Systems sein.[220] Eine solche Einordnung ist bei der wirtschaftlichen Betrachtungsweise nicht denkbar. Sie beschreibt fallweise Sachverhalte in Termini des Steuerrechts, ohne einen Systemanspruch aufstellen zu wollen.[221] Somit kann aus dem fehlenden Systemcharakter und aufgrund der Kasuistik geschlossen werden, daß es sich bei der wirtschaftlichen Betrachtungsweise nicht um einen handelsrechtlichen GoB handeln kann.

Da die wirtschaftliche Betrachtungsweise als solche kein GoB ist, muß geprüft werden, welcher Inhalt einer solchen Betrachtungsweise dem GoB-Zusammenhang am nächsten kommt. So kann es sich einerseits um eine selbständige Anspruchsgrundlage mit dem Namen „wirtschaftliche Betrachtungsweise“ handeln, was bei extensiver Auslegung jedes gewünschte Ergebnis begründen kann. Andererseits kann auch die zweite Auslegungsmöglichkeit sachgerecht sein, wonach die GoB konkretisiert werden. Bei dieser Form werden die GoB aber nicht eingeschränkt oder im Gegensatz zu anderen Vorschriften verwandt.

Bei der Entscheidung zwischen den beiden Alternativen kann nur die restriktivere Auslegung in Frage kommen, da anderenfalls eine außerrechtliche Anspruchsgrundlage geschaffen wird. Dieses soll im folgenden an jeweils einem Beispiel gezeigt werden:

Mit einer wohlverstandenen wirtschaftlichen Betrachtungsweise kann z.B. der Ausweis von Vermögensgegenständen, die sich im wirtschaftlichen Eigentum befinden, begründet werden. In diesem Fall trägt der wirtschaftliche Eigentümer die Kosten und Risiken, während der zivilrechtliche Eigentümer von Einwirkungsmöglichkeiten weitgehend ausgeschlossen ist. Würde der entsprechende Vermögensgegenstand beim zivilrechtlichen und nicht beim wirtschaftlichen Eigentümer in der Bilanz ausgewiesen, würde dies auch einen Verstoß gegen den Grundsatz der Bilanzwahrheit bedeuten.

Ein Gegenbeispiel für eine zu weit verstandene wirtschaftliche Betrachtungsweise und gleichzeitig eine selbständige Anspruchsgrundlage kann im Zusam-

---

[220] Müller, W. (1988) S. 23, wonach es sich bei der wirtschaftlichen Betrachtungsweise nach der überwiegenden Literaturmeinung nicht um einen GoB handelt. Er selbst plädiert hingegen für das Vorliegen eines GoB, der einer der praktisch bedeutsamsten sein soll. Für einen GoB ebenfalls Körner (1986) S. 1951

[221] ebenso Benne (1979) S. 1655

menhang mit einer außerplanmäßigen Abschreibung im Umlaufvermögen gebildet werden. So liegt der Marktwert von Vermögensgegenständen am Bilanzstichtag unter dem Buchwert, womit eine Abschreibung erforderlich ist. Zum Zeitpunkt der Bilanzaufstellung befindet sich der Marktwert dagegen wieder über dem Buchwert. Hier könnte man unter Hinweis auf eine sehr weit verstandene wirtschaftliche Betrachtungsweise argumentieren, daß auf eine außerplanmäßige Abschreibung zu verzichten sei, da der Verlust nicht tatsächlich droht. In diesem Fall würde die wirtschaftliche Betrachtungsweise außerhalb der gesetzlichen Vorschriften und auch außerhalb des GoB-Zusammenhangs angewandt, was abzulehnen ist.

Die beiden dargestellten Beispiele stellen mit Sicherheit Extrempunkte bei einer möglichen Beurteilung der Zulässigkeit einer wirtschaftlichen Betrachtungsweise dar. So wird im Einzelfall die Entscheidung schwierig sein, ob es sich um eine „wohlverstandene“ oder um eine „wohl nicht verstandene“ wirtschaftliche Betrachtungsweise handelt. Einen Anhaltspunkt kann jeweils die Begründbarkeit aus dem GoB-Zusammenhang darstellen.

2.2 Generalklausel des § 264 Abs. 2 HGB

Nach § 264 Abs. 2 HGB hat der Jahresabschluß von Kapitalgesellschaften ein den tatsächlichen Verhältnissen entsprechendes Bild der Vermögens-, Finanz- und Ertragslage wiederzugeben. Dabei wird aus dem Wortlaut der Vorschrift nicht deutlich, ob aufgrund dieser Norm allgemeine Bewertungsregeln für Kapitalgesellschaften einen anderen Inhalt erhalten, ob die Norm eine grundsätzliche Wirkung auch für Nicht-Kapitalgesellschaften entfalten kann und ob es sich um einen GoB handelt. Über den Inhalt und die Reichweite dieser Vorschrift wird in der Literatur viel diskutiert. Um den durch den Gesetzgeber beabsichtigten Inhalt der Vorschrift erfassen zu können, ist speziell auf die Entstehungsgeschichte im Rahmen des Bilanzrichtliniengesetzes Bezug zu nehmen.

2.2.1 Historie der Vorschrift

§ 149 Abs. 1 Satz 2 AktG 1965 schrieb den Unternehmen vor, einen „im Rahmen der Bewertungsvorschriften möglichst sicheren Einblick“ zu gewähren. Aus der Vorschrift wurde nicht deutlich, ob sie andere Bilanzierungsregeln einschränken darf oder ob es sich um eine unverbindliche Absichtserklärung handelt.[222] Bemerkenswert an dieser Vorschrift war allerdings, daß sie den sicheren Einblick im Rahmen der Bewertungsvorschriften forderte, d.h. im Rahmen der Darstellung in der Bilanz und GuV. Da diese Vorschrift bei Übernahme in die EG-Richtlinie in manchen Mitgliedstaaten der EG einen Rückschritt für die Informationspflichten von Unternehmen bedeutet hätte, wurde diese frühere deut-

---

[222] Zum Meinungsstreit der damaligen Zeit vgl. die Literaturnachweise bei Clausen (1987) S. 89 f. und Beisse (1988) S. 28

sche Fassung nicht weiter verfolgt. In Deutschland wurde diese frühere Vorschrift durch das Bilanzrichtliniengesetz abgelöst.

Im Rahmen der Harmonisierungsbemühungen zum Bilanzrecht innerhalb der EG wurde die vierte gesellschaftsrechtliche Richtlinie der Europäischen Gemeinschaften vom 25.07.1978 verabschiedet.[223] Die Richtlinie enthielt in Art. 2 Abs. 3 folgende Vorschrift: „Der Jahresabschluß der Kapitalgesellschaft hat ein den tatsächlichen Verhältnissen entsprechendes Bild der Vermögens-, Finanz- und Ertragslage zu vermitteln." Damit wurde durch diese Vorschrift auf Wunsch der englischen Delegation der angelsächsische „true and fair view"-Gedanke in die 4. EG-Richtlinie übernommen.

Allerdings ist selbst in England nicht eindeutig, was unter der schon vorher im englischen Recht vorhandenen Vorschrift zu verstehen ist. So wurde in Kommentaren die frühere englische Vorschrift als zu ungenau und als unverbindliche Absichtserklärung bezeichnet.[224] Trotzdem herrschte Einigkeit, daß dadurch einzelne Bewertungsregeln eingeschränkt werden können, soweit sie dem übergeordneten Ziel des true and fair view widersprechen („overriding principle"). Allerdings erhielt der true and fair view seine überragende Bedeutung in England auch aufgrund der dortigen spärlichen Einzelvorschriften.[225]

Ähnlich der Stellung im englischen Recht wurde die Vorschrift auch in der Richtlinie als „overriding principle" gestaltet, d.h. andere Vorschriften sind anhand dieser Vorschrift auszulegen und bei entgegengesetztem Inhalt ggf. einzuschränken. Zu diesem Zweck wurde in der Richtlinie in Art. 2 Abs. 5 erläutert: „Ist in Ausnahmefällen die Anwendung einer Vorschrift dieser Richtlinie mit der in Absatz 3 vorgesehenen Verpflichtung unvereinbar, so muß von der betreffenden Vorschrift abgewichen werden, um sicherzustellen, daß ein den tatsächlichen Verhältnissen entsprechendes Bild im Sinne des Absatzes 3 vermittelt wird." Gleichzeitig gestattet die Richtlinie den Mitgliedsstaaten, Ausnahmeregelungen festzulegen, in denen von dieser Vorschrift abgewichen werden darf. Dies erfolgte, um den nationalen Gesetzgebern die Anpassung an die evtl. Besonderheiten der einzelnen Länder zu ermöglichen.

Umgesetzt werden sollte die Richtlinie nach dem Regierungsentwurf über § 237 HGB-E.[226] Danach wäre der true and fair view neben Kapitalgesellschaf-

---

[223] Die Gesetzesmaterialien zum Bilanzrichtliniengesetz sind enthalten in Biener/Berneke (1986) S. 17 ff.

[224] Vgl. die Untersuchungen von Chastney (1975) S. 92 und die Nachweise bei Streim (1994) S. 393 ff.; Clausen (1987) S. 82 f.; Castan (1993) S. 19

[225] Vgl. Schildbach (1987) S. 3; Adler/Düring/Schmaltz (6. Auflage) § 264 Tz. 38

[226] Nur in dieser nicht umgesetzten Vorschrift sieht Beisse (1988) S. 26 f. eine bilanzrechtliche Generalnorm. Diese Vorschrift hätte für alle Rechtsformen in gleichem Maße gegolten. Aufgrund der Beschränkung der Wirkung des true and fair view spricht Beisse bei der Norm des § 264 Abs. 2 HGB nur von einer Generalklausel. Da weder der Begriff der Generalnorm noch der Begriff der Generalklausel inhaltlich fest definierte Begriffe darstellen, steht ihm

ten auch für Personengesellschaften und Einzelhandelsunternehmen bindend geworden. Gerade bei diesen Rechtsformen besteht allerdings nicht die Trennung zwischen den Eigentümern und dem Management des Unternehmens, so daß die Vorschrift hier entbehrlich war.[227] Der Vorschlag zu § 237 HGB-E wurde durch den Rechtsausschuß des Bundestags und den Gesetzgeber geändert, und schließlich wurde die Vorschrift über das Bilanzrichtliniengesetz im HGB im besonderen Teil für Kapitalgesellschaften über § 264 Abs. 2 Satz 1 HGB umgesetzt. Eingeschränkt wird die Vorschrift durch den Hinweis in § 264 Abs. 2 Satz 2 HGB, wonach Angaben im Anhang erforderlich sind, um ein entsprechendes Bild über die Lage des Unternehmens zu erreichen. Darüber hinaus wird die Vorschrift im HGB eingeschränkt durch den Verweis auf die Darstellung der Unternehmenslage unter Einhaltung der Grundsätze ordnungsmäßiger Buchführung.[228] Nicht umgesetzt im deutschen Recht wurde hingegen der o.g. Artikel 2 Abs. 5 der Richtlinie, wonach von den Einzelvorschriften abgewichen werden sollte, wenn der true and fair view nicht gewährleistet war.[229] Das bedeutet, daß im deutschen Handelsrecht weiterhin Einzelvorschriften dem true and fair view-Gebot vorgehen.

Aus diesem Grund wurde diskutiert, ob einerseits der Wortlaut des true and fair view richtlinienkonform umgesetzt wurde (=formelle Umsetzung) und ob andererseits die durch das deutsche Bilanzrecht vermittelten Informationen für die Vermittlung eines true and fair view ausreichen (=materielle Umsetzung).

Gegen eine konforme *formelle* Umsetzung spricht die fehlende Übernahme des o.g. Abschnitts.[230] Für die richtlinienkonforme formelle Umsetzung spricht hingegen, daß die Richtlinie es ausdrücklich den nationalen Gesetzgebern überlassen hat, Ausnahmen von der Vorschrift zu definieren und Informationsaufgaben in den Anhang zu verlagern.[231] Weiterhin hatten die Mitgliedstaaten nationale Rechnungslegungsvorschriften bei der Umsetzung zu berücksichtigen. Außerdem spricht gegen die Notwendigkeit einer wörtlichen Umsetzung, daß auch in

---

diese Definition frei. An dieser Stelle wird der in der Literatur für § 264 Abs. 2 HGB eingebürgerte Begriff der Generalnorm benutzt.

227 Vgl. Clausen (1987) S. 85

228 Gegen eine Einschränkung der Informationsvermittlung durch die handelsrechtlichen GoB vgl. Moxter (1995) S. 424 mit dem Argument, daß eine gesetzlich gewollte Informationsgrenze durch die handelsrechtlichen GoB so wohl gar nicht gemeint sein kann.

229 Diese Auffassung ergibt sich aus dem Wortlaut der Vorschrift, die keinen Vorrang der Generalklausel gegenüber Einzelvorschriften erkennen läßt. Großfeld (1986) S. 200 ist hingegen der Ansicht, daß Art. 2 Abs. 5 der Richtlinie ebenfalls über § 264 Abs. 2 HGB erfaßt wird. Diese Ansicht ist nicht nachvollziehbar, ein entsprechender Vorrang kann nicht aus den Gesetzesmaterialien abgeleitet werden.

230 In diesem Sinne argumentieren Streim (1994) S. 396 und Castan (1993) S. 20

231 So Beisse (1988) S. 38 f.: Für die Anwendung der Richtlinie ist das Gesamtbild des Jahresabschlusses maßgeblich. Unter dieser Annahme bleibt für eine unzureichende Umsetzung kein Raum.

der Richtlinie an die Einzelregelungen sehr niedrige Anforderungen gestellt wurden. Dies äußert sich bereits in den 40 Wahlrechten, die den nationalen Gesetzgebern belassen wurden.[232]

Der deutsche Gesetzgeber hatte im Ergebnis keinen Ermessensspielraum in der Frage des Vorrangs des true and fair view über die Einzelvorschriften, allerdings hatte er über das Recht der Formulierung von Ausnahmeregelungen die Möglichkeit der Ausgestaltung der Vorschrift.[233] Die Ausnahmeregelungen wurden durch den deutschen Gesetzgeber nicht ausdrücklich bestimmt. Aufgrund der Ausnahmeregelungen erscheint es aber möglich, den true and fair view aufgrund nationaler Besonderheiten einzuschränken.

Die materiellen Auswirkungen einer evtl. unvollständigen formellen Umsetzung der Richtlinie in deutsches Recht sind strittig. So können EG-Richtlinien grundsätzlich bei einer fehlenden Umsetzung in nationales Recht als Anspruchsgrundlage dienen.[234] Andererseits wird betont, daß Anteilseigner aufgrund der fehlenden Umsetzung keine individuellen Informationsansprüche gegen die Unternehmen geltend machen können.[235]

Fraglich ist darüber hinaus, ob die *materielle* Umsetzung, d.h. der Inhalt der Informationen zur Gewährleistung des true and fair view, richtlinienkonform ist.[236] Aufgabe des § 264 Abs. 2 HGB ist nach dem Wortlaut die Sicherstellung der Vermittlung von Informationen über das Unternehmen. Da diese Informationen Teil des geprüften Jahresabschlusses sind, können hier nicht bloße Hoffnungen, Absichten und Ideen der Geschäftsführung ähnlich dem Lagebericht wiedergegeben werden. Aus diesem Grund ist es notwendig, auch die Informationsver-

---

[232] Vgl. Beisse (1989) S. 26 Das Argument der geringen Bedeutung der Einzelvorschriften ließe sich mit dem Hinweis entkräften, daß der Richtlinie ein angelsächsisches Bilanzverständnis zugrunde lag, wonach die Einzelvorschriften keine besonders hohe Bedeutung zukommt.

[233] Vgl. Adler/Düring/Schmaltz (6. Auflage) § 264 Tz. 40; nicht konsequent erscheint allerdings der Hinweis unter § 264 Tz. 51, daß der Wille des deutschen Gesetzgebers einer richtlinienkonformen Auslegung vorgeht. Diese Meinung beschreibt zwar richtig die rechtliche Lage in Deutschland, verkennt aber die Bindungswirkung von EG-Richtlinien, hierzu Herber (1988) S. 228

[234] Vgl. Herber (1988) S. 225 ff.; Diese Ansprüche betreffen im vorliegenden Fall allerdings nicht die Ansprüche eines Einzelnen gegen den Staat, sondern gegen die gesamte Privatrechtsordnung.

[235] Vgl. Hartung (1988) S. 55

[236] Besonders originell in diesem Zusammenhang Leffson, der feststellt, daß es Wortklauberei sei, einen Unterschied zwischen den „tatsächlichen Verhältnissen" und „true and fair" herauslesen zu wollen, die einzelnen EG-Richtlinien wären inhaltsgleich (vgl. Leffson (1987a) S. 322; im Ergebnis ähnlich Burkhardt (1988) S. 23). An anderer Stelle wird durch Leffson festgestellt, daß der deutsche Übersetzungsversuch mit den „tatsächlichen Verhältnissen" die angelsächsische Vorstellung vom true and fair view nur unzureichend wiedergibt (vgl. Leffson (1987) S. 196).

mittlung ähnlichen Regeln wie bei der Gewinnermittlung zu unterwerfen. Daraus folgt die Konsequenz, daß auch die Informationen über die Vermögens-, Finanz- und Ertragslage insoweit vergangenheitsorientiert sind, als daß sie die Situation des Unternehmens in einem bestimmten Zeitpunkt abbilden und hier die allgemeinen Ansatz- und Bewertungsregeln beachtet werden müssen. Gleichzeitig ist eine solche Betrachtung aber auch zukunftsorientiert, indem die Information über die Vermögens-, Finanz- und Ertragslage Annahmen über die Zukunftsentwicklung enthalten.[237] Die Bilanz ist allerdings vom System der Ansatz- und Bewertungsvorschriften nicht in erster Linie darauf ausgelegt, Informationen zu vermitteln.[238] So werden z.B. durch die Übernahme steuerrechtlicher Abschreibungen in die Handelsbilanz stille Reserven gelegt, und durch die restriktiven Vorschriften zum Ansatz immaterieller Vermögensgegenstände gibt die Bilanz bei einem Unternehmen dieser Branche nicht einmal ansatzweise den Marktwert dieser Vermögensgegenstände wieder.

Konkrete Aufgabe des Einblickgebots nach § 264 Abs. 2 HGB ist es im Ergebnis, aus Bilanzen im Zeitablauf die Lage des Unternehmens einschätzen zu können.[239] So wird in das deutsche Recht die weitere Aufgabe des englischen true and fair view übernommen, wonach ein Jahresabschluß nicht irreführend (misleading) sein darf. Dadurch wird die Aussagekraft des true and fair view insoweit relativiert, als daß die Richtigkeit nicht im Sinne einer absoluten Richtigkeit zu verstehen ist. So wird die Aussagekraft des Jahresabschlusses weiter eingeschränkt, da der Bilanzleser nur eine Änderung der Lage im Zusammenhang mit der Lektüre der Bilanzen der Vorjahre erkennen kann.[240] Ein tatsächlicher Einblick in die aktuelle und tatsächliche Lage des Unternehmens ist damit nicht erreichbar. Daneben ist eine Einschätzung im Vergleich zu anderen Unternehmen nach der hier vertretenen Auffassung ebenfalls nicht möglich.

---

[237] Vgl. Schildbach (1987) S. 5 f.

[238] Vgl. die obigen Ausführungen unter Kapitel III.A.1.2, S. 37 ff. und bei Selchert (1993) S. 753; Schildbach (1987) S. 7 und 12; Moxter (1986) S. 65 ff. mit dem Hinweis, daß die Jahresabschlußpublizität weit davon entfernt ist, insider und outsider des Unternehmens beispielsweise in bezug auf eine Prognose der Entwicklung des Aktienkurses gleichzustellen; Ebenso Streim (1994) S. 401 mit dem weitergehenden Hinweis, daß aufgrund der informationsunfreundlichen Bilanzierungsregeln konsequenterweise entweder der Anspruch auf einen true and fair view gestrichen werden sollte oder aber die Bilanzierungsregeln zugunsten von mehr Information geändert werden;

[239] Vgl. Richter (1988) S. 2217 f.; Moxter (1995) S. 428 m.w.N. und dem Hinweis, daß die angelsächsische Bilanzmentalität am Laienverständnis orientiert sei, um so einem Laien durch das Kriterium des Gewinns einen einfachen Überblick über die Lage des Unternehmens zu ermöglichen. Ein solcher ermittelter Gewinn ist für Ausschüttungsüberlegungen allerdings nicht verwendbar (vgl. Moxter (1995) S. 424 ff.); weiterhin Leffson (1986) S. 97 entsprechend der Auffassung von Leffson soll dieses Ziel der Vergleichbarkeit bereits durch die Ansatz- und Bewertungsvorschriften in Bilanz und GuV erreicht werden.

[240] Vgl. Beisse (1988) S. 34

Im Ergebnis ist davon auszugehen, daß der true and fair view-Gedanke sowohl formell als auch materiell korrekt im deutschen Bilanzrecht umgesetzt wurde, wobei der Bilanzleser sich des eingeschränkten Informationswerts bewußt sein muß. Damit ist allerdings keine Aussage darüber getroffen, ob und ggf. welche Auswirkungen § 264 Abs. 2 HGB auf die konkreten Ansatz- und Bewertungsvorschriften hat. Deshalb erfolgt im folgenden eine Darstellung der verschiedenen Standpunkte.

2.2.2 Reichweite der Generalnorm

Zur Reichweite der Generalnorm werden folgende verschiedene Meinungen vertreten:[241]

Die Norm ist im Sinne einer Generalnorm für Kapitalgesellschaften zu verstehen. Für Personenhandelsgesellschaften und Einzelkaufleute gilt § 243 Abs. 1 HGB, für Kapitalgesellschaften allein § 264 Abs. 2 HGB. Nach dieser Auffassung handelt es sich beim true and fair view um einen GoB für Kapitalgesellschaften, der neben den „allgemeinen" GoB als Oberziel Geltung erlangt.[242] Danach ist die Anwendung der übrigen Bewertungsvorschriften an der Einhaltung des Einblickgebots zu messen. Allerdings geht die Forderung nach weitgehender Erfüllung des § 264 Abs. 2 HGB nicht so weit, als daß der Maßstab der GoB aufgegeben wird. In einem solchen Fall würde man von den historischen Kosten abgehen und Tageswerte für die Bewertung heranziehen müssen. Ebenso würden u.U. Erwartungen auf Abschluß eines Geschäftsabschlusses für einen Ansatz ausreichen. Solche weitgefaßten Positionen einer umfassenden Information sind von den Vertretern dieser Auslegung nicht beabsichtigt. In Einzelfällen kann nach dieser Auffassung aber § 264 Abs. 2 HGB Freiräume bei Bewertungswahlrechten einschränken, z.B. bei der Auswahl von Abschreibungsmethoden.[243] Meist wird der Vorschrift aber nur eine ergänzende Funktion zukom-

---

[241] Nach Beisse (1988) S. 27 ff.

[242] Vgl. Clausen (1987) S. 89; Clausen spricht vom Einblicksgebot als dem wichtigsten GoB und daß diese Ansicht unstrittig sei. Letztere Meinung wird durch die oben beschriebenen verschiedenen Auffassungen zum Einblicksgebot bereits widerlegt. Für die Annahme einer Generalklausel für Kapitalgesellschaften, aber gegen einen GoB anscheinend Helmrich (1988) S. 223.

[243] Vgl. Schildbach (1987) S. 8, danach sind nur in Einzelfällen Einschränkungen von Wahlrechten denkbar; ebenso Großfeld (1986) S. 203 f., wonach zuerst die Einschränkung von Wahlrechten zu prüfen ist, erst anschließend ist festzustellen, ob darüber hinaus Angaben im Anhang erforderlich werden; weitergehender Clausen (1987) S. 89 ff. Die dort vorgestellten Beispiele sind laut Clausen Anwendungsfälle für das Stetigkeitsgebot im Zusammenhang mit dem Einblicksgebot. Aufgrund dieser Kombination ist seine Auffassung nicht zu widerlegen. Allerdings würde sich nach der hier vertretenen Meinung das gleiche Ergebnis ergeben, würde man nur den Grundsatz der Stetigkeit anwenden.

men, wenn Zweifel bei der Gesetzesanwendung und –auslegung aufkommen oder wenn Gesetzeslücken zu schließen sind.[244]

Die Anhänger dieser Auslegung sind der Auffassung, daß der true and fair view auch bei den Ansatz- und Bewertungsvorschriften in der Bilanz und GuV gilt. Aufgrund des Wortlauts des § 264 Abs. 2 HGB und des § 243 Abs. 1 HGB wird ferner vorgeschlagen, den GoB einen geringeren Stellenwert bei der Erstellung des Jahresabschlusses von Kapitalgesellschaften einzuräumen, da dort der Jahresabschluß nicht „nach den GoB", sondern „unter Beachtung der GoB" aufzustellen ist.[245] Dadurch wird die Bedeutung der GoB etwas relativiert. Es wird allerdings nicht weiter erläutert, in welcher Form Einschränkungen der GoB bei Kapitalgesellschaften denkbar sind. Gegen eine Einschränkung der handelsrechtlichen GoB bei Kapitalgesellschaften spricht insbesondere, daß die GoB überwiegend dem Gläubigerschutz dienen. Gerade durch die bereits erwähnte Beschränkung der Haftung auf das Eigenkapital der Kapitalgesellschaft besteht eine besondere Notwendigkeit, die gläubigerschützenden GoB bei dieser Rechtsform nicht einzuschränken. Deshalb wird an dieser Stelle auch im Jahresabschluß von Kapitalgesellschaften von einem Vorrang der GoB ausgegangen, die als Nebenbedingung auch einen Einblick ermöglichen sollen.

Als weitere Form wird die Übernahme der Generalnorm des § 264 Abs. 2 HGB für alle Gesellschaften vertreten, d.h. die Ausstrahlung des Rechtsgedankens auch auf Jahresabschlüsse anderer Rechtsformen.[246] Diese Vertreter sind der Meinung, daß immer im Fall der Ausübung von Wahlrechten das Einblicksgebot beachtet werden muß. *Leffson* geht ebenfalls von § 264 Abs. 2 HGB als einziger Generalnorm aus, die auch von Personengesellschaften beachtet werden muß.[247] Nun erfolgt bei Personengesellschaften die Informationsvermittlung oft nicht in Form des Jahresabschlusses, vielmehr erhalten die Gesellschafter dort die Informationen auch als mündliche Auskünfte.[248] Für eine solch extensive Geltung der Generalnorm findet sich im Gesetz keine Stütze, denn innerhalb der Vorschriften des HGB für alle Kaufleute sind nur vereinzelt Normen zu finden, die der Informationsvermittlung dienen.[249] Aus diesem Grund ist zu schließen,

---

[244] Vgl. Clausen (1987) S. 91

[245] Vgl. Großfeld (1986) S. 199

[246] Vgl. Christiansen (1995) S. 385; Benne (1992) S. 249; Niemann (1997) S. 21 vertritt die Auffassung, daß ein inhaltlicher Unterschied zwischen den Regelungen für alle Kaufleute und für Kapitalgesellschaften nicht besteht, da es auch bei Einzelkaufleuten und Personengesellschaften auf einen zutreffenden Ausweis der Vermögens- und Ertragslage ankomme.

[247] Vgl. Leffson (1987a) S. 322

[248] Vgl. Leffson (1987a) S. 323; vgl. an anderer Stelle einschränkend: Leffson (1987) S. 65, wonach § 264 HGB nur für Kapitalgesellschaften gilt, somit kein GoB sein kann. Allerdings illustriert die Vorschrift, was der Gesetzgeber sich unter einer umfassenden Rechenschaft vorstellt, die dann wiederum auch von Personengesellschaften einzuhalten sei.

[249] Vgl. Moxter (1994) S. 716: Die Vorschriften für alle Kaufleute dienen vorwiegend der vorsichtigen Gewinnermittlung.

daß eine solche Ausstrahlungswirkung auf andere Gesellschaftsformen durch den Gesetzgeber nicht beabsichtigt ist. Im übrigen kann sich das Gesetz nur auf das für die Informationsvermittlung beschriebene Instrument des Jahresabschlusses beziehen, darüber hinausgehende Informationsansprüche sind ausschließlich einzelvertraglich oder im Gesellschaftsvertrag zu regeln.

Die dritte Auffassung fordert die Geltung des § 243 Abs. 1 HGB als gemeinsame Generalnorm für Kapitalgesellschaften einerseits und Personenhandelsgesellschaften und Einzelkaufleute andererseits.[250] Maßgeblich sind danach auch für die Bilanzerstellung von Kapitalgesellschaften wie für Personengesellschaften und Einzelhandelsunternehmen allein die handelsrechtlichen GoB. Begründet wird diese Ansicht zum einen mit dem Wortlaut des Gesetzes. Danach kann aus dem Wortlaut geschlossen werden, daß die Einhaltung der GoB einem Einblick in die Unternehmenslagen vorgeht. Weiterhin ist aufgrund des Verweises in § 264 Abs. 2 HGB auf die GoB darauf zu schließen, daß die Generalnorm kein GoB ist. Diese Ansicht macht deutlich, daß der Informationsaufgabe nur eine Ergänzungsfunktion zukommt, die hierarchisch unterhalb des Gläubigerschutzes angesiedelt ist. Somit können sich auch keine Auswirkungen aus der Informationsfunktion auf Ansatz und Bewertung in der Bilanz und GuV ergeben.

Aus der letztgenannten Auffassung hat sich die sogenannte Abkoppelungsthese, die maßgeblich durch *Moxter* entwickelt wurde, als herrschende Meinung durchgesetzt.[251] Inhalt der Abkoppelungsthese ist die Betrachtung des gesamten Jahresabschlusses als Einheit, also der Bilanz, der GuV und des Anhangs. Durch diese Trias ist nach dem Willen des Gesetzgebers die vorgegebene Informationsfunktion zu erfüllen. Die Abkoppelungsthese weist der Bilanz und GuV weiterhin die Funktion der vorsichtigen Gewinnermittlung zu und die Informationsaufgaben werden weitgehend in den Anhang verlagert. Damit werden die Ansatz- und Bewertungsregeln für Kapitalgesellschaften nicht durch den true and fair view eingeschränkt.[252]

Diese Auffassung wird auch durch das System der Gewinnermittlungsvorschriften bestätigt. Würde man konkrete Auswirkungen des true and fair view auf die Gewinnermittlungsvorschriften fordern, ergäben sich vielfältige Schwierigkeiten insoweit, als daß Gewinne ausgewiesen werden, die u.U. noch nicht realisiert sind.[253] Ein tendenziell früherer Gewinnausweis führt automatisch zu

---

[250] Vgl. Knobbe-Keuk (1993) S. 43 f.; Beisse (1988) S. 32

[251] Vgl. Moxter (1986) S.67; ders. (1995) S. 426; ebenso Schildbach (1987) S. 1

[252] Vgl. Moxter (1986) S. 67; ders. (1994) S. 718; Knobbe-Keuk (1993) S. 44

[253] Zu diesem Argument sei verwiesen auf den Meinungsstreit zur Gewinnrealisierung bei langfristiger Fertigung (vgl. hierzu Adler/Düring/Schmaltz (6.Auflage) § 252 Tz. 86 ff.). Nach der completed contract-Methode darf der Gewinn erst bei vollständiger Fertigstellung ausgewiesen werden. Im Rahmen der percentage of completion-Methode ist ein Gewinnausweis entsprechend der Fertigstellung des Projektes möglich. Letztgenannte Ausweismethode ist an

Ansprüchen der jeweils am Unternehmen interessierten Gruppen, d.h. Aktionäre fordern die Ausschüttung der Gewinne über die Dividende, das Finanzamt fordert aufgrund des Maßgeblichkeitsprinzips Steuern auf den Gewinn, und auch bei Arbeitnehmern kann ein Gewinnausweis zur Forderung nach Sonderzahlungen, Tantiemen o.ä. führen. Damit hätte der rein buchhalterische frühzeitige Gewinnausweis automatisch negative Liquiditätswirkungen: Zahlungseingänge sind u.U. noch nicht vorhanden, die Zahlungsausgänge aufgrund der Vermittlung der Information werden aber schon eingefordert. Somit ist die Abkoppelung der Informationsvermittlung auch eine Notwendigkeit des deutschen Bilanzrechts, nicht zuletzt aufgrund der Maßgeblichkeit der Handelsbilanz für die Steuerbilanz. Nur bei Aufgabe der Maßgeblichkeit und des Ziels der Bestimmung eines ausschüttungsfähigen Gewinns lassen sich mehr Informationen auch in Wertansätzen der Bilanz berücksichtigen. Solange müssen Informationen außerhalb der Gewinnermittlung gegeben werden.

Denkbar ist allerdings, die Informationsfunktion durch andere Instrumente zu erfüllen, z.B. durch die Aufstellung eines Jahresabschlusses nach internationalen Rechnungslegungsregeln oder in einem anderen Instrument, wie z.B. dem Lagebericht.[254] Diese Vorschläge werden an dieser Stelle nicht weiter verfolgt, da das Ziel dieser Arbeit die Darstellung der Kreditderivate innerhalb eines Jahresabschlusses nach HGB ist.

2.2.3 § 264 Abs. 2 HGB als Auslegungskriterium für Wahlrechte

Aufgrund der grundsätzlich informationsfeindlichen Bilanzierungsvorschriften (z.B. Ansatz historischer Kosten statt Marktwerte) wird die Funktion des § 264 Abs.2 HGB im Sinne der Abkoppelungsthese weitgehend auf den Anhang beschränkt. Eine solche Beschränkung ist allerdings dann nicht notwendig, wenn die erforderlichen Informationen auch innerhalb der Bilanz gegeben werden können. Dies ist möglich, wenn das Gesetz Ermessenspielräume oder Wahlrechte einräumt. In diesen Fällen ist, ggf. unter Verweis auf § 264 Abs. 2 HGB, grundsätzlich die informationsfreundlichere Norm auszuwählen.[255] Ein solcher Verweis ist möglich, da es sich bei der Norm nach den Gesetzesmaterialien zwar nicht um einen GoB handelt, die Norm aber sehr wohl eine ergänzende Funktion im Rahmen einer Lückenfüllung übernehmen kann.[256]

---

enge Bedingungen geknüpft, so daß Risiken aus dem jeweils realisierten Geschäft faktisch nicht mehr entstehen können. Die Argumente zu diesen Methoden lassen sich zusammenfassen einerseits mit der vorsichtigen Gewinnermittlung und andererseits mit der Informationsvermittlung.

254 Vgl. Streim (1994) S. 391 ff.

255 Vgl. Großfeld (1986) S. 203

256 Vgl. den Bericht der Abgeordneten Helmrich, Kleinert und Stiegler, abgedruckt in Helmrich (1986) S. 25

Fraglich kann sein, ob ein solcher Verweis nur Kapitalgesellschaften gestattet ist, da es sich bei § 264 Abs. 2 HGB um eine Sondervorschrift für Kapitalgesellschaften handelt. Nach h.M. können aber auch Nicht-Kapitalgesellschaften freiwillig die strengeren Vorschriften für Kapitalgesellschaften anwenden.[257] Dies ergibt sich aus der rechtlichen Stellung der Sondervorschriften für Kapitalgesellschaften, wonach die allgemeinen Vorschriften die Grundnorm darstellen und die Vorschriften für Kapitalgesellschaften die speziellere Norm bedeuten.[258]

---

[257] Vgl. Adler/Düring/Schmaltz (6. Auflage) § 264 Tz. 10; Budde/Karig in: Beck Bil-Komm. (1999) § 264 Tz. 1

[258] Vgl. den Bericht des Rechtsausschusses, abgedruckt in Biener/Berneke (1986) S. 9

3. Einzelne Ansatz- und Bewertungsvorschriften

3.1 *Das Vorsichtsprinzip*

Das Vorsichtsprinzip des § 252 Abs. 1 Nr. 4 HGB stellt zum einen eine „Überschrift" für das Realisations- und das Imparitätsprinzip dar. Der tatsächliche Inhalt geht aber weit über die Funktion einer Überschrift hinaus, so ist das Vorsichtsprinzip ein ausdifferenzierter, hochrangiger Grundsatz des deutschen Bilanzrechts.[259] Mit der Aussage, der Kaufmann solle sein Vermögen und den Gewinn in der Bilanz eher zu niedrig als zu hoch ausweisen,[260] erhält das Vorsichtsprinzip eine Stellung als Oberbegriff über viele andere Vorschriften innerhalb der GoB.[261] Daneben besitzt das Vorsichtsprinzip einen weiteren Stellenwert, indem es auch eine eigenständige Bewertungsvorschrift darstellt. So ist es dann anzuwenden, wenn aufgrund unvollständiger Information oder ungewisser zukünftiger Entwicklung Ermessenspielräume gegeben sind.[262] In diesen Fällen ist gemäß dem Vorsichtsprinzip der vorsichtigere Wert auszuwählen. Allerdings wird teilweise bestritten, daß es bei der Bilanzaufstellung solche Ermessensspielräume gibt; so kann ein Wert wie beim Rechnen nur richtig oder falsch sein, aber nicht vorsichtig oder unvorsichtig.[263] Der Vergleich zum Rechnen geht allerdings fehl, da im Jahresabschluß vielfach Erwartungen über die Zukunft berücksichtigt werden müssen (z.B. bei der Bewertung von Rückstellungen). Ein solcher Wert muß die Unsicherheit und die kaufmännische Vorsicht ausreichend berücksichtigen. So ist ein unsicherer Wert nicht richtig oder falsch, sondern er befindet sich in der Bandbreite möglicher Erwartungswerte oder nicht. Die kaufmännische Vorsicht darf auch nicht überbetont werden. Damit kann die Beurteilung schwierig werden, wo die vorsichtige Bilanzierung endet und die Willkür des Bilanzierenden beginnt. So wurde der Vorsichtsgrundsatz nach einer älteren Auffassung oft schrankenlos mißbraucht, um stille Reserven zu legen.[264]

Das Vorsichtsprinzip stellt nach der Einordnung in § 252 HGB mit der Überschrift „Allgemeine Bewertungsgrundsätze" eine Bewertungsvorschrift dar. Dies gilt einerseits für das Imparitätsprinzip und andererseits für solche Fälle, in denen aufgrund des Vorsichtsprinzips Ermessenspielräume in der Bewertung eingeschränkt werden sollen. Daneben ist das Vorsichtsprinzip als allgemeiner

---

259 Vgl. Rückle (1986) S. 409

260 Vgl. Knobbe-Keuk (1993) S. 47

261 Dies kann auch aus dem Wortlaut der Norm geschlossen werden, wonach der Gesetzgeber den Begriff des Vorsichtsprinzips weiter fassen wollte und es nicht nur auf die beiden ausdrücklich erwähnten Prinzipien begrenzte.

262 Vgl. Janke (1994) S. 215

263 Vgl. Leffson (1987) S. 465

264 Vgl. Rückle (1986) S. 408

Bilanzierungsgrundsatz auch für den Ansatz entscheidend.[265] So findet es Anwendung beispielsweise als Ansatzvorschrift bei der Definition von Vermögensgegenständen, die verschiedene Voraussetzungen erfüllen müssen, um aktiviert werden zu können.[266] Ein weiterer Hinweis auf das Vorsichtsprinzip als Ansatzvorschrift ist das Realisationsprinzip, da dadurch der Abgang und Zugang von Vermögensgegenständen final geregelt wird, des weiteren das Aktivierungsverbot für nicht entgeltlich erworbene immaterielle Vermögensgegenstände des Anlagevermögens, der Ansatz eines originären Geschäftswerts und die Beschränkung des Ansatzes von Rechnungsabgrenzungsposten.[267]

3.1.1 Das Realisationsprinzip

Die Aussage des Gesetzeswortlauts hinsichtlich des Realisationsprinzips ist gering. Es besagt, daß Gewinne erst dann ausgewiesen werden dürfen, wenn sie am Abschlußstichtag realisiert sind. Damit wird ein unbekannter Zeitpunkt, der des frühestmöglichen Gewinnausweises, durch einen weiteren unbekannten Zeitpunkt, den Realisationszeitpunkt ersetzt.[268] Die Ausfüllung dieses Begriffs hat der Gesetzgeber den GoB-Instanzen überlassen. Als mögliche Realisationszeitpunkte kommen in Betracht die Aufnahme von Vertragsverhandlungen, Abgabe eines Vertragsangebots,[269] Vertragsabschluß, Zeitpunkt einer Anzahlung, Lieferzeitpunkt und Zahlungszeitpunkt[270]. Die herrschende Meinung geht davon aus, daß die Erfüllung der Sachleistung mit dem Übergang der Preisgefahr zur Realisation des Geschäfts führt.[271]

In neuerer Zeit wird das Realisationsprinzip nicht nur auf die Ertragsseite beschränkt, sondern in Form eines Aufwandsrealisationsprinzips auf die Auf-

---

[265] Vgl. Rückle (1986) S. 406 mit dem Argument, daß jede Bewertungsentscheidung letztlich eine Ansatzentscheidung ist, indem im Rahmen der Bewertung nicht ansetzbare Vermögensgegenstände mit dem Wert Null bewertet werden.

[266] Aus diesem Grund werden die Merkmale von Vermögensgegenständen in dieser Arbeit unter der Überschrift des Vorsichtsprinzips vorgestellt.

[267] An dieser Stelle erfolgt nur eine kurze Aufzählung. Zu weiteren Ausprägungen des Vorsichtsprinzips vgl. Knobbe-Keuk (1993) S. 48 und Budde/Geißler in: Beck Bil-Komm. (1999) § 252 Tz. 50

[268] Schneider (1967) S. 213 widerspricht sogar der Notwendigkeit, ein besonderes Realisationsprinzip zu definieren. Stattdessen sollten unter einem Prinzip der Realisation besser die Kriterien zusammengefaßt werden, wann ein Gewinn als realisiert gilt.

[269] Dieser Zeitpunkt könnte sich aus § 145 BGB ergeben, wonach man bei der Absicht eines Vertragsabschlusses an den Antrag gebunden ist.

[270] Vgl. Schneider (1976) S. 116; Zwar ist der Zahlungszeitpunkt tatsächlich der mit den geringsten Risiken behaftete Realisationszeitpunkt, da hier auch das Delkredererisiko ausgeschlossen ist, allerdings muß dieses Risiko bereits aufgrund des Imparitätsprinzips bei einer Forderung des Umlaufvermögens durch eine zwingende außerplanmäßige Abschreibung erfaßt werden.

[271] Vgl. BFH-Urteil vom 23.11.1967, IV 123/63, BStBl. II 1968 S. 176-177; Moxter (1999) S. 50

wandsseite ausgedehnt.[272] Die Aufgabe des Aufwandsrealisationsprinzips ist die Periodisierung von Aufwendungen. Dieses Aufwandsrealisationsprinzip entstammt nicht zuletzt der angelsächsischen Bilanzauffassung mit dem dort üblichen matching principle. Inhalt dieses Prinzips ist der Ausweis nur derjenigen Aufwendungen, die durch entsprechende Umsätze alimentiert wurden. Nach dieser Definition beschränkt sich das Aufwandsrealisationsprinzip auf den laufenden Aufwand, d.h. den Aufwand, der zur Erstellung der Produkte im Geschäftsjahr erforderlich ist.

Wesentlich für das hier interessierende Problem der Bewertung von Forderungen ist dagegen die Frage, ob die Aufwandsberücksichtigung für die evtl. erforderliche Einzelwertberichtigung aufgrund der Absicherung durch ein Kreditderivat u.U. entbehrlich ist. Diese Frage kann nicht mit dem matching principle geklärt werden, da es sich nicht um die Alimentierung von Umsätzen handelt. Deshalb wird dieser Punkt nicht weiter verfolgt.[273]

Ein weiteres Problem, das im Zusammenhang mit der Bilanzierung von Kreditderivaten besteht und durch das Realisationsprinzip geregelt wird, ist der Zeitpunkt der Aktivierung einer Forderung gegen den Sicherheitsverkäufer. Dazu muß bestimmt werden, welches die Voraussetzungen sind, damit die Forderung als Vermögensgegenstand aktiviert wird. Dabei wird nicht unterschieden zwischen Zins- und Kapitalforderungen. Unterschiedlich sind nun die jeweils zugrundeliegenden Vorschriften für die Aktivierung. So erfolgt die Aktivierung der Kapitalforderung aufgrund des Erfolgsneutralitätsprinzips, während die Aktivierung möglicher Zinsforderungen aufgrund der periodengerechten Erfolgsermittlung geschieht.[274]

Die durch den BFH festgelegten Aktivierungsvoraussetzungen besagen, daß eine Forderung hinreichend konkretisiert sein muß und nicht mit Zweifeln behaftet sein darf.[275] So müssen aufgrund dieser Kriterien Forderungen gegen eine Versicherungsgesellschaft dann aktiviert werden, wenn die Anerkennung nicht mehr von Ermessensentscheidungen der Versicherungsgesellschaft abhängt.[276]

---

[272] Das Aufwandsrealisationsprinzip wurde wesentlich durch Moxter entwickelt. Vgl. zur Zuordnung der Ausgaben zu den entsprechenden Erträgen Moxter (1985) S. 22; ders. (1986) S. 23; ders. (1987) S. 365 f; gegen das Aufwandsrealisationsprinzip beispielsweise Siegel (1992) S. 595 ff.

[273] Gegen eine zu weitgehende Auslegung des Aufwandsrealisationsprinzips Schulze-Osterloh (1992) S. 667, wonach die Verursachung von Aufwand oft auf das Imparitätsprinzip zurückgeht und in diesen Fällen nicht mehr von einer Alimentierung der Aufwendungen durch die ihnen zugehörigen Erträge gesprochen werden kann. Aus diesem Grund ist das Realisationsprinzip auf den Anwendungsfall der laufenden Aufwendungen zu begrenzen.

[274] Vgl. Burkhardt (1988) S. 97

[275] Vgl. BFH-Urteil vom 27.02.1986, IV R 52/83, BStBl. II 1986 S. 552-554

[276] So wird auch bei einer drohenden Haftung mit bestehender Versicherungsdeckung der Versicherungsschutz durch Rechtsprechung und Literatur rückstellungsmindernd berücksich-

Diese Grundsätze lassen sich auf Kreditderivate übertragen. Im konkreten Fall des Credit Default Swap entsteht ein Anspruch gegen den Sicherheitsverkäufer in dem Moment, der als credit-event im Vertrag vorgegeben ist. Zu diesem Zeitpunkt muß eine Forderung gegen den Sicherheitsverkäufer aktiviert werden. Die Forderung muß nicht gesondert durch den Sicherheitsverkäufer akzeptiert werden, da dies bereits durch die Verpflichtung zur Zahlung im Schadensfall erfolgt ist. Anders stellt sich die Situation dar, wenn ein Kreditausfall droht, aber das credit-event noch nicht eingetreten ist. Bei isolierter Betrachtung der Aktivierungsvoraussetzungen hat sich in diesem Fall die Forderung noch nicht so hinreichend konkretisiert, als daß sie aktiviert werden könnte. Dem wird man entgegenhalten können, daß eine wirtschaftliche Gefahr, d.h. ein Ausfall des Kredits mit der Möglichkeit einer Belastung des Gewinns, in diesem Fall nicht entstehen kann. Auch hier ist der Kredit vollständig abgesichert, und jeder tatsächliche Ausfall führt zu einer entsprechenden Zahlung des Sicherheitsverkäufers. Allerdings kann dieser Sachverhalt nicht zu einer Aktivierung einer Forderung führen, da die Voraussetzungen einer Forderung nicht gegeben sind. Will man das Ergebnis einer erfolgsneutralen Darstellung des Sachverhalts der Abwertung der Forderung mit gleichzeitiger Darstellung des Sicherungsgeschäfts erreichen, muß dies über ein anderes Instrument als die Aktivierung einer Forderung erfolgen.[277]

Neben der handelsrechtlichen Aktivierung als Vermögensgegenstand stellt sich darüber hinaus die Frage, ob das steuerrechtliche Institut des Wirtschaftsguts ein anderes Ergebnis ergibt.[278] Zu den Eigenschaften eines Wirtschaftsguts gehören nach der BFH-Rechtsprechung nicht nur Sachen und Rechte, sondern auch tatsächliche Zustände, konkrete Möglichkeiten und Vorteile für den Betrieb, deren Erlangung der Kaufmann sich etwas kosten läßt.[279] Zu Recht wird diese Definition kritisiert, insofern damit der Begriff des Wirtschaftguts in der praktischen Anwendung jede Kontur verloren hat.[280] Im Ergebnis genügt für die Erlangung eines Wirtschaftsguts die Tätigung einer Ausgabe, die in späteren Jahren von Nutzen sein wird oder hätte sein können, um ein Wirtschaftsgut zu erlangen.

Unterschiede zwischen dem steuerrechtlichen Begriff des Wirtschaftsguts und dem handelsrechtlichen Begriff des Vermögensgegenstands ergeben sich in den Aktivierungsvoraussetzungen. So wird beim Vermögensgegenstand zusätzlich die selbständige Verkehrsfähigkeit bzw. Verwertbarkeit als Merkmal gefor-

---

tigt, vgl. Liedmeier (1989) S. 2133 f. m.w.N.

277 Zur Begründung einer kompensatorischen Bewertung unter Einbeziehung weiterer Bilanzierungsprinzipien vgl. Kapitel III.B.5.5, S. 116 ff.

278 Nach dem BFH-Urteil vom 26.10.1987, GrS 2/86, BStBl. II 1988 S. 348-357 wird durch den BFH ein identischer Inhalt der beiden Begriffe angenommen.

279 Vgl. BFH-Urteil vom 24.08.1971, VIII R 17/66, BFHE Bd. 103 S. 416-418

280 Vgl. hierzu und zum Folgenden Knobbe-Keuk (1993) S. 86

dert.[281] Für das Vorliegens eines Wirtschaftsguts ist dagegen eine selbständige Bewertbarkeit ausreichend.[282] Nach dem BFH ist die selbständige Verkehrsfähigkeit bereits dann gegeben, wenn das Wirtschaftsgut seiner Art nach zusammen mit dem Betrieb übertragen werden kann.[283]

Unterschiede zwischen Handels- und Steuerrecht ergeben sich nun in den Fällen, in denen sich bei der Absicherung durch ein Kreditderivat Gefahren bei Krediten abzeichnen, aber noch kein Konkurs oder die Insolvenz beantragt wurde. Bei einem Kreditderivat, das gegen den Ausfall einer Forderung schützt, wie z.B. bei einem Credit Default Swap, ist ein solcher Anspruch des Sicherheitskäufers selbständig bewertbar, denn der Wert wird genau dem voraussichtlich ausfallenden Betrag des ursprünglichen Kredits entsprechen. Weiterhin ist der Anspruch auf Befriedigung im Falle eines Kreditausfalls zusammen mit dem Unternehmen übertragbar, da das Kreditderivat das Unternehmen (und nicht den eigentlichen Kredit) gegen die Folgen des Forderungsausfalls schützt. Damit ist im Ergebnis ein Wirtschaftsgut gegeben. Anders stellt sich die Situation dar, wenn das Vorliegen eines Vermögensgegenstands und die selbständige Verkehrsfähigkeit geprüft wird. Eine selbständige Verkehrsfähigkeit kann nicht angenommen werden, da z.Zt. noch kein Markt für Ansprüche aus Kreditderivaten existiert, bei denen der Ausfall erkennbar ist, aber noch kein Anspruch entstanden ist. Aufgrund der fehlenden Verkehrsfähigkeit kann im Ergebnis kein Vermögensgegenstand vorliegen.

Obwohl der BFH die Übereinstimmung der Inhalte zwischen handelsrechtlichem Vermögensgegenstand und steuerrechtlichem Wirtschaftsgut betont, wird an dieser Stelle der unterschiedliche Inhalt deutlich. Steuerrechtlich ist jede Bonitätsverschlechterung eines Kreditnehmers und damit der Aufwand für Einzelwertberichtigungen zu neutralisieren durch den Ansatz eines entsprechenden Aktivpostens in Form eines Wirtschaftsguts. Damit führen Bonitätsverschlechterungen bei voll abgesicherten Krediten in der Steuerbilanz zu keinen Ergebnisauswirkungen. Aus diesem Grund beschränkt sich die weitere Betrachtung auf die handelsrechtliche Seite.

Trotz der unterschiedlichen Inhalte von Vermögensgegenstand und Wirtschaftsgut wird regelmäßig auf die Rechtsprechung des BFH zu Merkmalen von Vermögensgegenständen/Wirtschaftsgütern zurückzukommen sein, da nur durch die Rechtsprechung des BFH ein unabhängiges GoB-Verständnis existiert.

---

[281] Vgl. Baetge (1996) S. 205; Förschle/Kofahl in: Beck Bil-Komm. (1999) § 247 Tz. 13; Adler/Düring/Schmaltz (6. Auflage) § 246 Tz. 28

[282] Vgl. Förschle/Kofahl in: Beck Bil-Komm. (1999) § 247 Tz. 13

[283] Vgl. BFH-Urteil vom 26.02.1975, I R 72/73, BStBl. II 1976 S. 13-16

3.1.2 Das Imparitätsprinzip

Das Imparitätsprinzip beschreibt die Notwendigkeit der ungleichen (=imparitätischen) Behandlung von Verlusten im Gegensatz zum Ausweis von Gewinnen. Verluste sind in der Bilanz bereits dann zu berücksichtigen, sobald deren Eintritt wahrscheinlich wird. Damit durchbricht das Imparitätsprinzip im Hinblick auf die Berücksichtigung von Verlusten das Realisationsprinzip. Das Imparitätsprinzip konkretisiert sich in der Bildung von Drohverlustrückstellungen[284] und außerplanmäßigen Abschreibungen.[285] Die beiden Ausprägungen haben gemeinsam, daß den erforderlichen Aufwendungen keine Erträge i.S.d. Aufwandsrealisationsprinzips gegenüberstehen. Sie unterscheiden sich im Zeitpunkt des Eintritts der Vermögensminderung. Im Fall der außerplanmäßigen Abschreibung handelt es sich um eine bereits eingetretene Vermögensminderung bei Vermögensgegenständen.[286] Bei der Drohverlustrückstellung können mangels Vorliegen eines Vermögensgegenstands die Vermögensminderungen noch nicht eingetreten sein. Aus dieser Unterscheidung ergibt sich eine grundsätzlich unterschiedliche Berechnung des Verlusts. Gemeinsam ist beiden Ausprägungsformen, daß es sich nicht um kalkulatorische Verluste handeln darf, wie sie beim Ansatz von Opportunitätskosten anfallen würden. Hier ist zu denken an die Verzinsung des Eigenkapitals und den Ansatz eines Unternehmerlohns.[287] Grundlage der Verlustberücksichtigung muß in jedem Fall der Vergleich der eigenen Aufwendungen mit Marktpreisen sein. Damit kann die außerplanmäßige Abschreibung und die Drohverlustrückstellung nicht zur Berücksichtigung entgangener Gewinne eingesetzt werden.[288]

Beide Ausprägungen des Imparitätsprinzips sind für die Beurteilung der Bilanzierung und Bewertung von Kreditderivaten bedeutsam. So ist einerseits im Rahmen der Niederstwertabschreibung zu klären, ob beim Sicherheitskäufer evtl. vorhandene Kurssicherungen abschreibungsmindernd berücksichtigt werden dürfen bzw. müssen. Andererseits kann beim Sicherheitsverkäufer die Notwendigkeit der Bildung einer Drohverlustrückstellung vorliegen. Dieser Fall ist möglich, wenn eine Inanspruchnahme aus dem Kreditderivat droht.

---

[284] Die vollständige Bezeichnung nach dem Gesetz lautet Rückstellung für drohende Verluste aus schwebenden Geschäften.

[285] Daneben wird auch die Bildung von Rechnungsabgrenzungsposten als Anwendungsfall des Imparitätsprinzips gesehen (vgl. Schulze-Osterloh (1992) S. 663 ff.). Dieser Auffassung kann nicht gefolgt werden, da die Bildung der Rechnungsabgrenzungsposten sich bereits aus dem Realisationsprinzip ergibt. Für die Anwendung des Imparitätsprinzips, wonach ein Verlust drohen muß, bleibt kein Raum. Nach den GoB-Systemen von Leffson und Baetge folgt die Bildung von Rechnungsabgrenzungsposten dagegen aus dem Grundsatz der Abgrenzung der Sache und der Zeit nach, vgl. Baetge (1996) S. 447

[286] Vgl. Schulze-Osterloh (1992) S. 663

[287] Zu weiteren Beispielen vgl. Burkhardt (1988) S. 47

[288] Vgl. Burkhardt (1988) S. 110

3.1.2.1 Niederstwertabschreibung

Gemäß § 253 Abs. 2 und 3 HGB sind Vermögensgegenstände des Anlage- und Umlaufvermögens auf den am Abschlußstichtag geltenden beizulegenden Wert abzuschreiben. Unterschiede zwischen Anlage- und Umlaufvermögen bestehen bei vorübergehenden Wertminderungen in einem grundsätzlichen Wahlrecht zur Abschreibung im Anlagevermögen und einer Pflicht im Umlaufvermögen. Die außerplanmäßige Abschreibung sowohl im Anlagevermögen als auch im Umlaufvermögen erfolgt auf den beizulegenden Wert.

Wesentliche Frage für die Bestimmung des beizulegenden Werts ist die Festlegung, ob man die Werte des Absatz- oder des Beschaffungsmarkts heranzieht.[289] Ein solcher Unterschied ist bei der Bewertung von Forderungen nicht denkbar, da es zu Unterschieden zwischen den Preisen des Beschaffungs- und des Absatzmarkts vor allem durch Marktenge kommen kann. Der Markt für Forderungen ist dagegen relativ vollständig. Abgesehen von Transaktionskosten sind bei vollständiger Information beider Seiten keine unterschiedlichen Preise denkbar.

Im Rahmen der Wertberichtigung von Forderungen wird zwischen Einzel- und Pauschalwertberichtigungen unterschieden. Pauschalwertberichtigungen haben das Ziel, das allgemeine Kreditrisiko im Jahresabschluß zu berücksichtigen.[290] Sind dem Unternehmen darüber hinaus Umstände bekannt, die den Schluß zulassen, daß bestimmte Forderungen mit einem über das allgemeine Kreditrisiko hinausgehenden Risiko behaftet sind, muß diesen Risiken durch die Bildung einer Einzelwertberichtigung Rechnung getragen werden.[291] Die Einzelwertberichtigung ist die Konsequenz aus dem Einzelbewertungsprinzip, wonach die Vermögensgegenstände einzeln bewertet werden müssen. Die Einzelbewertung der Forderung erfolgt in zwei Schritten:

In einem ersten Schritt muß festgestellt werden, ob die Forderung ausfallgefährdet ist. Diese Feststellung ergibt sich meist durch Zahlungsrückstände, also Eigenschaften, die der Forderung als solcher innewohnen. Dazu gehören weiterhin die Art der Forderung (z.B. Wechselkredit oder Blankokredit) und die hinter dem Kredit stehende Person des Schuldners. Darüber hinaus sind bei der Schätzung der Ausfallwahrscheinlichkeit auch neben der eigentlichen Forderung bestehende Umstände zu berücksichtigen. Dazu gehören alle Informationen, die den termingerechten Forderungseingang als zweifelhaft erscheinen lassen.[292] So können Brancheninformationen Hinweise auf Liquiditätsschwierigkeiten geben. Ferner sind politische Informationen zu berücksichtigen, z.B. ob bei ausländischen Schuldnern ein Devisenausfuhrverbot drohen kann. In diesem

---

[289] Vgl. Ellrott/Scherer in: Beck Bil-Komm. (1999) § 253 Tzn. 516-520
[290] Vgl. Ellrott/Scherer in: Beck Bil-Komm. (1999) § 253 Tz. 577
[291] Vgl. Ellrott/Scherer in: Beck Bil-Komm. (1999) § 253 Tz. 569
[292] Vgl. Ellrott/Scherer in: Beck Bil-Komm. (1999) § 253 Tz. 570

Fall ist der Kreditnehmer wahrscheinlich weiter zahlungsfähig, durch externe Faktoren wird der Kredit jedoch gefährdet oder sogar uneinbringlich.

Erst in einem zweiten Schritt muß die Höhe des wahrscheinlichen Ausfallbetrages ermittelt werden. Bei dieser Feststellung werden Informationen aus dem ersten Schritt berücksichtigt.

Die Zweiteilung der Ermittlung der Ausfallgefährdung von Krediten ist aufgrund des Wirtschaftlichkeitspostulats sinnvoll, da grundsätzlich alle Forderungen auf das jeweilige Ausfallrisiko hin betrachtet werden müssen. Führt diese Betrachtung bereits zu dem Ergebnis, daß ein erhöhtes Ausfallrisiko nicht besteht, ist die Berechnung einer evtl. vorhandenen Unterdeckung nicht notwendig. Gleichzeitig ist es unwirtschaftlich, bei einer Forderung, die keine Ausfallrisiken zeigt, in jedem Fall die Höhe des Ausfallbetrags und damit die Sicherheiten neu zu bewerten.

Die Berechnung des wahrscheinlichen Ausfallbetrags erfolgt durch Gegenüberstellung der Restschuld mit den evtl. vorhandenen Sicherheiten. Die Existenz von Sicherheiten schließt steuerrechtlich nicht grundsätzlich eine Teilwertabschreibung aus.[293] Wesentlich ist die Frage der Werthaltigkeit der Sicherheiten. Dazu muß eine Bewertung der Sicherheiten zu aktuellen Werten erfolgen. Bei der Verwertung der Sicherheiten muß beachtet werden, daß evtl. die bei der Vereinbarung der Sicherheiten angenommenen Prämissen nicht mehr gültig sind. So kann sich ein Grundstückswert im Zeitablauf ändern. Gleichzeitig können verpfändete Vermögensgegenstände evtl. nur noch einen Bruchteil der Anschaffungskosten wert sein, da sich für sie mittlerweile keine Abnehmer mehr finden lassen. Anhand dieser neubewerteten Sicherheiten läßt sich das Ausfallrisiko ansatzweise bestimmen. Ein weiteres Problem stellt die Tatsache dar, daß eine Forderung meist nur zweifelhaft wird. Seltener tritt der Fall der vollständigen Uneinbringlichkeit ein. Im Fall einer zweifelhaften Forderung müssen dynamische Betrachtungen einfließen, d.h. die Frage beantwortet werden, wie sich die wirtschaftliche Situation des Schuldners in nächster Zeit entwickeln wird. Eine solche dynamische Betrachtung ist aufgrund der notwendigen Schätzungen unsicherer als die Feststellung des Ausfallbetrages bei einem uneinbringlichen Kredit, bei dem die Sicherheiten verwertet werden können. Die Bandbreite möglicher Schätzungen wird unter Beachtung des Vorsichtsprinzips allerdings auch von der jeweiligen Bilanzpolitik des Unternehmens abhängen.

Fremdwährungsforderungen müssen unabhängig vom individuellen Kreditrisiko des jeweiligen Schuldners auch auf evtl. Abwertungsbedarf aufgrund von Wechselkursverlusten untersucht werden.[294] Bei Kassageschäften ist der Kurs bei Abschluß des Geschäfts maßgeblich. Dieser wird verglichen mit dem Geld-

[293] Vgl. Ellrott/Scherer in: Beck Bil-Komm. (1999) § 253 Tz. 570 m.w.N.

[294] Zur Fremdwährungsumrechnung bei Kreditinstituten vgl. Kapitel III.B.3, S. 100 f.

kurs am Abschlußstichtag.[295] Ein evtl. Verlust aus der Fremdwährungsumrechnung muß als Einzelwertberichtigung dargestellt werden, ein Gewinn darf grundsätzlich nicht ausgewiesen werden. Anders verhält es sich, wenn das Fremdwährungsgeschäft als Termingeschäft abgeschlossen wurde. In diesem Fall ist die Währungsforderung zum Terminkurs/Basispreis umzuwerten, sofern das Deckungsgeschäft den gleichen Betrag und die gleiche Fälligkeit hat und kein Ausfall- oder Zahlungsverzögerungsrisiko besteht.[296]

Die Abwertung einer Forderung kann unterbleiben, wenn für das Wechselkursrisiko eine Versicherung abgeschlossen wurde.[297] Die Forderungen mit einem entsprechenden Versicherungsschutz sind grundsätzlich als vollwertig auszuweisen. Eine Einzelwertberichtigung kann nur für den Teil der Forderung in Betracht kommen, der nicht versichert ist (z.B. aufgrund eines Selbstbehalts).

3.1.2.2 Drohverlustrückstellungen

Nach § 249 Abs. 1 Satz 1 HGB sind für drohende Verluste aus schwebenden Geschäften Rückstellungen zu bilden. Diese Rückstellung folgt aus dem Imparitätsprinzip und ist ein Unterfall der Verbindlichkeitsrückstellungen.[298]

Diese Rückstellungen werden nach dem Gesetzestext im Rahmen schwebender Geschäfte gebildet. Deshalb muß in einem ersten Schritt geklärt werden, wann es sich um schwebende Geschäfte handelt.

3.1.2.2.1 Begriff der schwebenden Geschäfte

Schwebend sind solche Geschäfte, bei denen ein zweiseitig verpflichtender Vertrag vorliegt, der auf einen Leistungsaustausch gerichtet ist und bei dem die zur Sachleistung verpflichtete Partei noch nicht erfüllt hat.[299] Das Bilanzrecht übernimmt damit die für das deutsche Recht grundlegende Unterteilung des Kaufvertrags in ein Verpflichtungs- und mehrere Erfüllungsgeschäfte.[300] Damit

---

[295] Vgl. Ellrott/Scherer in: Beck Bil-Komm. (1999) § 253 Tz. 604

[296] Vgl. Ellrott/Scherer in: Beck Bil-Komm. (1999) § 253 Tz. 604

[297] Vgl. Ellrott/Scherer in: Beck Bil-Komm. (1999) § 253 Tz. 590

[298] Vgl. BFH-Urteil vom 19.07.1983, VIII R 160/79, BStBl. II 1984 S. 58

[299] Vgl. BFH-Beschluß vom 23.06.1997, GrS 2/93, BStBl. II 1997 S. 735-739; Clemm/Erle in: Beck Bil-Komm. (1999) § 249 Tz. 52; Crezelius (1988) S. 81; Knobbe-Keuk (1993) S. 141; Woerner (1984) S. 491; Moxter (1986) S. 27 stellt dagegen fest, daß schwebende Verträge von beiden Seiten noch nicht erfüllt wurden. Vermutlich wird es sich hier aber eher um eine sprachliche Ungenauigkeit als um eine tatsächlich andere Meinung handeln, denn auch Moxter wird nicht davon ausgehen können, daß mit dem Zeitpunkt der Anzahlung das Geschäft seinen schwebenden Charakter verliert, genau dies wäre aber die Konsequenz aus der Definition.

[300] Vgl. Crezelius (1988) S. 83 f.; Lüders (1987) S. 71; Nieskens (1989) S. 537; a.A. Woerner (1989) S. 39 f., wonach die zivilrechtlichen Regeln zwar die Risiken von Leistung und Gegenleistung deutlich machen, allerdings erhalten diese Regeln nicht per se Geltung im Bilanzrecht. Geltung können sie nur über bilanzrechtliche Prinzipien erhalten, dies sei in diesem Fall

wird grundsätzlich an zivilrechtliche Vorgaben angeknüpft. Nur in den Fällen, in denen eine wohlverstandene wirtschaftliche Betrachtungsweise eine andere Bilanzierung erfordert, wird von diesem Prinzip abgewichen. In anderen Rechtsordnungen hat der Käufer das Eigentum an der Sache bereits mit Vertragsabschluß erworben, so daß ein Schwebezustand nicht eintreten kann. Die Aufsplittung des schwebenden Geschäfts wird auch als bilanzrechtliches Synallagma bezeichnet. Synallagma bedeutet in diesem Zusammenhang, daß das Geschäft ausschließlich aufgrund der zu erwartenden Gegenleistung abgeschlossen wurde.[301] Es liegt somit keine Schenkung vor, sondern die Aussicht, die Gegenleistung zu empfangen, ist Voraussetzung für die Erfüllung der eigenen Verpflichtung aus dem Vertrag. Ein schwebendes Geschäft tritt nicht auf, wenn im Moment des Vertragsabschlusses die Ware übergeben wird. Nur im Fall der sofortigen Übergabe erfolgt eine Aufnahme des gehandelten Vermögensgegenstands in die Bilanz des Käufers, während in der Bilanz des Verkäufers der Geldeingang oder eine Forderung aktiviert wird. In den übrigen Fällen führt ein Vertragsabschluß grundsätzlich zu keinem buchungspflichtigen Vorgang.[302] Erst im Falle der Lieferung oder einer Anzahlung erfolgt eine Buchung, was wiederum zurückgeht auf das pagatorische Prinzip.[303]

Unterschieden werden die schwebenden Geschäfte zwischen solchen Geschäften, die auf einen einmaligen Leistungsaustausch gerichtet sind und Geschäften, die eine dauerhafte Lieferung oder Leistung (z.B. Strom, Gas, Miete) zum Gegenstand haben. Letztere Geschäfte werden als Dauerschuldverhältnisse bezeichnet.[304]

Die vorliegende Betrachtung soll sich auf die für Kreditderivate anwendbaren schwebenden Geschäfte mit einmaligen Leistungsaustausch beschränken. Bei Finanzgeschäften liegen in der Regel schwebende Geschäfte vor.[305] In diesen Fällen muß geprüft werden, ob die Bildung einer Drohverlustrückstellung notwendig wird.

---

das Vorsichtsprinzip.

301 Vgl. Bieg (1977) S. 16 f.

302 Ausnahmen bestehen in den Fällen, wo bereits bei Vertragsabschluß feststeht, daß der Vertrag nur mit einem Verlust abgewickelt werden kann. In diesen Fällen geplanter Verluste werden neben dem Geschäft andere Ziele beabsichtigt, z.B. Auslastung der Maschinen, die fortlaufende Beschäftigung der Arbeitnehmer oder die Stärkung der Marktposition. In diesen Fällen führt der Vertragsabschluß zur Bildung einer Drohverlustrückstellung, wobei die durch das Verlustgeschäft evtl. erlangten Vorteile bei der Bewertung dabei nicht zu berücksichtigen sind (vgl. Knobbe-Keuk (1993) S. 144). Im Ergebnis ebenso Woerner (1984) S. 493; Clemm/Erle in: Beck Bil-Komm. (1999) § 249 Tz. 61; Baier (1991) S. 2349

303 Zum Inhalt des pagatorischen Prinzips und dem Anknüpfen an Zahlungsvorgänge vgl. Kosiol (1976) S. 81 und 351 ff.

304 Zu den Drohverlustrückstellungen aus Dauerschuldverhältnissen vgl. grundlegend und ausführlich Janke (1997) S. 1 ff.

305 Vgl. zu den Drohverlustrückstellungen für Optionen Kapitel III.C.1.1.1, S. 135 ff.

3.1.2.2.2 Schwebende Geschäfte und das Vollständigkeitsgebot

Grundsätzlich müßten nach dem Vollständigkeitsgebot auch schwebende Geschäfte in der Bilanz aufgeführt werden.[306] Denn das Vollständigkeitsgebot unterscheidet nicht zwischen durchgeführten und schwebenden Geschäften, so daß im ersten Schritt davon ausgegangen werden kann, daß es eine unbegrenzte Reichweite hat. Im Ergebnis unstrittig ist in der Literatur aber die Nichtberücksichtigung von schwebenden Geschäften im Jahresabschluß. Die Begründung des Abweichens vom Vollständigkeitsprinzip ist jedoch nicht eindeutig.

Nach einer sogenannten älteren Begründung wird argumentiert, daß sich Leistung und Gegenleistung bis zur Erfüllung oder bis zum Nachweis eines Verlusts gegenseitig ausgleichen.[307] Dieses Argument wird als nicht ausreichend bzw. als fehlerhaft kritisiert.[308] So kann nicht davon ausgegangen werden, daß Unternehmen Verträge abschließen, die keinen wirtschaftlichen Vorteil für sie bedeuten. Somit hat auch der (noch) schwebende Vertrag einen wirtschaftlichen Wert. Dies zeigt sich auch an § 740 BGB, wonach der ausscheidende Gesellschafter ebenfalls am Ergebnis schwebender Verträge teilnimmt.[309] Darüber hinaus werden auch bei Unternehmensbewertungen regelmäßig die schwebenden Verträge berücksichtigt.[310] Im Ergebnis kann davon ausgegangen werden, daß der schwebende Vertrag einen positiven Wert besitzt und die fehlende Berücksichtigung des schwebenden Vertrags in der Bilanz somit nicht auf die Gleichwertigkeit von Leistung und Gegenleistung gestützt werden kann.

Jüngere Argumente sind die Verhinderung des Aufblähens der Bilanz[311], die Vereinfachung der Darstellung und eine wirtschaftliche Grenze der Information. Ein weiteres Argument folgt aus dem Realisationsprinzip, wonach der mit Unwägbarkeiten belastete Anspruch gegen den Sachleistenden noch nicht auszuweisen ist.[312] Das letztgenannte Argument geht im Ergebnis auf das Vorsichtsprinzip zurück. Zu dieser Begründung wäre allerdings Voraussetzung, daß das Vorsichtsprinzip das Vollständigkeitsgebot im Zweifel überwiegt. Hierzu wird argumentiert, daß das Vollständigkeitsgebot gegenüber dem gewichtigeren

---

[306] Vgl. Woerner (1989) S. 40; Lüders (1987) S. 67; Nieskens (1989) S. 540

[307] Vgl. Woerner (1989) S. 39 m.w.N.; Clemm/Erle in: Beck Bil-Komm. (1999) § 249 Tz. 57

[308] Vgl. Knobbe-Keuk (1993) S. 141; Lüders (1987) S. 67; Baier (1991) S. 2349

[309] Vgl. Lüders (1987) S. 24

[310] Vgl. Lüders (1987) S. 24

[311] Vgl. Woerner (1984) S. 493 f. Nach dieser Auffassung sind die schwebenden Geschäfte nicht auszuweisen, da das Aufblähen der Bilanz dem Grundsatz der Bilanzwahrheit widerspricht. So wird argumentiert, daß der schwebende Vertrag auf der Aktiv- und Passivseite einen unterschiedlichen wirtschaftlichen Wert besitzt. Die Abbildung eines schwebenden Vertrags mit dem gleichen Wert entspricht danach nicht einer ordentlichen Rechenschaft i.S.d. Bilanzwahrheit. Das Argument kann nicht überzeugen, da nicht begründet wird, weshalb ein Verzicht auf den Ausweis schwebender Geschäfte die Bilanzwahrheit fördert.

[312] Vgl. Crezelius (1988) S. 85 f. m.w.N.; Pößl (1984) S. 433; Baier (1991) S. 2349

Vorsichtsprinzip zurückzutreten habe.[313] An anderer Stelle wird ein Widerspruch zwischen den beiden Prinzipien jedoch nicht gesehen, da das Vollständigkeitsgebot zeitlich gesehen erst dann greift, nachdem durch das Vorsichtsprinzip der Inhalt der Bilanz in Form der bilanzierungsfähigen Vermögensgegenstände festgelegt wurde.[314]

Die aus dem Vorsichtsprinzip folgende Argumentation berücksichtigt, daß bei Ansatz des schwebenden Geschäfts nicht von einer Gleichwertigkeit der Ansprüche ausgegangen werden kann. Denn würde man den Ausweis des schwebenden Vertrags zulassen und den höheren Wertansatz der Gegenleistung, verglichen mit der hingegebenen Leistung, akzeptieren, ergäbe sich ein Widerspruch zum Realisationsprinzip. Denn der Gewinn würde entgegen dem Realisationsprinzip bereits bei Vertragsabschluß in der Bilanz ausgewiesen. Somit ist im Ergebnis auf den Ausweis der schwebenden Geschäfte allein aus Gründen der Vorsicht zu verzichten. Vereinfachungsüberlegungen greifen nicht, da sie nicht hinreichend erklären können, mit welchen Werten das schwebende Geschäft zu berücksichtigen wäre. Damit wird offensichtlich, daß der Nichtausweis allein aus dem Realisationsprinzip folgt, um den Ausweis unrealisierter Gewinne zu verhindern.

Diese Behandlung entspricht im Ergebnis vollständig dem Primat des gläubigerschützenden Vorsichtsprinzips, da das Geschäft, solange es noch nicht erfüllt ist, mit einer Vielzahl von Unwägbarkeiten belastet ist. So können wirtschaftliche Schwierigkeiten beim Geschäftspartner auftreten, es kann zu externen Schwierigkeiten aufgrund von Streiks oder Lieferantenproblemen kommen, oder das Geschäft kann wegen schlechter oder verspäteter Erfüllung in einen Rechtsstreit münden. Diese Risiken müssen nicht zu einem drohenden Verlust beim schwebenden Geschäft führen, sie zeigen aber, daß das Geschäft mit Unwägbarkeiten belastet ist, so daß es noch nicht als vollständig erfülltes Geschäft mit Gewinnsprung ausgewiesen werden darf.

3.1.2.2.3 Beginn und Ende des schwebenden Geschäfts

Beginn und Ende des schwebenden Vertrags bestimmen den Zeitraum, in dem eine Gegenüberstellung zwischen der Leistung und der Gegenleistung zum Zwecke der Bildung und Berechnung einer möglichen Drohverlustrückstellung erfolgen muß.

Der schwebende Vertrag beginnt in der Regel mit dem Vertragsabschluß.[315] Es finden sich aber auch andere mögliche Zeitpunkte. So wird zusätzlich zum Ver-

---

[313] Vgl. Woerner (1989) S. 41

[314] Vgl. Woerner (1989) S. 42; ergänzend Clemm/Erle in: Beck Bil-Komm. (1999) § 249 Tz. 58: Das Vollständigkeitsgebot setzt zwar das Bestehen von Vermögensgegenständen und Schulden voraus, bestimmt gleichzeitig aber nicht, wann diese vorliegen.

[315] Vgl. Clemm/Erle in: Beck Bil-Komm. (1999) § 249 Tz. 55

tragsabschluß vorgeschlagen, daß auch die Abgabe eines bindenden Vertragsangebots entsprechend § 145 BGB ausreicht, weiterhin ein bindendes Vertragsangebot mit einer genügenden Wahrscheinlichkeit eines nachfolgenden Vertragsabschlusses.[316] Eine weitere Möglichkeit ist die Abgabe eines Angebots mit der Sicherheit eines nachfolgenden Vertragsabschlusses. Alle Meinungen haben gemeinsam, daß sich die Verpflichteten nicht mehr aus dem Vertrag zurückziehen können. Eine Festlegung auf einen Anfangszeitpunkt des schwebenden Vertrags kann an dieser Stelle unterbleiben, da der schwebende Vertrag für die Zwecke der Kreditderivate grundsätzlich mit einem Vertrag beginnt. Der Anfangszeitpunkt beim Kreditderivat ist insoweit auch rechtlich fixiert, da es sich um ein OTC-Produkt handelt, bei dem Parteien einen Vertrag aushandeln.

Im Gegensatz zur zivilrechtlichen Anschauung muß im Bilanzrecht ein schwebendes Geschäft auch dann beachtet werden, wenn es nach den Regeln des bürgerlichen Rechts nichtig ist, die Vertragsparteien es aber als wirksam behandeln.[317] Dieser Hinweis kann für die Anerkennung von Kreditderivaten wichtig sein, bei denen es bislang nur eine geringe Standardisierung in Vertragstexten und damit gleichzeitig auch Rechtsrisiken gibt.

Ein schwebender Vertrag endet mit dem Realisationszeitpunkt, in dem der Gewinnsprung beim Absatzgeschäft stattfindet und der Vermögensgegenstand in der Bilanz des Käufers zu aktivieren ist.

3.1.2.2.4 Drohverlustrückstellung für schwebende Geschäfte

Gemäß dem Imparitätsprinzip sind, wie bereits erläutert, Vermögensgegenstände ggf. außerplanmäßig abzuschreiben. Diese Möglichkeit besteht nicht bei einem schwebenden Geschäft, da es gerade dessen Merkmal ist, daß noch kein Vermögensgegenstand entstanden ist. Aus diesem Grund wird eine Drohverlustrückstellung gebildet, die den Verpflichtungsüberschuß aus dem schwebenden Geschäft antizipiert. Ein solcher Verpflichtungsüberschuß ist bei schwebenden Absatz- und Beschaffungsgeschäften unterschiedlich zu berechnen. Bei schwebenden Absatzgeschäften wird der Verlust durch die Differenz aus dem vereinbarten Kaufpreis und dem Wert der zu erbringenden Leistung berechnet. Bei schwebenden Beschaffungsgeschäften droht ein Verlust, wenn der Wert der erworbenen Leistung niedriger ist als der Kaufpreis.

Für beide Arten des drohenden Verlusts gilt, daß eine Gesamtbetrachtung der erhaltenen und hingegebenen Leistungen zu erfolgen hat. Es muß mit anderen Worten eine Saldierung des schwebenden Geschäfts erfolgen. Dabei liegt m.E. kein Widerspruch zum Saldierungsverbot des § 246 Abs. 2 HGB vor, da dort das Verbot der Saldierung von Vermögensgegenständen und Schulden einer-

---

[316] Vgl. Crezelius (1988) S. 89 m.w.N.
[317] Vgl. Woerner (1984) S. 490

seits und von Aufwendungen und Erträgen andererseits beschrieben wird.[318] Das Saldierungsverbot bezieht sich somit auf verschiedene Positionen innerhalb der Bilanz und GuV, während die Drohverlustrückstellung schwebende Geschäfte behandelt. Eine Anwendung des Saldierungsverbots auf die Drohverlustrückstellungen verbietet sich auch deswegen, weil die Saldierung die einzige Möglichkeit ist, den drohenden Verlust des schwebenden Geschäfts zu berechnen.[319] Die Bewertung der Drohverlustrückstellung ergibt sich aus der Reichweite des Saldierungsbereichs. Der Saldierungsbereich beschreibt die in die Saldierung einzubeziehenden Leistungen und Gegenleistungen und grenzt sich somit zum einen in bezug auf die Zurechenbarkeit zum schwebenden Geschäft und zum anderen zum sofort abzugsfähigen Aufwand ab. Die Abgrenzung in bezug auf die Zurechenbarkeit besagt, daß die Aufwendungen in einem originären Verhältnis zu dem zu erfüllenden Vertrag stehen müssen. Hierbei wird allgemein ein loser Zusammenhang angenommen, so wird z.B. die Drohverlustrückstellung grundsätzlich zu Vollkosten bewertet. Gleichzeitig muß der Verlust aufgrund konkreter Anzeichen nachvollziehbar sein.[320] Maßgebend hierfür sind die Verhältnisse am Bilanzstichtag.

Die Abgrenzung des Saldierungsbereichs vom sofort abzugsfähigen Aufwand erfolgt nach allgemeinen Regeln. Lange Zeit wurde die Rechtsprechung des BFH von der sogenannten Einheitlichkeit des schwebenden Vertrags geprägt.[321] Danach wurden nach dem Grundsatz der erfolgsneutralen Behandlung von Vorleistungen alle Ausgaben, die im Zusammenhang mit dem schwebenden Vertrag angefallen sind, als Kosten dieses Vertrags behandelt und aktiviert. Dazu gehörten auch die Umsatzsteuer, Provisionen u.ä.. Später erfolgte eine Änderung der Rechtsprechung, wonach diese Kosten nicht mehr aktiviert werden dürfen, sondern als Vertriebskosten sofort abzugsfähig sind.[322] Sie waren ab diesem Zeitpunkt weder Anzahlungen noch Vorleistungen. Diese Kosten müssen damit im Jahr des Vertragsabschlusses aufwandswirksam berücksichtigt werden. Damit sind sie nicht mehr bei der Berechnung des Verlusts aus dem schwebenden Geschäft zu berücksichtigen.

Es wird auch die Ansicht geäußert, daß in den Saldierungsbereich nur grundsätzlich aktivierungsfähige Vermögensgegenstände einbezogen werden dürfen.[323] Begründet wird diese Auffassung mit der ansonsten leicht möglichen

---

[318] Vgl. zum Inhalt und der Reichweite des Saldierungsverbots III.A.3.2, S. 84 ff.
[319] Vgl. Clemm/Erle in: Beck Bil-Komm. (1999) § 249 Tz. 63
[320] Vgl. Clemm/Erle in: Beck Bil-Komm. (1999) § 249 Tz. 60
[321] Vgl. BFH-Urteil vom 13.05.1958, I 290/56, BStBl. III 1958 S. 331-333 und BFH-Urteil vom 22.05.1958, IV 222/56 U, BStBl. III 1958 S. 333-335; zur Chronik der Rechtsprechung vgl. Döllerer (1980) S. 1333 f.
[322] Vgl. BFH-Urteil vom 19.06.1973, I R 206/71, BStBl. II 1973 S. 774 f.; diesem Urteil folgend BFH-Urteil vom 26.06.1979, VIII R 145/78, BStBl. II 1979 S. 625-627;
[323] Vgl. Pößl (1984) S. 433

Umgehung des Vorsichtsprinzips. Danach erfolgt vor der eigentlichen Realisation des Geschäfts eine Saldierung im Rahmen des schwebenden Vertrags, die nach der Realisation nicht beibehalten werden kann, da es sich gerade nicht um aktivierungsfähige Vermögensgegenstände handelt. Dem kann nicht zugestimmt werden, da bei konsequenter Anwendung dieser Auffassung bei jedem Dauerschuldverhältnis eine Rückstellung gebildet werden müßte. So ist die Anmietung von Geschäftsräumen kein aktivierungsfähiger Vermögensgegenstand. Würde dieser Vorteil aber nicht in die Saldierung einbezogen, ergäbe sich in jedem Fall ein Verpflichtungsüberschuß.[324]

Zu beachten ist, daß Drohverlustrückstellungen seit dem 01.01.1997 für das Steuerrecht nicht mehr anerkannt werden. Dies kann für die Handelsbilanz zu der Konsequenz führen, daß aufgrund des Maßgeblichkeitsprinzips zunehmend versucht wird, Drohverlustrückstellungen als Verbindlichkeitsrückstellungen auszuweisen.[325]

3.2 Das Vollständigkeits- und Saldierungsverbot des § 246 HGB

Nach dem Vollständigkeitsgebot des § 246 Abs. 1 HGB sind u.a. alle Vermögensgegenstände, die dem Kaufmann in personeller und sachlicher Hinsicht zuzurechnen sind, in die Bilanz aufzunehmen. Ausnahmen gelten hinsichtlich von Ansatzverboten und Ansatzwahlrechten.[326] Das Vollständigkeitsgebot stellt somit die zentrale Ansatzvorschrift innerhalb des HGB dar. Auch bei dieser Vorschrift erhält die Definition des Vermögensgegenstands eine besondere Bedeutung, indem der Inhalt der Aktivseite der Bilanz sowohl positiv als auch negativ abgegrenzt wird.

Nach dem Saldierungsverbot des § 246 Abs. 2 HGB dürfen Bilanzposten der Aktivseite nicht mit denen der Passivseite verrechnet werden, ebensowenig Erträge mit Aufwendungen.[327] Das Saldierungsverbot des § 246 Abs. 2 HGB ist identisch mit dem Saldierungsverbot des § 6 Abs. 1 Satz 1 EStG, nach dem die Bewertung der *einzelnen* Wirtschaftsgüter vorgeschrieben wird.[328] Das Verrechnungsverbot ist Ausfluß des allgemeinen Gebots der Klarheit und Übersicht-

---

[324] Vgl. im Ergebnis ebenso Clemm/Erle in: Beck Bil-Komm. (1999) § 249 Tz. 60 mit Verweis auf Urteile des BFH

[325] Vgl. Naumann (1998) S. 527; zur Unterscheidung der beiden Rückstellungsarten vgl. Groh (1988) S. 27 ff.

[326] Zu den Ansatzverboten zählen Budde/Karig in: Beck Bil-Komm. (1999) § 246 Tz. 67 z.B. die nicht entgeltlich erworbenen immateriellen Vermögensgegenstände und Rückstellungen, die nicht im Katalog des § 249 HGB aufgeführt sind. Zu den Ansatzwahlrechten vgl. Budde/Karig in: Beck Bil-Komm. (1999) § 246 Tz. 65.

[327] Der Hinweis des Verbots von Grundstücksrechten mit Grundstückslasten wird dabei nur beispielhaft im Gesetz angeführt, vgl. Naumann (1995) S. 48

[328] Vgl. BFH-Urteil vom 01.10.1975, I R 207/73, BStBl. II 1976 S. 202 f.

lichkeit aus § 243 Abs. 2 HGB sowie des Vollständigkeitsgebots des § 246 Abs. 1 HGB.[329]

Das Saldierungsverbot ist seit dem Inkrafttreten des Bilanzrichtliniengesetzes von allen Unternehmen zu beachten. Bis zu diesem Zeitpunkt galt es aufgrund von § 152 Abs. 8 Satz 1 AktG 1965 nur für Aktiengesellschaften. Allerdings kam der damaligen Vorschrift eine eher deklaratorische Wirkung zu, da ein Saldierungsverbot sich bereits zwangsläufig aus den Gliederungsvorschriften ergab.[330] Gegenüber dem Aktiengesetz wurde die neue Fassung verkürzt, indem nun nicht mehr ausdrücklich ausgeschlossen wird, nicht abgerechnete Leistungen mit Anzahlungen zu verrechnen. Ausgedehnt wurde die neue Vorschrift auf die GuV, nach der Erträge nicht mit Aufwendungen verrechnet werden dürfen.

Ausnahmen von dieser Vorschrift sind nach dem Gesetzeswortlaut nicht möglich. Dennoch werden nachfolgend mehrere Ausnahmen beschrieben, die allgemein akzeptiert sind. Denn auch § 246 Abs. 2 HGB muß unter dem Aspekt der Klarheit und Übersichtlichkeit des Jahresabschlusses betrachtet werden.[331] Daraus folgt, daß die Aussagefähigkeit des Jahresabschlusses nicht leiden darf. Es wird kein Anwendungsfall dieser Vorschrift angenommen, soweit nur ein Spitzenausgleich zwischen den Parteien erfolgen soll, dies trifft z.B. im handelsrechtlichen Kontokorrent zu.[332] Unstrittig ist ebenfalls die Möglichkeit, fällige und gleichartige Forderungen und Verbindlichkeiten gegeneinander aufzurechnen.[333] Eine Aufrechnung setzt voraus, daß sie durch eine Seite erklärt wird i.S.d. § 388 BGB. Strittig ist die Möglichkeit der Aufrechnung hingegen in den Fällen, in denen Forderung und Verbindlichkeit schon entstanden, aber noch nicht fällig sind. In diesem Fall wird die Möglichkeit der Aufrechnung nur von einem Teil der Literatur akzeptiert.[334] Saldierungen sind weiterhin möglich im Rahmen der Berücksichtigung positiver und negativer Wertkomponenten bei schwebenden Verträgen, da bilanzierungsfähige Positionen noch nicht entstanden sind.[335]

---

[329] Vgl. Budde/Karig in: Beck Bil-Komm. (1999) § 246 Tz. 79
[330] Vgl. Döllerer (1994) S. 588
[331] Vgl. Ebke (1986) S. 368
[332] Vgl. Döllerer (1994) S. 589;
[333] Vgl. Döllerer (1994) S. 589 f.;
[334] Vgl. Budde/Karig in: Beck Bil-Komm. (1999) § 246 Tz. 83 mit der Begründung, daß es sich bei wirtschaftlicher Betrachtung weder um einen frei verfügbaren Vermögensgegenstand, noch um eine echte Verbindlichkeit aufgrund der fehlenden wirtschaftlichen Last handele. Ebke (1986) S. 370 fordert als Nachweis der Aufrechnungsfähigkeit, daß bis zur Aufstellung der Bilanz tatsächlich aufgerechnet wurde. In diesen Fällen sei eine Aufrechnung zuzulassen. A.A. Döllerer (1994) S. 590 f.
[335] Zu den Drohverlustrückstellungen bei schwebenden Verträgen vgl. Kapitel III.A.3.1.2.2.2, S. 80 ff.

Ausgeschlossen ist die Aufrechnung von gleichartigen Forderungen und Verbindlichkeiten in jedem Fall, wenn Gläubiger und Schuldner verschiedene Personen sind.[336] Zu beachten ist, daß es sich bei dieser Aussage um die ausdrückliche Aufrechnung handelt, bei der auch weitere Besonderheiten wie eine Aufrechnungserklärung zu beachten sind. Bei Sicherungsgeschäften wird i.d.R. keine Aufrechnungslage vorliegen, da Sicherungsgeschäfte mit anderen Geschäftspartnern als beim Grundgeschäft durchgeführt werden (z.B. Haftpflichtversicherung, Kreditversicherung oder Wechselkursabsicherungen). Deshalb muß geprüft werden, ob in diesen Fällen das Saldierungsverbot anwendbar ist.

Bei Sicherungsgeschäften handelt es sich in der Regel um schwebende Geschäfte. Die abzusichernden Grundgeschäfte sind dagegen meist Posten der Aktiv- oder Passivseite; damit entsteht das Problem, daß nur ein Teil der Voraussetzungen für die Anwendung des Saldierungsverbots vorliegt. Nach dem Wortlaut der Vorschrift ist das Saldierungsverbot somit nicht anzuwenden. Da der Fall der Sicherungsgeschäfte bei der Formulierung des Saldierungsverbots vermutlich nicht durch den Gesetzgeber vorgesehen wurde, sollte auch eine Betrachtung der Gesetzeszwecke, d.h. Dokumentation, Rechenschaft und Kapitalerhaltung, erfolgen. Da sich die Dokumentation im weitesten Sinne nur auf die Buchhaltung bezieht, kann aus diesem Zweck keine Notwendigkeit für ein Saldierungsverbot für Sicherungsgeschäfte abgeleitet werden. Der Zweck der Rechenschaft wird dagegen gefördert, wenn eine Saldierung erfolgt und dadurch die Existenz von Absicherungsgeschäften dargestellt wird. Darüber hinaus wird der Zweck der Kapitalerhaltung zumindest nicht eingeschränkt, da nur solche Verluste saldiert werden, die aufgrund der Absicherung im Ergebnis zu keiner wirtschaftlichen Belastung führen können. Da auch durch den Gesetzeszweck ein Verbot der Saldierung von Bilanzposten mit schwebenden Geschäften nicht gefordert wird, widerspricht eine evtl. Saldierung von Sicherungsgeschäften mit ihren Grundgeschäften nicht dem Saldierungsverbot. Allerdings wird damit nur festgelegt, daß das Saldierungsverbot einer Berücksichtigung von Sicherungszusammenhängen nicht entgegensteht. Die eigentliche Grundlage für die Berücksichtigung von Sicherungszusammenhängen muß sich aus anderen Vorschriften ergeben.

3.3 Der Einzelbewertungsgrundsatz

Der in § 252 Abs. 1 Nr. 3 HGB verankerte Einzelbewertungsgrundsatz fordert, daß Vermögensgegenstände und Schulden grundsätzlich einzeln zu bewerten sind. Dabei ist nach *Christiansen* der kleinste Sachverhalt zu betrachten, der nach der Verkehrsanschauung als selbständig realisier- und bewertbar angesehen wird.[337] Auch beim Einzelbewertungsgrundsatz handelt es sich um eine

[336] Vgl. Ebke (1986) S. 369
[337] Vgl. Christiansen (1995) S. 385

zentrale Vorschrift innerhalb der GoB.[338] Als Aufgaben des Einzelbewertungsgrundsatzes werden angeführt die Objektivierung der Gewinnermittlung und die inhaltliche Ausfüllung des Realisations- und Imparitätsprinzips.[339]

Die erste Aufgabe der Objektivierung beschreibt den Grundsatz, im Rahmen der Bilanzierung und Bewertung nicht Gesamtwerte, sondern Einzelwerte zugrunde zu legen. Eine Gesamtbewertung des Unternehmens müßte auch zukünftige Erträge einbeziehen und bedeutet damit die Ermittlung eines Ertragswerts. Ein solcher Ertragswert würde die Gefahr beinhalten, daß durch nicht nachvollziehbare Saldierungen zwischen den einzelnen Bilanzpositionen die Risiken oder Chancen überbetont werden, so daß die tatsächliche Unternehmenssituation nicht mehr erkennbar wird. Gleichzeitig müssen in einem Ertragswert Annahmen über die Zukunft getroffen werden, wobei deren Brauchbarkeit im Sinne einer Objektivierung zumindest zweifelhaft ist.[340] Aufgrund der Ablehnung der Gesamtbewertung durch den Gesetzgeber wird der Kreis bilanzierungsfähiger Sachverhalte auf selbständig bewertbare Vorgänge beschränkt. Dadurch werden die angesetzten Werte nachvollziehbar und unterliegen nicht der Willkür des Unternehmens.

Die zweite Aufgabe besteht in der inhaltlichen Ausfüllung des Realisations- und Imparitätsprinzips.[341] Zur Erläuterung dieser Funktion wird nochmals kurz auf die Inhalte dieser beiden Prinzipien eingegangen.

Durch das Realisationsprinzip wird festgelegt, daß Gewinne nicht ausgewiesen werden dürfen, solange sie nicht realisiert sind. Damit müssen die Anschaffung und Herstellung von Gütern in einem ersten Schritt erfolgsneutral erfolgen. Erst wenn ein Gut im Produktionsprozeß verbraucht oder genutzt wird, führt dies zu einem Aufwand. Ebenso wird die Anschaffung (ggf. mit dem Restwert) erfolgswirksam, wenn das Gut verkauft wird. Damit übernimmt der Einzelbewertungsgrundsatz im Zusammenhang mit dem Realisationsprinzip zwei Aufgaben: Einerseits wird zusammen mit der Vorschrift zu Anschaffungs- und Her-

---

338 Vgl. Baetge (1996) S. 85; Kupsch (1992) S. 341; Jüttner (1993) S. 119; Oestreicher (1992) S. 161 ff.; Christiansen (1995) S. 385

339 Vgl. Baetge (1996) S. 178 f.; Oestreicher (1992) S. 161 f.; Burkhardt (1988) S. 120 ff.

340 Vgl. Oestreicher (1992) S. 161

341 Teilweise wird dies auch als einzige Aufgabe des Einzelbewertungsgrundsatzes angesehen (so Jüttner (1993) S. 119; Kupsch (1992) S. 341). Nach dieser Auffassung folgt der Einzelbewertungsgrundsatz bereits aus dem Realisationsprinzip, da das Realisationsprinzip die Einzelbewertung logisch voraussetze. Objektivierungsaufgaben würden danach von anderen Grundsätzen übernommen.
Eine solche Meinung geht fehl, da zwar das Realisationsprinzip eine Abgrenzung von Bewertungsobjekten fordert, die Abgrenzung der Bewertungsobjekte dagegen nicht aus dem Realisationsprinzip folgt. Allein nach dem Realisationsprinzip wäre auch eine Gesamtbewertung denkbar. Hingegen erfolgt eine Abgrenzung der Bewertungsobjekte untereinander erst durch den Einzelbewertungsgrundsatz.

stellungskosten gewährleistet, daß das neu angeschaffte oder hergestellte Gut bis zum Verkauf oder Einsatz im Betrieb grundsätzlich erfolgsneutral behandelt wird. Der Einzelbewertungsgrundsatz fordert hier die separate Erfassung und Verbuchung des Guts. Andererseits werden die Anschaffungs- oder Herstellungskosten im Realisationszeitpunkt bzw. bei Einsatz im Produktionsprozeß erfolgswirksam.[342] Die Einzelbewertung ermöglicht in diesem Zusammenhang bei verkauften Gütern die Ermittlung eines Gewinns, indem den Umsatzerlösen die Anschaffungs- oder Herstellungskosten gegenübergestellt werden. Bei genutzten Gütern erfolgt bei einem hinreichend genauen Abschreibungsverfahren eine erfolgswirksame Zurechnung des Leistungsverbrauchs auf die hergestellten Güter.

Darüber hinaus wird auch die Anwendung des Imparitätsprinzips durch den Einzelbewertungsgrundsatz gewährleistet. Nach dem Imparitätsprinzip müssen Verluste bereits zum Abschlußstichtag berücksichtigt werden. Mit dieser Aussage wird allerdings wiederum keine Abgrenzung des Bewertungsobjekts bzw. des Saldierungsbereichs vorgenommen. Dies erfolgt ebenfalls durch den Einzelbewertungsgrundsatz. Er gewährleistet hierbei, daß nur die wertbestimmenden Faktoren eines Bewertungsobjekts in den Saldierungsbereich einbezogen werden dürfen und nicht etwa mit Faktoren eines anderen Bewertungsobjekts saldiert werden. Damit wirkt der Einzelbewertungsgrundsatz im Sinne eines Kompensationsverbots.[343] Allerdings besteht das Problem des Einzelbewertungsgrundsatzes darin, daß er als lediglich formales Prinzip keine materielle Aussage über die Abgrenzung des Bewertungsobjekts trifft.[344] So liegt der eine Extrempunkt einer möglichen Interpretation in der Schaffung kleinster Bewertungselemente ohne Berücksichtigung funktionaler und wirtschaftlicher Zusammenhänge, während andererseits durch eine zu starke Zusammenfassung wirtschaftlich selbständiger Bewertungsobjekte und Risiken die Gefahr eines Verstoßes gegen das Imparitätsprinzip besteht.

Die Abgrenzung eines solchen Saldierungsbereichs hat eine starke Auswirkung auf eine mögliche bilanzielle Zusammenfassung von ausfallgefährdeten Krediten mit den zu ihrer Absicherung abgeschlossenen Kreditderivaten. Aus diesem Grund wird das Problem des Saldierungsbereichs bzw. des Vorliegens einer Bewertungseinheit unten ausführlich behandelt.[345]

Im GoB-Zusammenhang könnte das Verhältnis des Einzelbewertungsgrundsatzes zum Saldierungsverbot des § 246 Abs. 2 HGB fraglich sein. Der Einzelbewertungsgrundsatz verlangt den Ansatz und die Bewertung einzelner Vermö-

---

[342] Vgl. zur Problematik der Anschaffungs- und Herstellungskosten im Zusammenhang mit dem Einzelbewertungsgrundsatz Kruschwitz (1973) S. 1905 ff.
[343] Vgl. Moxter (1986) S. 36
[344] Vgl. Benne (1979) S. 1654
[345] Vgl. Kapitel III.B, S. 94 ff.

gensgegenstände und Schulden, während das Saldierungsverbot eine Saldierung von Posten der Aktiv- mit denen der Passivseite verbietet. Der materielle Inhalt scheint ähnlich, wenn nicht sogar gleich zu sein. Beide Vorschriften haben unter anderem das Ziel, Saldierungen zu verhindern. Ein Unterschied zwischen den beiden Prinzipien ergibt sich allerdings hinsichtlich der Bewertungsobjekte. Beim Einzelbewertungsgrundsatz handelt es sich um eine Regelung zur Gewinnermittlung, dabei wird die Möglichkeit einer Saldierung auf der Objektebene geprüft.[346] Nach der Einzelbewertung werden die Bewertungsobjekte zu Bilanzpositionen zusammengefaßt, und in diesem Moment greift das Saldierungsverbot, d.h. es handelt sich hier um eine Regelung des Gewinnausweises. Im Ergebnis haben der Einzelbewertungsgrundsatz und das Saldierungsverbot unterschiedliche Anwendungsgebiete.

3.4 Rangfolge der in § 252 HGB enthaltenen Ansatz- und Bewertungsvorschriften und deren Ausnahmen

In § 252 HGB sind die für das Bilanzrecht grundlegenden Ansatz- und Bilanzierungsprinzipien enthalten. Die für diese Arbeit wichtigen Grundsätze bestehen aus dem Vorsichtsprinzip mit dem Realisations- und Imparitätsprinzip und dem Einzelbewertungsgrundsatz. Es zeigt sich, daß die in § 252 Abs. 1 HGB enthaltenen Vorschriften sich gegenseitig einschränken können oder in Extremfällen nicht miteinander vereinbar sind. So kann in der going-concern-Prämisse ein Gegensatz zum Einzelbewertungsgrundsatz erkannt werden, da bei einem laufenden Unternehmen der einem Einzelteil zukommende Wert im Rahmen der Wertermittlung des Gesamtbetriebes nicht ermittelbar erscheint. Die Bewertungsstetigkeit nach § 252 Abs. 1 Nr. 6 HGB ist nur mit Einschränkung mehrerer anderer Prinzipien durchzuführen. So kann aufgrund der going-concern-Prämisse ein Vermögensgegenstand eine andere Bedeutung im Betriebsablauf bekommen haben, was eine geänderte Bewertung erfordert (z.B. wurde eine Maschine im Vorjahr zum Verkauf angeboten. Im Geschäftsjahr wurde sie aber umgewidmet und wird nun im Anlagevermögen ausgewiesen). Eine solche Änderung müßte bei konsequenter Einhaltung des Stetigkeitsprinzips unterbleiben. Ein weiterer Widerspruch ist zwischen dem Stetigkeitsprinzip und dem Einzelbewertungsgrundsatz denkbar. So kann aus der Stetigkeit die Notwendigkeit folgen, bestimmte Kombinationen von Vermögensgegenständen wie im Vorjahr zu bewerten, während nach dem Einzelbewertungsgrundsatz u.U. ein anderes Ergebnis folgen müßte.

Um eine Einschätzung zu ermöglichen, welchen Grundsätzen bei evtl. vorhandenen Gegensätzen der Vorrang einzuräumen ist, wird zuerst versucht, eine Rangfolge der Bilanzierungsgrundsätze des § 252 Abs. 1 HGB aufzustellen.

---

[346] Vgl. Jüttner (1993) S. 123

Aus dem Wortlaut der Vorschrift kann auf keine eindeutige Rangfolge der einzelnen Vorschriften geschlossen werden. Allerdings handelt es sich bei den Bewertungsvorschriften in § 252 Abs. 1 Nrn. 1 – 5 HGB um Muß-Vorschriften, während die Stetigkeit nach § 252 Abs. 1 Nr. 6 HGB nur eine Soll-Vorschrift ist. Dies könnte auf eine Rangfolge hindeuten mit der Konsequenz, daß die Bewertungsstetigkeit eine geringere Wertigkeit gegenüber den anderen Vorschriften besitzt, während die anderen Vorschriften untereinander gleichrangig sind. So wird argumentiert, daß die Bewertungsstetigkeit bis zu ihrer Einfügung durch das Bilanzrichtliniengesetz kein GoB war und es sich demzufolge nicht gleich um eine Muß-Vorschrift handeln kann.[347] Auch wenn man diese Argumentation nicht akzeptiert, wird tendenziell die Stetigkeit zugunsten von anderen Vorschriften eingeschränkt.[348] So muß vom Grundsatz der Stetigkeit abgewichen werden, wenn sich z.B. das Objekt der Einzelbewertung ändert. Für eine Abweichung vom Prinzip der Stetigkeit wird die Ausnahmevorschrift des § 252 Abs. 2 HGB angewandt.[349]
Die Ausnahmevorschrift gestattet eine Abweichung von den allgemeinen Bewertungsgrundsätzen bei Vorliegen eines begründeten Ausnahmefalls. Damit muß neben einem Ausnahmefall zusätzlich noch eine Begründung vorliegen. In der EG-Richtlinie wurde nur von „Ausnahmefällen" gesprochen.[350] So wird die zusätzliche Notwendigkeit einer Begründung auch als eine eher mißlungene Anfügung als eine Forderung mit einem tatsächlichen Inhalt angesehen.[351] An dieser Stelle wird hingegen die Auffassung vertreten, daß dem Begriff der Begründung sehr wohl eine Bedeutung zukommt, da mit dem Vorliegen eines Ausnahmefalls nur ausgedrückt wird, daß eine Abweichung von einer gesetzlichen Regelung erfolgt. Mit der erforderlichen Begründung wird dagegen ausgedrückt, daß z.B. zur Einhaltung übergeordneter Bilanzzwecke eine Abweichung erforderlich ist.

Zur Systematisierung begründeter Ausnahmefälle unterteilen *Budde/Geißler* in zwingende Abweichungen aufgrund gesetzlicher Vorschriften, in Abweichungen aufgrund gesetzlicher Gestattung und in Abweichungen aus sonstigen Gründen.[352]

---

[347] Vgl. Müller, W. (1987) S. 406
[348] Im Ergebnis ebenso Budde/Geißler in: Beck Bil-Komm. (1999) § 252 Tz. 59 f., wonach Ausnahmefälle im Sinne des § 252 Abs. 2 HGB immer dann vorliegen, wenn gesetzliche Vorschriften eine Durchbrechung des Stetigkeitsprinzips fordern. Es müsse trotz des Stetigkeitsgebots die Reaktion auf veränderte Umweltbedingungen gewährleistet bleiben und außerdem die Generalnorm des § 264 Abs. 2 HGB beachtet werden.
[349] Vgl. Budde/Geißler in: Beck Bil-Komm. (1999) § 252 Tz. 57; Leffson (1988) S. 442
[350] Abgedruckt bei Biener (1979) S. 109
[351] Vgl. Müller, W. (1987) S. 406
[352] Vgl. Budde/Geißler in: Beck Bil-Komm. (1999) § 252 Tz. 74 ff.

Zu den zwingenden Abweichungen aufgrund gesetzlicher Vorschriften gehört auch die oben geforderte teilweise Einschränkung der Stetigkeit, soweit sich Gegensätze zu anderen Vorschriften ergeben. Allerdings wird auch mit dieser Einschränkung keine Rangfolge der übrigen Vorschriften untereinander festgelegt. *Adler/Düring/Schmaltz* schlagen vor, daß in einem konkreten Fall, bei dem die Vorschriften in Konkurrenz zueinander stehen, nach allgemeinen Auslegungsregeln zu entscheiden ist, welchem Grundsatz der Vorrang einzuräumen ist.[353] Da durch den Gesetzgeber keine Rangfolge festgelegt wurde, erscheint der Vorschlag konsequent. Problematisch ist allerdings der Verweis von *Adler/Düring/Schmaltz* auf die allgemeinen Auslegungsregeln, denn während z.B. *Leffson* in seinem GoB-System die Rechenschaft stärker betont, legt *Moxter* ein stärkeres Gewicht auf die Gewinnermittlung. So wird es als Ergebnis des Problems einer Rangfolge der in § 252 Abs. 1 HGB enthaltenen Bewertungsvorschriften keine eindeutige Lösung geben. Stattdessen ist individuell abhängig vom jeweiligen GoB-Verständnis zu entscheiden.

Allgemeine Kriterien für eine Abweichung von bestimmten Vorschriften zugunsten anderer Vorschriften haben sich nicht entwickelt. Neben notwendigen Ausnahmen aufgrund von sich gegenseitig einschränkenden Bewertungsvorschriften sind für die Zwecke dieser Arbeit auch zulässige Ausnahmen wichtig, die sich aus anderen Vorschriften ergeben.

Als Ausnahmen vom Prinzip der Einzelbewertung lassen sich Abweichungen bei Zurechnungserschwernissen effektiver Anschaffungs- und Herstellungskosten und Abweichungen bei unwirtschaftlicher Einzelbewertung unterscheiden.[354] Zu den Ausnahmen aufgrund von Zurechnungserschwernissen gehören unter anderem die Verbrauchsfolgeverfahren, zu den Ausnahmen aufgrund unwirtschaftlicher Einzelbewertung gehört die Festbewertung.[355] Nach den Gesetzesmaterialien zur 4. EG-Richtlinie handelt es sich bei der Festbewertung und den Verbrauchsfolgeverfahren nicht um Ausnahmefälle, die einer besonderen Begründung bedürfen.[356] Als weitere Ausnahme vom Einzelbewertungsgrundsatz wird die Gewinnrealisierung bei langfristiger Fertigung erwähnt.[357] In diesem Fall ist das Realisationsprinzip einzuschränken zugunsten des Prinzips der

---

[353] Adler/Düring/Schmaltz (6. Auflage) § 252 Tz. 6

[354] Vgl. Faller (1985) S. 2017 ff.

[355] Vgl. Faller (1985) S. 2023; für das Vorliegen von Ausnahmen in den genannten Fällen ebenso Budde/Geißler in: Beck Bil-Komm. (1999) § 252 Tz. 26

[356] Abgedruckt bei Biener (1979) S. 112; Ebenfalls in diesen Fällen gegen einen Ausnahmefall i.S.d. § 252 Abs. 2 HGB Müller, W. (1987) S. 409; Im übrigen erscheint es nicht plausibel, für das durch das Gesetz gegebene Bewertungswahlrecht der Festbewertung zusätzliche Anforderungen in Form einer Begründung aufgrund § 252 Abs. 2 HGB zu verlangen.

[357] Vgl. Müller, W. (1987) S. 408 f.

Periodisierung. Für die Passivseite gelten Ausnahmen bei der Einzelbewertung von Rückstellungen.[358]

Außerdem wird eine begründete Ausnahme angenommen, wenn dies im Hinblick auf eine § 264 Abs. 2 HGB entsprechende Darstellung der Vermögens-, Finanz- und Ertragslage erforderlich ist.[359] In diesem Fall muß die konkrete Ausnahme aber auch mit dem Ziel des Gläubigerschutzes und den Zwecken der Dokumentation, Rechenschaft und Kapitalerhaltung vereinbar sein. Anderenfalls erhielte § 264 Abs. 2 HGB im Rahmen der Begründung von Ausnahmefällen ein höheres Gewicht als bei der „üblichen" Bilanzierung mit der weitgehenden Beschränkung der Wirkung auf den Anhang.

Die Berufung auf eine Ausnahme nach § 252 Abs. 2 i.V.m. § 264 Abs. 2HGB ist grundsätzlich nur Kapitalgesellschaften möglich, da § 264 HGB eine Sondervorschrift für Kapitalgesellschaften darstellt. Allerdings wurde als Ergebnis der obigen Betrachtung[360] festgestellt, daß die Vorschrift auch freiwillig durch Nicht-Kapitalgesellschaften angewendet werden kann. Damit können sich als Ergebnis dieser Betrachtung alle Unternehmen auf einen begründeten Ausnahmefall nach § 252 Abs. 2 i.V.m. 264 Abs. 2 HGB berufen, wenn dies zu einer verbesserten Darstellung der Unternehmenslage führt.

Da diese Arbeit auch internationale Rechnungslegungsvorschriften betrachtet, wird noch erwähnt, daß von einer Mindermeinung auch Abweichungen von den Bewertungsvorschriften akzeptiert werden, um eine Vergleichbarkeit im Hinblick auf internationale Kapitalmarkterfordernisse zu ermöglichen.[361] Ausnahmen sind demnach möglich, wenn die deutschen Bilanzierungsregeln zu einer einschränkenden Darstellung der Vermögens-, Finanz- und Ertragslage im internationalen Vergleich führen. In solchen Fällen ist ein Abweichen vom Grundsatz der Bewertungsstetigkeit zugunsten der IAS möglich. Als Beispiel wird ein Wechsel zwischen Voll- und Teilkostenansatz oder Veränderungen der Nutzungsdauer genannt.

Trotz der unbestrittenen Notwendigkeit zunehmend erforderlicher Anpassung des handelsrechtlichen Jahresabschlusses an internationale Kapitalmarkterfordernisse wird dieser Vorschlag als zu weitgehend und derzeit als nicht mit dem Gesetz vereinbar betrachtet. So würde bei Annahme dieser Regelung ein Abgehen vom Grundsatz der Einzelbewertung zugunsten einer Portfolio-Bewertung bei kurzfristigen Kapitalanlagen möglich.[362] Eine solche Bewertung entspricht in keiner Weise einer vorsichtigen und gläubigerschützenden Bilanzierung. Auch

---

358 Vgl. Budde/Geißler in: Beck Bil-Komm. (1999) § 252 Tz. 26

359 Vgl. ebenso für § 264 Abs. 2 HGB als Begründung einer Ausnahme Budde/Geißler in: Beck Bil-Komm. (1999) § 252 Tz. 73; Adler/Düring/Schmaltz (6. Auflage) § 252 Tz. 119

360 Vgl. Kapitel III.A.2.2.3, S. 68

361 Vgl. hierzu und zum Folgenden Budde/Geißler in: Beck Bil-Komm. (1999) § 252 Tz. 77

362 Vgl. Budde/Geißler in: Beck Bil-Komm. (1999) § 252 Tz. 94

die dort genannte zusätzliche einschränkende Voraussetzung für eine Abweichung von den Bewertungsvorschriften, nachdem die Verbesserung des handelsrechtlichen Ergebnisses allein kein ausreichender Grund sein kann[363], ist nicht überzeugend.

Als Ausnahmen von den in § 252 Abs. 1 HGB beschriebenen Bewertungsgrundsätzen werden für die vorliegende Arbeit solche akzeptiert, die sich direkt aus anderen Ansatz- oder Bewertungsvorschriften ergeben oder einen besseren Einblick in die Vermögens-, Finanz- und Ertragslage ermöglichen. Kein Anwendungsfall des § 252 Abs. 2 HGB ist hingegen die Angleichung einer nach den Regeln des HGB aufgestellten Bilanz an internationale Kapitalmarkterfordernisse.

Fazit II

Die Einhaltung des Gläubigerschutzes stellt das Ziel des deutschen Bilanzrechts dar. Die Einzelvorschriften müssen dieses Ziel unterstützen. So nimmt das Vorsichtsprinzip eine zentrale Stellung ein, indem es gemäß dem Realisationsprinzip den Ausweis von Gewinnen erst dann zuläßt, wenn die Leistung erbracht wurde. Gemäß dem Imparitätsprinzip sind Verluste dagegen bereits dann zu berücksichtigen, wenn bei Vermögensgegenständen Wertminderungen auftreten oder im Rahmen schwebender Geschäfte Verluste erkennbar werden.

Eine eher technische, deshalb aber nicht unwichtige Vorschrift stellt § 246 HGB dar. Dort ist einerseits das Vollständigkeitsprinzip enthalten, durch das der Ausweis aller Vermögensgegenstände und Schulden gefordert wird. Andererseits enthält er das Saldierungsverbot, das auch dem Vorsichtsprinzip dient, indem es die Saldierung von Posten der Aktivseite mit denen der Passivseite und eine Saldierung von Aufwendungen und Erträgen verbietet. Allerdings ergibt sich aus dieser Vorschrift nicht, wie sich Posten der Aktiv- und Passivseite abgrenzen lassen. Dazu wird durch den Einzelbewertungsgrundsatz festgestellt, daß die Vermögensgegenstände und Schulden einzeln zu bewerten sind.

Da der Gesetzgeber mit den einzelnen Bilanzierungsvorschriften jeweils unterschiedliche Ziele verfolgt, können sich Vorschriften auch gegenseitig einschränken. Um eine GoB-konforme Abweichung von einzelnen Vorschriften des § 252 Abs. 1 HGB zu ermöglichen, ist die Ausnahmevorschrift des § 252 Abs. 2 HGB anzuwenden. Eine Anwendung dieser Ausnahmevorschrift wird aber auch in weiteren Fällen für möglich gehalten. So besteht auch die Möglichkeit einer begründeten Abweichung, um eine § 264 Abs. 2 HGB entsprechende Darstellung der Vermögens-, Finanz- und Ertragslage zu erreichen.

---

[363] Vgl. Budde/Geißler in: Beck Bil-Komm. (1999) § 252 Tz. 77

B. Kompensatorische Bewertung im Rahmen des HGB

1. Problemstellung

Bei Industrie- und Handelsunternehmen liegt der Schwerpunkt des operativen Geschäfts im Regelfall nicht im bewußten Eingehen von Zins-, Währungs- oder Kreditrisiken.[364] Zwar lassen sich durch das Eingehen solcher Risiken Zusatzergebnisse erzielen, diese können aber die eigentlichen operativen Ergebnisse z.B. durch Wechselkursschwankungen stark verfälschen. Aus diesem Grund werden von diversen Unternehmen Sicherungsgeschäfte abgeschlossen. Die Behandlung solcher Sicherungsgeschäfte im Jahresabschluß wird insbesondere deshalb diskutiert, da bei konsequenter Anwendung der Bilanzierungsregeln bei jeder Marktbewegung ein Verlust ausgewiesen werden müßte.[365] Diese Problematik soll anhand des folgenden Beispiels eines Wechselkurssicherungsgeschäfts gezeigt werden.

Im Beispiel entsteht zum Zeitpunkt der Lieferung eine langfristige Forderung (Zahlung nach zwei Jahren) eines europäischen Unternehmens gegen ein amerikanisches Unternehmen. Der Wechselkurs im Realisationszeitpunkt sei 1 Euro = 1,10 USD. Zum gleichen Zeitpunkt wird ein Sicherungsgeschäft in Form eines Währungstermingeschäfts abgeschlossen. Die Fälligkeit des Termingeschäfts sei identisch mit der der Hauptforderung. Ebenso ist das Währungstermingeschäft im Betrag mit der USD-Forderung identisch. Das Währungstermingeschäft gewährleistet dem europäischen Unternehmen den Wechselkurs des Realisationszeitpunkts für den Zeitpunkt der Zahlung der Forderung nach zwei Jahren.

Zum Abschlußstichtag ist bei konsequenter Auslegung des Einzelbewertungsprinzips nur bei einem gleichbleibenden Wechselkurs keine Änderung der Bilanzierung erforderlich. Wenn der Wechselkurs sich auf 1 Euro = 1,15 USD verändert, ist die Forderung grundsätzlich weniger wert, und in Höhe der gleichen Differenz entsteht ein Gewinn beim Währungstermingeschäft. Gemäß dem Imparitätsprinzip ist die Forderung am Abschlußstichtag auf den beizulegenden Wert abzuschreiben, während der „Gewinn“ beim Währungstermingeschäft gemäß dem Realisationsprinzip noch nicht auszuweisen ist.

Bei einer Änderung des Wechselkurses auf 1 Euro = 1,05 USD ergibt sich ein gegenläufiger Effekt: Das Grundgeschäft, die Warenforderung in USD, hat aufgrund des geänderten Wechselkurses einen höheren Gegenwert in Euro. Dieser darf gemäß Realisationsprinzip aber nicht ausgewiesen werden. Berücksichtigt

---

[364] Viele Unternehmenskrisen wurden allerdings erst durch derivative Geschäfte ermöglicht, so in den Fällen Bankers Trust (1994), Metallgesellschaft (1993) und Balsam (1994)

[365] Vgl. Schmalenbach-Gesellschaft (1997) S. 637

werden muß hingegen der drohende Verlust, der sich beim Währungstermingeschäft ergibt.

In beiden Beispielen ergibt sich für das sichernde Unternehmen kein Wechselkursrisiko, trotzdem muß in beiden Beispielen gemäß dem Imparitätsprinzip die Berücksichtigung eines Verlusts erfolgen.[366] Die Abschreibung wird bei Fälligkeit der Forderung und gleichzeitiger Realisation des Währungstermingeschäfts durch den Ausweis eines Ertrags rückgängig gemacht. Darüber hinaus muß ein anderes Unternehmen, das keine Kurssicherung betreibt, bei der Wechselkursänderung auf 1 Euro = 1,05 USD aufgrund des fehlenden Währungstermingeschäfts keine Niederstwertabschreibung durchführen. Die Absicherung von Risiken wird also über einen vorerst schlechteren Ergebnisausweis bestraft.[367] Damit wird die durch § 264 Abs. 2 HGB geforderte Informationsfunktion des Jahresabschlusses eingeschränkt, da für den Bilanzleser ohne weitere Informationen nicht erkennbar ist, in welchem Ausmaß nur vorübergehende Verluste aufgrund von Sicherungsgeschäften entstehen. Dagegen wird die Informationsfunktion des Jahresabschlusses gefördert, wenn Geschäfte, die nur zur Sicherung von Grundgeschäften abgeschlossen wurden, auch entsprechend berücksichtigt werden. Aus der oben aufgezeigten Gesamtposition, d.h. Grundgeschäft und Sicherungsgeschäft, kann zu keinem Zeitpunkt ein Verlust aus dem Wechselkursrisiko auftreten. Deshalb ist fraglich, ob in diesem Zusammenhang eine solch strenge Einzelbewertung tatsächlich durch den Gläubigerschutz als oberstes Ziel gefordert wird.

In der Literatur wird teilweise auch die Gefahr gesehen, daß bei einer strengen Einzelbewertung (d.h. ohne Berücksichtigung des Sicherungszusammenhangs) bilanzpolitische Absichten in die Entscheidung darüber einfließen können, ob ein Unternehmen Sicherungsgeschäfte durchführt.[368] Dem kann nicht gefolgt werden. Denn bei strenger Einzelbewertung ist eine außerplanmäßige Abschreibung der Forderung bei entsprechender Kursentwicklung sowohl mit als auch ohne Kurssicherungsgeschäft vorzunehmen. Aber auch bei der evtl. notwendigen Abschreibung des Sicherungsgeschäfts besteht kein bilanzpolitischer Spielraum, da es sich nicht um ein Wahlrecht, sondern aufgrund der ggf. notwendigen Bildung einer Drohverlustrückstellung um eine Pflicht handelt. Ein bilanzpolitischer Spielraum würde somit nur in dem Fall entstehen, wo bei Eingehen des Sicherungsgeschäftes bereits offensichtlich ist, daß diese Maßnahme nicht notwendig ist, sie kurze Zeit später abgeschrieben werden muß und es sich damit um eine Fehlmaßnahme handelt. Es ist nicht davon auszugehen, daß eine solche Fehlmaßnahme nur mit der Absicht durchgeführt wird, zusätzlichen Abschreibungsbedarf zu erhalten.

---

366 Vgl. Oestreicher (1992) S. 244 m.w.N.

367 Vgl. Gallarotti (1994) S. 33, wonach aus Sicht der Rating Agentur Moody's volatile Ergebnisse auf eine ungenügende Risikovorsorge hindeuten können.

368 Vgl. Oestreicher (1992) S. 244

Aufgrund der unbefriedigenden Wiedergabe des Zusammenhangs zwischen Grund- und Sicherungsgeschäft bei Anwendung der allgemeinen Bilanzierungsregeln wurde international eine besondere Abbildungsform für Sicherungsgeschäfte unter dem Namen „Hedge-Accounting“ entwickelt. Hedge-Accounting wird angewandt, soweit bestimmte Voraussetzungen erfüllt sind. „Die *Bilanzierung* und *Bewertung* von Grund- und Sicherungsgeschäft wird so aufeinander abgestimmt, daß sich die kompensatorische Wirkung des Hedge in der Jahresrechnung niederschlägt. Gewinne und Verluste aus dem Grund- und Sicherungsgeschäft werden dabei symmetrisch behandelt.“[369]

Im Rahmen des Hedge-Accounting wird zwischen zwei Methoden unterschieden, der *deferral-Methode* und der *mark-to-market-Methode.*

Bei der deferral-Methode werden sowohl der Erfolg des Grund- als auch des Sicherungsgeschäfts erst im Zeitpunkt der Realisation des Grundgeschäfts ausgewiesen.[370] Damit bleiben Gewinne und Verluste beider Geschäfte bis zu diesem Zeitpunkt unberücksichtigt, demzufolge ebenso evtl. notwendige Niederstwertabschreibungen oder Drohverlustrückstellungen, soweit sie durch das Gegengeschäft gedeckt sind. Im Realisationszeitpunkt werden in der Erfolgsrechnung positive und negative Erfolge saldiert und als eine Position ausgewiesen. Im Fall eines Perfect-Hedge muß diese Differenz Null betragen.

Bei der mark-to-market-Methode erfolgt eine fortlaufende Anpassung der Bewertung von Grund- und Sicherungsgeschäft an Marktwerte. In der Erfolgsrechnung erfolgt ebenso eine fortlaufende Erfolgsrealisierung unabhängig vom eigentlichen Realisationszeitpunkt. Vorteil dieser Methode ist eine hohe Objektivität aufgrund der Marktwerte und die sofortige Erkennbarkeit der Hedge-Effektivität in der Erfolgsrechnung.[371] Andererseits entspricht die mark-to-market-Methode nicht den durch das HGB vorgegebenen Grundsätzen. Insbesondere widerspricht der vorzeitige Gewinnausweis dem Realisationsprinzip. Somit kann es sich bei dieser Methode nur um eine Anwendungsform für angloamerikanische Rechnungslegungsvorschriften handeln.[372] Für den deutschen Rechnungslegungskreis kann grundsätzlich nur die deferral Methode akzeptiert werden.[373] Dies setzt voraus, daß sich Grund- und Sicherungsgeschäft zu einer (Bewertungs-) Einheit zusammenfassen lassen.

---

[369] Vgl. Schmidt, C. (1996) S. 105

[370] Vgl. hierzu und zum Folgenden Schmidt, C. (1996) S. 106 f.

[371] Vgl. Schmidt, C. (1996) S. 113

[372] Vgl. zur Anwendung der mark-to-market-Methode bei den IAS Kapitel IV.A.2.2, S. 157 ff.

[373] Allerdings wird auch für die deutsche Rechnungslegung die Übernahme von Marktwerten für die Bilanzierung derivativer Finanzinstrumente zunehmend diskutiert, vgl. Schildbach (1999) S. 177 ff.; Herzig/Mauritz (1998) S. 335 ff.; Prahl/Naumann (1992) S. 718 f.; dies. (1994) S. 1 ff.

Nach der herrschenden Meinung muß das oben beschriebene Geschäft als Micro-Hedge[374] auch zusammenfassend in der Bilanz abgebildet werden. Eine solche Berücksichtigung gegenläufiger Effekte im Rahmen der Bilanzaufstellung wird im folgenden als kompensatorische Bewertung bezeichnet.[375] Unter dem Oberbegriff der kompensatorischen Bewertung wird im Anschluß diskutiert, welchen Inhalt der Begriff der Bewertungseinheit besitzt. Genauso wird diskutiert, welche rechtliche Grundlage im Rahmen der GoB für kompensatorische Bewertungen einschlägig ist. Hierzu gibt es in der Literatur verschiedene Vorschläge. Diese sollen im folgenden vorgestellt werden, wobei sie anhand der jeweiligen Voraussetzungen für kompensatorische Bewertungen und der Begründung, d.h. der Grundlage nach GoB und der möglichen Vereinbarkeit mit dem Einzelbewertungsgrundsatz und Imparitätsprinzip, dargestellt werden. Ein solcher Rückbezug auf die handelsrechtlichen Grundlagen ist insbesondere bei der Betrachtung einer kompensatorischen Bewertung für Kreditderivate notwendig, da hier keine Gerichtsentscheidungen vorliegen und keine gefestigte Literaturmeinung wie bei anderen Sicherungsgeschäften existiert.

2. Bildung einer Bewertungseinheit als Grundlage der kompensatorischen Bewertung

Die kompensatorische Bewertung wird oft gleichgesetzt mit der Bildung einer Bewertungseinheit. Der Begriff der Bewertungseinheit wird im Gesetz allerdings nicht genannt. Nicht zuletzt deshalb haben sich in der Literatur zwei offensichtlich gegensätzliche Auffassungen zum Inhalt einer Bewertungseinheit entwickelt. Beide Inhalte werden im folgenden vorgestellt.

2.1 Bewertungseinheit als Voraussetzung eines Vermögensgegenstands bzw. einer Schuld

Ein Teil der Literatur versteht die Bewertungseinheit als kleinste abgrenzbare Einheit im Sinne eines Vermögensgegenstands bzw. einer Schuld.[376] Dies erfolgt

---

[374] Vgl. Scharpf/Epperlein (1995) S. 140; Schmalenbach-Gesellschaft (1997) S. 639; Herzig/Mauritz (1997) S. 147; vgl. zum Inhalt des Micro-Hedge Kapitel II.C.1, S. 22 ff.; zu Kriterien für die Bildung eines Micro-Hedge nach dem HGB vgl. Kapitel III.B.6.2, S. 130 ff.

[375] Zur Identität der Inhalte von Hedge-Accounting und kompensatorischer Bewertung vgl. Schmidt, C. (1996) S. 105 m.w.N.; a.A. Steiner/Tebroke/Wallmeier (1995) S. 533, wonach die kompensatorische Bewertung eine Ausprägungsform des Hedge-Accounting darstellt ähnlich Göttgens (1995) S. 147, wonach es sich beim Hedge-Accounting und dem Konzept der Bewertungseinheit um zwei grundsätzlich verschiedene Inhalte handelt; dem wird hier nicht widersprochen, allerdings betreffen sowohl die kompensatorische Bewertung als auch amerikanische Konzepte des Hedge-Accounting jeweils die Berücksichtigung gegenläufiger Wertänderungen im Jahresabschluß, und aufgrund dieser Gemeinsamkeit ist die Nutzung des Begriffs Hedge-Accounting hier sachgerecht

[376] Vgl. Baetge (1986) S. 10; Scharpf/Epperlein (1995) S. 134 f.; Finne (1991) S. 1296; Stei-

insbesondere deshalb, da sich aus dem Einzelbewertungsgrundsatz des § 252 Abs. 1 Nr. 3 HGB nur ergibt, daß Vermögensgegenstände und Schulden einzeln zu bewerten sind. Eine Festlegung der Abgrenzung von Vermögensgegenständen bzw. eine Regelung, welche wertbestimmenden Faktoren bei der Bewertung von Vermögensgegenständen berücksichtigt werden sollen, ist dem Gesetz nicht zu entnehmen. Damit ist es nach dem Gesetz auch nicht ausgeschlossen, sowohl positive als auch negative wertbestimmende Faktoren in einer Bewertungseinheit zusammenzufassen und daraus den Wert eines Vermögensgegenstands zu bestimmen. Kompensatorische Bewertungen ließen sich nach dieser Definition verwirklichen, ohne daß ein Widerspruch zum Einzelbewertungsgrundsatz entsteht. Denn die Bildung der Bewertungseinheit ist in diesem Fall der Anwendung des Einzelbewertungsgrundsatzes sachlogisch vorgelagert: Nach der Bestimmung des Saldierungsbereichs erfolgt die Bewertung des Vermögensgegenstands bzw. der Schuld. Erst auf diese Bewertung wird der Einzelbewertungsgrundsatz angewandt.

Die Abgrenzung einer in diesem Sinne verstandenen Bewertungseinheit kann mit vielfältigen Schwierigkeiten behaftet sein. So ist die Bewertung einer Verbindlichkeit i.d.R. unproblematisch, bei Aktiva des Anlagevermögens kann es hingegen oft zweifelhaft sein, ob ein einziger Vermögensgegenstand (bzw. nach der Wortwahl dieser Autoren: eine Bewertungseinheit) oder eine Vielzahl von Vermögensgegenständen vorliegt.[377] Insbesondere aus diesem Grund hat sich zum Saldierungsbereich von Vermögensgegenständen eine umfangreiche BFH-Rechtsprechung entwickelt.[378] Daneben besteht die Möglichkeit, daß bei einer immer sorgfältigeren Aufspaltung der Objektgesamtheit in einzelne Vermögensgegenstände, Schulden und Rechnungsabgrenzungsposten zwar das Realisations- und Imparitätsprinzip gewährleistet werden.[379] Dies kann aber bei einer Aufspaltung in immer kleinere Einheiten zu einer Ausdehnung der Dokumentationspflichten und Jahresabschlußarbeiten und darüber hinaus zu einem „Abschreibungschaos" führen.

2.2 Bewertungseinheit als Zusammenfassung mehrerer Vermögensgegenstände

Nach der zweiten Auffassung werden Bewertungseinheiten aus der Zusammenfassung mehrerer selbständig bewertbarer Vermögensgegenstände (und u.U. Schulden) gebildet.[380] Diese Bewertungseinheiten werden aus unterschiedlichen

---

ner/Tebroke/Wallmeier (1995) S. 534; Benne (1979) S. 1654; ders. (1991) S. 2602

[377] Vgl. Wiedmann (1994) S. 455 f. m.w.N.; Jüttner (1993) S. 124

[378] Vgl. Kapitel III.B.4, S. 101 ff.

[379] Vgl. hierzu und zum Folgenden Naumann (1995) S. 50 f.

[380] Vgl. Schmalenbach-Gesellschaft (1997) S. 637; Krumnow (1994) § 340 c Tz. 121; Budde/Geißler in: Beck Bil-Komm. (1999) § 252 Tz. 23; Benne (1992a) S. 1172; Adler/Düring/Schmaltz (6. Auflage) § 249 Tz. 162

Gründen gebildet, z.B. bei der Saldierung von Forderungen und Verbindlichkeiten aus schwebenden Geschäften und bei der Aufrechnung.[381] Sie haben jeweils zum Ziel, nicht die einzelnen Vermögensgegenstände isoliert, sondern unter Berücksichtigung ihrer wirtschaftlichen Zusammenhänge, in einer Bewertungseinheit zusammenzufassen und zusammen zu bewerten.

Sachlogisch ist die Bildung einer solchen Bewertungseinheit somit dem Einzelbewertungsgrundsatz nachgelagert. Es erfolgt erst eine Bestimmung des Bewertungsobjekts, des Vermögensgegenstands. Dieser ist Gegenstand der Einzelbewertung. Sollen nun in einem weiteren Schritt verschiedene Vermögensgegenstände zu einer Bewertungseinheit zusammengefaßt werden, muß dies eine Ausnahme vom Grundsatz der Einzelbewertung rechtfertigen.

Darüber hinaus kann die Bewertungseinheit in der Form der Zusammenfassung verschiedener Vermögensgegenstände gegen das Saldierungsverbot des § 246 HGB verstoßen. Die Betrachtung wird hier aber auf Sicherungsgeschäfte beschränkt. Damit handelt es sich bei einem Teil des Geschäfts um ein schwebendes Geschäft. Oben[382] wurde festgestellt, daß das Saldierungsverbot im Rahmen der Saldierung schwebender Geschäfte keine Anwendung findet, sondern nur, soweit es sich um bilanzierungspflichtige Geschäfte handelt. Bei der Berücksichtigung von Sicherungsgeschäften handelt es sich zumindest bei einem Geschäft meist um ein schwebendes Geschäft, womit folglich das Saldierungsverbot nicht anwendbar ist.

2.3 Kritik und Festlegung

Der Tatbestand des Vorliegens eines Begriffs mit zwei völlig verschiedenen Inhalten dürfte im deutschen Handelsrecht einmalig sein. Insbesondere im Interesse einer Rechtsklarheit wäre eine eindeutige Nutzung dieses Begriffs wünschenswert.[383]

Beide Inhalte verfolgen allerdings das gleiche Ziel, nämlich die Berücksichtigung zusätzlicher positiver oder negativer Wertfaktoren, die außerhalb des eigentlichen Bewertungsobjekts liegen. Dabei befindet sich die erste Auffassung vollständig innerhalb des GoB-Systems, da nur konkretisiert wird, was Gegenstand des Grundsatzes der Einzelbewertung sein soll. Konflikte zum Einzelbewertungsgrundsatz können sich aber dann ergeben, wenn der Saldierungsbereich weiter gefaßt wird, als es nach den Definitionsmerkmalen für Vermögensgegenstände zulässig ist. Die zweite Auffassung ist hingegen vereinbar mit der

---

381 Vgl. Wiedmann (1994) S. 456 ff.

382 Vgl. Kapitel III.A.3.2, insbesondere S. 86 f.

383 Vgl. Finne (1991) S. 1296; Burkhardt (1988) S. 141 versucht einen Kompromiß, indem er bei der Zusammenfassung mehrerer Einzelteile zu einem Vermögensgegenstand (z.B. bei einem Gebäude) von einer Vermögensgegenstandseinheit spricht, während die Zusammenfassung mehrerer selbständiger Vermögensgegenstände die eigentliche Bewertungseinheit bildet.

Definition von Vermögensgegenständen, für die Abweichung vom Einzelbewertungsgrundsatz besteht in jedem Fall ein Begründungszwang.

Für die Zwecke dieser Arbeit wird der Inhalt des Begriffs der Bewertungseinheit als Zusammenfassung mehrerer Vermögensgegenstände festgelegt. Denn es wird nicht offensichtlich, weshalb der Saldierungsbereich von Vermögensgegenständen mit einem gesonderten Begriff belegt werden sollte. Andererseits erfolgt die Festlegung auch aufgrund der in der Arbeit zu betrachtenden Sicherungsgeschäfte. Die meist schwebenden Sicherungsgeschäfte stellen nach Eintritt der aufschiebenden Bedingung (z.B. bei einem Kreditderivat das credit-event) Vermögensgegenstände oder Schulden dar. Dies schließt aber aus, daß sie vor Eintritt der aufschiebenden Bedingung zusätzlich in den Saldierungsbereich eines anderen Vermögensgegenstands einbezogen werden.

3. § 340 h HGB als erste gesetzliche Vorschrift zur kompensatorischen Bewertung

Durch § 340 h HGB wurde erstmals eine gesetzliche Vorschrift eingeführt, die eine bilanzielle Berücksichtigung von Bewertungseinheiten fordert. Dabei bezieht sich § 340 h HGB ausdrücklich auf die Währungsumrechnung von Kreditinstituten. Allerdings wird die Auffassung vetreten, daß sich eine Ausstrahlung des Rechtsgedankens des § 340 h HGB auf Unternehmen anderer Branchen nicht vermeiden lassen wird.[384]

§ 340 h HGB regelt im Absatz 1 die Währungsumrechnung in der Bilanz und im Absatz 2 die Behandlung der sich aus der Währungsumrechnung ergebenden Aufwendungen und Erträge.

Nach § 340 h Abs. 1 Satz 1 HGB sind Vermögensgegenstände, die wie Anlagevermögen behandelt werden und nicht durch Verbindlichkeiten oder Termingeschäfte in derselben Währung besonders gedeckt sind, zu ihrem Anschaffungskurs in Euro umzurechnen. Die Währungsumrechnung der übrigen Vermögensgegenstände, Schulden und schwebenden Devisenkassageschäfte erfolgt zum Kassakurs der Frankfurter Devisenbörse am Bilanzstichtag.[385]

Die eigentliche kompensatorische Bewertung erfolgt allerdings durch die Vorschriften für die GuV. Entsprechend dem Vorsichtsprinzip sind nach § 340 h Abs. 2 Satz 1 HGB negative Umrechnungsdifferenzen in jedem Fall als Aufwand zu berücksichtigen. Positive Umrechnungsdifferenzen werden hingegen nur dann berücksichtigt, soweit eine „besondere“ oder „bloße“ Deckung der Vermögensgegenstände, Schulden oder anderer Termingeschäfte vorliegt.[386] Eine besondere Deckung liegt dann vor, wenn ein direktes Deckungsgeschäft

---

[384] Vgl. Krumnow (1994) § 340 h HGB Tz. 1; Burkhardt (1989) S. 497; zu branchenabhängigen GoB vgl. Ballwieser (1995) S. 43 ff.

[385] Vgl. Krumnow (1994) § 340 h Tz. 14

[386] Zu den Inhalten der besonderen und bloßen Deckung vgl. IDW (1995a) S. 736 f.

für den Vermögensgegenstand oder die Schuld abgeschlossen wurde (=Micro-Hedge). In diesem Fall liegt eine Pflicht zur ertragswirksamen Vereinnahmung der Umrechnungsgewinne vor. Die bloße Deckung liegt vor, sofern die Risikokompensation auf globaler Ebene erfolgt (=Macro-Hedge).[387]

Strittig ist, ob es sich bei der Vorschrift des § 340 h HGB um einen GoB handelt.[388] Für das Vorliegen eines GoB wird argumentiert, daß eine Berücksichtigung des Absicherungszusammenhangs ohne Verstoß gegen grundlegende Bilanzierungsprinzipien, insbesondere des Einzelbewertungsgrundsatzes, nicht möglich ist.[389] Die Gegenmeinung sieht den Wert der Vorschrift nur in der Klarstellung, da sich die Möglichkeit zur Kompensation bereits aus den GoB ergibt.[390]

An dieser Stelle wird die Meinung vertreten, daß es sich bei § 340 h HGB nicht um einen GoB handelt. Dies folgt einerseits aus der Tatsache, daß GoB nicht branchenspezifisch sind. Es könnte sich allenfalls um eine Spezialvorschrift für Kreditinstitute handeln. Andererseits wird noch gezeigt[391], daß eine kompensatorische Bewertung bereits aus allgemeinen Bewertungsgrundsätzen folgt und die Spezialvorschrift damit entbehrlich ist. Wesentliche Aussage des § 340 h HGB bleibt damit, daß der Handelsgesetzgeber die Notwendigkeit der Abbildung von Kompensationen auch für die Erfolgsrechnung anerkennt.

4. Kompensatorische Bewertung in Urteilen des BFH

In diversen Urteilen beschäftigte sich der BFH mit den Problemen einer kompensatorischen Bewertung im weiteren Sinne. Im folgenden werden zuerst die Auffassung des BFH zur Bilanzierung von Grundstücken und Gebäuden und anschließend diverse Urteile, unter anderem zum Saldierungsbereich schwebender Geschäfte, vorgestellt. Insbesondere wurde im Zusammenhang mit Drohverlustrückstellungen bei Dauerschuldverhältnissen das Problem gegenläufiger Effekte behandelt. Die vorgestellten Urteile sollen eine Einschätzung ermöglichen, ob und ggf. wo der BFH die Grenzen eines Saldierungsbereichs zieht.

Historisch gesehen wurden die ersten Bewertungseinheiten im Zusammenhang mit Gebäuden gebildet, da gerade hier ein Abweichen von der zivilrechtlichen Regelung notwendig ist (=wirtschaftliche Betrachtungsweise)[392]. Im Zivilrecht

---

[387] Vgl. Krumnow (1994) § 340 h Tz. 36

[388] Für einen GoB sprechen sich aus Krumnow (1994) § 340 h Tz.2; Gebhardt/Breker (1991) S. 1538; gegen einen GoB Finne (1992) S. 338 f.

[389] Vgl. Gebhardt/Breker (1991) S. 1538

[390] Vgl. Finne (1992) S. 339

[391] Vgl. Kapitel III.B.5.5, S. 116 ff.

[392] Zur wirtschaftlichen Betrachtungsweise vgl. Kapitel III.A.2.1, S. 53 ff. Die wirtschaftliche Betrachtungsweise wird im Sinne der im obigen Kapitel beschriebenen Auffassung bei Grundstücken und Gebäuden als Konkretisierung handelsrechtlicher Vorschriften verstanden.

ist das Grundstück mit dem Gebäude eine untrennbare Einheit, ein Rechtsobjekt. Für das Steuerrecht ist diese Sichtweise unpraktikabel, da zwischen abnutzbaren und nicht abnutzbaren Wirtschaftsgütern[393] unterschieden werden muß. In diesem Zusammenhang war zu entscheiden, ob es sich bei Schaufenstern, Rolltreppen, Lüftungsanlagen, Fahrstühlen etc. um Gebäudebestandteile oder um selbständige Gebäudeteile handelt. Dazu kann zwischen zwei unterschiedlichen Herangehensweisen unterschieden werden: Zum einen wurde entschieden, in welchen Fällen Teile eines Gebäudes als verschiedene Wirtschaftsgüter aufzufassen sind.[394] Zum anderen wurden Kriterien für den umgekehrten Fall entwickelt, in dem es um die Zusammenfassung mehrerer getrennter oder nur lose verbundener Wirtschaftsgüter geht.

Im ersten Fall ist das Kriterium für das Vorliegen eines einheitlichen Wirtschaftsguts der allgemeine Nutzungs- und Funktionszusammenhang. Daraus folgt, daß die Bildung einer Bewertungseinheit eine Funktionseinheit voraussetzt.[395] Im Fall von Grund- und zugehörigem Sicherungsgeschäft wird ein einheitliches Wirtschaftsgut demzufolge nicht vorliegen. Der Zusammenhang zwischen beiden Geschäften kann zwar sehr eng sein, allerdings besteht der Zusammenhang in einer gegenseitigen Kompensation, während bei der BFH-Rechtsprechung zu Gebäuden die einzelnen Bestandteile additiver Teil des Ganzen, d.h. des einheitlichen Wirtschaftsguts sind. Insoweit ist die Rechtsprechung auf Sicherungsgeschäfte nicht übertragbar.

Für den zweiten Fall der Zusammenfassung mehrerer getrennter oder nur lose verbundener Wirtschaftsgüter gelten als Abgrenzungskriterien der Grad der Festigkeit einer eventuell vorgenommenen Verbindung, der Zeitraum, auf den eine evtl. Verbindung oder die gemeinsame Nutzung mehrerer beweglicher Sachen angelegt ist, und das äußere Erscheinungsbild.[396] Bei Sicherungsgeschäften wird es für eine Zusammenfassung von Grund- und Sicherungsgeschäft an der Festigkeit der vorgenommenen Verbindung mangeln, denn die Verbindung, d.h. der Sicherungszusammenhang, kann regelmäßig durch Entscheidung des Un-

---

393 Bei der Vorstellung der BFH-Urteile wird entsprechend der BFH-Terminologie von Wirtschaftsgütern gesprochen. Allerdings wurde in Kapitel III.A.3.1.1, insbesondere S. 73 f., beschrieben, daß der handelsrechtliche Begriff des Vermögensgegenstands enger ist, da er im Gegensatz zum steuerrechtlichen Wirtschaftsgut die selbständige Verkehrsfähigkeit fordert. Abgesehen von diesem Merkmal können BFH-Urteile zu Wirtschaftsgütern herangezogen werden, um den Begriff des Vermögensgegenstands auszufüllen.

394 Vgl. hierzu und zum Folgenden BFH-Urteil vom 28.09.1990, III R 178/86, BStBl. II 1991 S. 187-189

395 Vgl. Körner (1976) S. 436; a.A. Glanegger (1993) S. 148 mit dem Hinweis, daß der Nutzungs- und Funktionszusammenhang nicht überbewertet werden darf, da daraus in der extremen Konsequenz folgen würde, daß in einem Betrieb keine einzelnen Wirtschaftsgüter mehr angenommen werden können.

396 Vgl. BFH-Urteil vom 28.09.1990, III R 178/86, BStBl. II 1991 S. 187-189 mit Nachweisen früherer BFH-Urteile

ternehmers zum Verkauf eines Geschäfts gelöst werden. Darüber hinaus spricht auch das äußere Erscheinungsbild gegen das Vorliegen eines einheitlichen Wirtschaftsguts, da sowohl Grund- als auch Sicherungsgeschäft nach außen gegenüber den jeweiligen Vertragspartnern als selbständige Geschäfte bestehen bleiben. Im Ergebnis führt die Übertragung der für Gebäude entwickelten BFH-Kriterien auf Sicherungsgeschäfte nicht zum Vorliegen eines einheitlichen Wirtschaftsguts bzw. einer Bewertungseinheit.

Ein Urteil, welches in der Problematik gewisse Ähnlichkeiten zu Sicherungsgeschäften aufweist, ist das *Bierlieferungsurteil*.[397] In diesem Fall vergab eine Brauerei an mehrere Gastwirte Zuschüsse oder minderverzinsliche Darlehen und erwarb damit das Recht von zeitlich begrenzten Bierbezugsverpflichtungen. Das Unternehmen begehrte eine Abschreibung auf die Darlehen aufgrund der Minderverzinslichkeit. Der BFH lehnte eine solche Abschreibung ab, da die gewährten Darlehen nicht isoliert, sondern in Zusammenhang mit den erhaltenen Bierlieferungsrechten betrachtet werden müßten. Die minderverzinslichen Darlehen stellen nach dieser Auffassung Anschaffungskosten eines immateriellen Wirtschaftsguts „Bierlieferungsrecht“ dar. Die Frage, ob es sich beim Bierlieferungsrecht um ein immaterielles Wirtschaftsgut handeln kann, soll hier nicht weiter behandelt werden, da sie keine Parallelen zum Problem der Bilanzierung von Sicherungsgeschäften aufweist. Allenfalls ist die Annahme eines immateriellen Wirtschaftsguts „Anspruch aus Sicherungsgeschäft“ möglich. Für diesen Fall ergibt sich in den übrigen vorgestellten Urteilen kein Anhaltspunkt. Darüber hinaus wird deutlich, daß der Bierlieferungsfall nicht einen Saldierungsbereich, sondern die Problematik von Anschaffungskosten eines immateriellen Wirtschaftsguts behandelt.[398]

Ein Fall zur Bestimmung des Saldierungsbereichs ist das sogenannte *Kippgebührenurteil*.[399] In dem Sachverhalt betrieb ein Unternehmen Kiesabbau und wurde sowohl durch eine öffentlich-rechtliche Verpflichtung als auch durch einen darüber hinaus abgeschlossenen Vertrag dazu verpflichtet, die Kiesgrube nach Beendigung des Abbaus zu verfüllen und zu rekultivieren. Rückstellungen des Unternehmens zur Rekultivierung waren nicht strittig, sie beinhalteten die Bedeckung des Bodens mit einer Humusschicht. Die Auffüllung der Kiesgrube wird zum Teil durch die Anlieferung von Schutt anderer Unternehmer gewährleistet, die dafür Kippgebühren entrichten. Entscheidende Frage für die Vorlage des Falls an den BFH war, ob bei der Bemessung der Rückstellung für die Wiederauffüllverpflichtung die Einnahmen aus der Anlieferung von Schutt berücksichtigt werden müssen. Der BFH verneinte dies. Zur Begründung wurde angeführt, daß anderenfalls ein Verstoß gegen die GoB und das Realisationsprinzip

---

397 Vgl. BFH-Urteil vom 26.02.1975, I R 72/73, BStBl. II 1976 S. 13-16

398 A.A. Herzig/Mauritz (1997) S. 148, wonach auch dieses Urteil die Frage des Saldierungsbereichs behandelt.

399 Vgl. BFH-Urteil vom 16.09.1970, I R 184/67, BStBl. II 1971 S. 85-87

mit dem Verbot des Ausweises unrealisierter Gewinne erfolgen würde. Die Einnahmen aus den Kippgebühren sind zu unsicher, da sie auf Entscheidungen in der Zukunft beruhen. Damit ist die Verpflichtung der Auffüllung separat von den in engem Zusammenhang stehenden zukünftigen Kippgebühren zu beurteilen.

Das Urteil ist stark von kaufmännischer Vorsicht geprägt und bezieht in den Saldierungsbereich ausschließlich die negativen Erfolgsbestandteile, d.h. die Auffüllverpflichtung, und nicht die positiven Faktoren aufgrund der Kippgebühren ein.

Dieses Urteil wurde zum Teil relativiert durch ein späteres BFH-Urteil, welches sich ebenfalls mit dem *Kiesabbau und Kippgebühren* durch anzuliefernden Schutt beschäftigt.[400] In diesem Urteil hat das kiesabbauende Unternehmen neben der Rekultivierungsverpflichtung auch die Verpflichtung zur Zahlung einer Flurentschädigung übernommen, solange die jeweiligen Flächen nicht für die Landwirtschaft nutzbar sind. Fraglich war, ob die Flurentschädigung zu einer Drohverlustrückstellung führen kann. Ein Verlust aus dem schwebenden Geschäft *Kiesausbeutevertrag* wurde durch den BFH verneint, da aufgrund der Kippgebühren aus dem schwebenden Geschäft kein Verlust drohe. Der BFH weist selbst darauf hin, daß dieses Urteil kein Widerspruch zum ersten Kippgebührenurteil bedeutet. Im ersten Urteil wird die Einbeziehung der Kippgebühren in die Bewertung der Rückstellung abgelehnt, während beim zweiten Urteil die Berücksichtigung für die Frage des Ansatzes einer Drohverlustrückstellung gefordert wird. Eine solche Unterscheidung kann nicht überzeugen.[401] Daraus wird deutlich, daß eindeutige Kriterien für die Abgrenzung eines Saldierungsbereichs nicht bestehen.

Zu einem tendenziell vorsichtigen Ergebnis kommt der BFH im *Apothekerfall*.[402] Hier wurden durch einen Apotheker Praxisräume in der Nähe seiner Apotheke angemietet und zu einem geringeren Mietzins an einen Arzt untervermietet. Zu entscheiden war, ob der „Standortvorteil" der Apotheke aufgrund der Nähe zur Arztpraxis bei der Bewertung einer Rückstellung aufgrund des Verlustes aus der Miete berücksichtigt werden muß. Der BFH untersagte eine Berücksichtigung, da die Untervermietung das allein zu beurteilende Geschäft sei und andere Geschäfte außerhalb des Saldierungsbereiches liegen. So stehe die erhoffte Umsatzsteigerung mit der Untervermietung nur in einem losen Zusammenhang. Damit wird im Ergebnis wiederum das Vorsichtsprinzip sehr stark betont, indem positive Erfolgskomponenten nicht berücksichtigt werden. Allerdings ist dem BFH in diesem Fall zuzustimmen, daß der Standortvorteil in

---

[400] Vgl. BFH-Urteil vom 16.12.1992, XI R 42/89, FR 1993 S. 296-297

[401] Vgl. kritisch zu beiden Urteilen Janke (1997) S. 152 ff

[402] Vgl. BFH-Urteil vom 26.05.1993, X R 72/90, BStBl. II 1993 S. 855-861

keiner Weise quantifizierbar ist, sondern nur eine Chance der zukünftigen Umsatzsteigerung besteht.

In einem weiteren Urteil, dem sogenannten *Heizwerkurteil*, hatte sich der BFH mit der Frage befaßt, ob es möglich ist, mehrere Geschäfte wirtschaftlich als Einheit zu betrachten.[403] In dem Fall hatte der Kläger mehrere Eigenheime und zur Versorgung der Eigenheime Heizwerke errichtet. Der Mietzins, zu dem die Heizwerke an einen Betreiber vermietet wurden, war nicht kostendeckend. Ursache für die Vorlage des Sachverhalts an den BFH war die strittige Frage, ob eine Teilwertabschreibung auf die Heizwerke zulässig ist oder ob diese mit den Erträgen aus dem Verkauf der Eigenheime saldiert werden müßte. Richtungsweisend stellte der BFH fest, daß nach dem Grundsatz der Einzelbewertung in den Saldierungsbereich einer Rückstellung nur die Aufwendungen und Erträge einbezogen werden dürfen, die durch die Verpflichtungen und Ansprüche aus dem einzelnen schwebenden Geschäft verursacht sind. Dieses würde aber nicht ausschließen, mehrere Geschäfte als Einheit zu betrachten. Nach Auffassung des BFH handelt es sich in diesem Fall aber um getrennte Geschäfte, wonach für das Heizwerk eine Teilwertabschreibung zugelassen wird und der Gewinn aus dem Verkauf der Eigenheime separat auszuweisen ist.

Im *Hopfenurteil* beschäftigte sich der BFH mit der Frage, ob Hopfenvorräte, deren Marktwert am Bilanzstichtag gesunken war, auf den niedrigeren Teilwert abgeschrieben werden mußten, obwohl diese Vorräte bereits verkauft waren.[404] Nach dem BFH-Urteil kann der Teilwert auch dann angesetzt werden, wenn der zu bewertende Vorrat fest verkauft ist und damit mit Sicherheit aus dem Verkaufsgeschäft ein Gewinn erwartet werden kann. Begründet wird diese Auffassung mit dem Prinzip der Einzelbewertung, wonach die Bewertung von Forderungen nichts mit der Bilanzierung schwebender Geschäfte zu tun habe.

Nach diesem relativ alten BFH-Urteil wird sogar eine Saldierung des Verlusts mit einem Gewinn aus einem fest vereinbarten Verkaufsvertrag abgelehnt. Insoweit stellt dieses Urteil einen Extrempunkt in einer Reihe von BFH-Urteilen dar, die jeweils Saldierungen mit positiven Faktoren ablehnen.

Diese nach der bisherigen Darstellung überwiegend von kaufmännischer bzw. extremer Vorsicht geprägte Rechtsprechung des BFH wird relativiert durch mehrere Urteile, in denen eine Saldierung mit positiven Faktoren durch den BFH gefordert wird.

In einem Sachverhalt gewährte eine Sparkasse ihren Arbeitnehmern unverzinsliche oder niedrig verzinsliche Darlehen.[405] Strittig war, ob hierfür eine Teilwertabschreibung zulässig ist. Nach den Feststellungen des BFH handelt es sich

---

[403] Vgl. BFH-Urteil vom 19.07.1983, VIII R 160/79, BStBl. II 1984 S. 56-59

[404] Vgl. BFH-Urteil vom 29.07.1965, IV 164/63 U, BStBl. III 1965 S. 648-650

[405] Vgl. BFH-Urteil vom 24.01.1990, I R 157/85, I R 145/86, BStBl. II 1990 S. 639-643

bei der *Darlehensgewährung* an Arbeitnehmer um eine besondere Form betrieblicher Sozialleistungen. Eine solche Darlehensgewährung diene auch der Verbesserung des Betriebs- oder Arbeitsklimas und würde durch einen gedachten Erwerber des Unternehmens auch honoriert werden. Aus diesem Grund wurde eine Teilwertabschreibung nicht zugelassen. Infolge dieses Urteils wurde für den Fall des Arbeitnehmerdarlehens vorgeschlagen, alternativ eine Teilwertabschreibung zuzulassen und diese gleichzeitig durch den Ansatz eines immateriellen Wirtschaftsguts „Arbeitnehmerbindung“ zu neutralisieren.[406] Dieser Vorschlag ist mit dem bisherigen Bilanzrecht nicht zu vereinbaren, er verdeutlicht allerdings noch einmal, daß der BFH in diesem Fall eine Saldierung vornimmt. Der Aufwand ist in diesem Fall in Form entgangener Zinsen eindeutig zu quantifizieren. Der zugehörige Ertrag durch die Arbeitnehmerbindung bleibt dagegen unklar.

Eine Saldierung wurde durch den BFH auch in den sogenannten *Ausbildungskostenurteilen* vorgenommen.[407] In beiden Urteilen bestand das Problem, daß die Kosten der in den Unternehmen beschäftigten Auszubildenden die durch ihre Tätigkeit erzielten Erträge übersteigen. Aus diesem Grund bestand der Wunsch der Unternehmen, hierfür eine Rückstellung zu bilden. Im Urteil aus 1984 wurde festgestellt, daß dem Aufwand für die Ausbildung der Vorteil gegenübersteht, aus einem Bestand im eigenen Hause ausgebildeter Fachkräfte auswählen zu können. Demzufolge war die Bildung einer Rückstellung nicht zulässig. Im Sachverhalt des Urteils aus 1993 hat ein Unternehmen bewußt wesentlich mehr Personen ausgebildet, als es danach fest einstellen wollte. Insoweit konnte hier kein Auswahlvorteil vorliegen. Der BFH stellte hierzu fest, daß auch die Sicherung oder Erhöhung des Ansehens ein wirtschaftlicher Vorteil ist. Ein positives Ansehen bei den Mitarbeitern, den Geschäftspartnern und der Öffentlichkeit würde es dem Unternehmen erleichtern, seine Ziele zu erreichen. Eine Rückstellung war deshalb auch in diesem Fall unzulässig. Wichtiger Hinweis in diesem BFH-Urteil war, daß der Einzelbewertungsgrundsatz nicht ausschließt, mehrere Geschäfte wirtschaftlich als Einheit zu betrachten und dann auch alle wirtschaftlichen Folgen eines Geschäfts in den Saldierungsbereich einzubeziehen. Dem Gesetz läßt sich auch nicht entnehmen, daß nur die Unterschiedsbeträge zwischen *bilanzierungsfähigen* Erträgen und höheren Aufwendungen Verluste i.S. des § 249 Abs. 1 Satz 1 HGB sind.“[408] Beide Urteile entfernen sich stark von einer vorsichts- und objektivierungsgeprägten Gewinnermittlung, da Vorteile in den Saldierungsbereich einbezogen werden, die in keiner Weise quantifiziert werden können.

---

[406] Vgl. Glanegger (1993) S. 157

[407] Vgl. BFH-Urteil vom 25.01.1984, I R 7/80, BStBl. II 1984 S. 344-347 und BFH-Urteil vom 03.02.1993, I R 37/91, BStBl. II 1993 S. 441-446

[408] BFH-Urteil vom 03.02.1993 (a.a.O.) hier S. 443, Hervorhebung im Original

Neben den Saldierungsbereichen von Drohverlustrückstellungen hat sich der BFH in einem Fall auch mit dem Saldierungsbereich von Garantierückstellungen befaßt.[409] In dem Sachverhalt hatte ein *Bauträger* zur Erfüllung von Gewährleistungsansprüchen der Käufer seine Rückgriffsansprüche gegen Subunternehmer abgetreten. Der BFH stellte in diesem Urteil fest, daß die Rückgriffsansprüche rückstellungsmindernd zu berücksichtigen sind, soweit sie folgende Voraussetzungen erfüllen: Die Rückgriffsansprüche müssen der voraussichtlichen Inanspruchnahme wenigstens teilweise entsprechen, sie müssen in rechtlich verbindlicher Weise der Entstehung oder Erfüllung der Verpflichtungen des Bauträgers wenigstens teilweise entsprechen, und sie müssen vollwertig, d.h. nicht mit Bonitätsrisken behaftet sein. Diese Kriterien sind bemerkenswert, da der BFH ausdrücklich die Saldierung mit Ansprüchen zulässt, d.h. keinen Widerspruch zum Saldierungsverbot oder zum Einzelbewertungsgrundsatz feststellt. Diese Kriterien lassen sich zum Teil auf mögliche Saldierungsbereiche mit Kreditderivaten übertragen. In einer allgemeineren Form lauten die Kriterien des BFH für Saldierungsbereiche, daß eine Betragsgleichheit gefordert wird. Außerdem muß eine ausreichende Korrelation zwischen Verpflichtung und Rückgriffsanspruch vorliegen, und der Rückgriffsanspruch darf nicht mit Bonitätsrisiken behaftet sein. Diese Kriterien werden bei der Feststellung von Kriterien für die Bildung von Bewertungseinheiten bei Kreditderivaten wieder aufgegriffen.[410] Eine vollständige Übertragung auf die Problematik einer kompensatorischen Bewertung mit Kreditderivaten ist allerdings nicht möglich, denn einerseits bezieht sich das Urteil ausdrücklich auf die Passivseite, wonach bei der Bewertung der Rückstellungen die kaufmännische Beurteilung zugrunde zu legen ist, während sich die Abbildungsproblematik gesicherter Forderungen auf die Aktivseite beschränkt. Darüber hinaus ist ein weiterer entscheidender Unterschied, daß die Übertragung der Rückgriffsansprüche auch im Außenverhältnis erfolgte, d.h. der Schuldner der Nachbesserungen war der jeweilige Subunternehmer. Der Bauträger war dagegen nur Drittschuldner, der bei Konkurs des Subunternehmers oder bei Kaufpreisminderungen einzutreten hatte. Die Absicherung durch ein Kreditderivat wird dagegen i.d.R. nicht offengelegt.

Weitere Parallelen zur Problematik einer Bewertungseinheit mit Kreditderivaten weist ein Urteil des Hessischen Finanzgerichts zur Zulässigkeit der Bildung von Rückstellungen auf, wobei *Verluste aus Devisentermingeschäften* durch den Abschluß kongruenter Gegengeschäfte ausgeschlossen sind.[411] Die Bildung einer Rückstellung wurde in diesem Fall abgelehnt, da bei Anwendung der wirtschaftlichen Betrachtungsweise nicht mit dem Eintritt eines Verlusts zu rechnen sei. Die Übertragung der Urteilsbegründung auf Kreditderivate, wonach allein

---

[409] Vgl. BFH-Urteil vom 17.02.1993, X R 60/89, BStBl. II 1993, S. 437-441

[410] Vgl. Kapitel III.C.1.2, S. 139 ff.

[411] Vgl. Urteil des Hessischen Finanzgerichts vom 24.11.1982, IV 359/79, EFG 1983 S. 337-338

auf die wirtschaftliche Betrachtungsweise abgestellt wird, kann aufgrund des beschriebenen Inhalts der wirtschaftlichen Betrachtungsweise nicht auf Kreditderivate übertragen werden. Das Gericht stellt aber auch Kriterien auf, in welchen Fällen auf die Bildung einer Rückstellung verzichtet werden kann. Danach sind betrags- und währungsgleiche Gegengeschäfte erforderlich, und der Eintritt eines Verlustes auf der einen Seite muß ebenso sicher sein wie der Eintritt eines diesen Verlust kompensierenden Gewinnes auf der anderen Seite. Auch diese Kriterien können verallgemeinert werden, indem eine Gleichheit der Beträge und Bezugsobjekte und darüber hinaus eine perfekte Korrelation zwischen Gewinn- und Verlustentstehung gefordert wird. Auch diese Kriterien werden an späterer Stelle wieder aufgegriffen.[412]

Zusammenfassend kann festgestellt werden, daß die Rechtsprechung zur Bildung von Saldierungsbereichen nicht einheitlich ist. Insbesondere bei der Abgrenzung des Saldierungsbereichs für die Bildung von Drohverlustrückstellungen sind in manchen Fällen enge Voraussetzungen für die Saldierung mit positiven Gegeneffekten erforderlich (vgl. das erste Kippgebührenurteil, das Apotheker-, Heizwerk- und Hopfenurteil), in anderen Fällen sind dagegen auch relativ unbestimmte Erwartungen für die Verrechnung mit positiven Effekten möglich (vgl. das zweite Kippgebührenurteil, das Darlehensurteil und die Ausbildungskostenurteile), in wiederum anderen Fällen werden konkrete Voraussetzungen genannt, aufgrund derer eine Saldierung erfolgen kann (vgl. das Gewährleistungsurteil und das Urteil zu Termingeschäften). Deshalb kann aus diesen Urteilen nicht auf eine Zulässigkeit oder Unzulässigkeit einer kompensatorischen Bewertung geschlossen werden. Demzufolge können ebenso keine eindeutigen und widerspruchsfreien Kriterien für die Abgrenzung eines Saldierungsbereichs gebildet werden. Allerdings werden nach dem Gesamtbild der Urteile Bewertungseinheiten bzw. ein Saldierungsbereich unter Einbeziehung erst in der Zukunft entstehender Gewinne nicht ausgeschlossen.[413]

Ein solches Ergebnis kann nicht befriedigen, da nach den hier vertretenen GoB-Instanzen der BFH einen hohen Stellenwert bei der Festlegung und Setzung neuer GoB genießt. Aufgrund der uneinheitlichen Rechtsprechung wird deshalb eine weitere GoB-Instanz, die Meinung der sachverständigen Kreise, vorgestellt.

5. Literaturüberblick zur Begründung einer kompensatorischen Bewertung

Der Inhalt der kompensatorischen Bewertung ist bei den im folgenden vorgestellten Literaturmeinungen identisch. In jedem Fall geht es um die Berücksichtigung gegenläufiger wertbestimmender Faktoren im Rahmen der Bewertung.

---

412 Vgl. Kapitel III.C.1.2, S. 139 ff.

413 Gl.A. Naumann (1995) S. 65 m.w.N.

Unterschiedlich ist dagegen die Begründung, die sich jeweils auf ein GoB-System im allgemeinen oder einzelne Vorschriften im besonderen stützt. Da die einzelne Begründung oft nicht verständlich wird, ohne die übrige Untersuchung zu kennen, wird ein Überblick über den Gang der jeweiligen Untersuchung gegeben. Im folgenden werden denkbare Lösungsansätze vorgestellt, nicht erwähnt werden solche Begründungen, die bereits offensichtlich nicht durch die GoB gedeckt sind.[414]

5.1 Kompensatorische Bewertung als Anwendungsfall einer teleologischen Reduktion

Dietrich wählt für die Prüfung der Zulässigkeit einer Bewertungseinheit einen anderen Ansatz als der Verfasser dieser Arbeit. Vor dem eigentlichen Ergebnis der Durchführung einer teleologischen Reduktion prüft er die Zulässigkeit einer Bewertungseinheit durch die jeweilige Auslegung des Einzelbewertungsgrundsatzes nach der grammatischen, systematischen, historischen und teleologischen Auslegung.[415]

Im Rahmen der grammatischen Auslegung wird festgestellt, daß es sich nach dem Wortlaut des Einzelbewertungsgrundsatzes in § 252 Abs. 1 Nr. 3 HGB um eine Pflicht zur Einzelbewertung handelt, die Bildung einer Bewertungseinheit nach dem Wortlaut der Vorschrift somit ausgeschlossen erscheint. Außerdem erfolgt im Rahmen der grammatischen Auslegung eine Auslegung auf der Basis des Europarechts, da Grundlage des kodifizierten Einzelbewertungsgrundsatzes die Vierte Richtlinie des Rates der Europäischen Gemeinschaft war. Auch nach dieser Auslegungsmethode kommt *Dietrich* zu dem Ergebnis, daß nach dem Wortlaut des Einzelbewertungsgrundsatzes in der Richtlinie die Bildung einer Bewertungseinheit nicht möglich ist.[416]

Unter der systematischen Auslegung erfolgt eine Festlegung auf die nach Meinung von *Dietrich* anzuwendende Form der GoB-Ermittlung: Er sieht die induktive Methode mit deduktiver Nachprüfung als die anzuwendende Methode an.[417] Aufgrund dieser Auslegungsform tritt nach *Dietrichs* Auffassung die Ermittlung eigenständiger, neuer GoB hinter die Auslegung bereits kodifizierter GoB zurück.[418] Im Ergebnis ist somit kein neuer GoB zur Bildung einer Bewer-

---

[414] Vgl. Meyer (1993) S. 134 ff., mit dem Vorschlag, daß die Sammelbewertung auch auf Sicherungsgeschäfte angewandt werden kann. Dementsprechend würden sich weitere Begründungen zur GoB-Konformität von kompensatorischen Bewertungen erübrigen. Allerdings handelt es sich hier um eine Mindermeinung, denn die Sammelbewertung bezieht sich ausdrücklich auf feste Gegenstände und kann nicht auf die Bilanzierung z.B. von Forderungen übertragen werden.

[415] Vgl. hierzu und zum Folgenden Dietrich (1998) S. 30 ff.

[416] Vgl. Dietrich (1998) S. 44

[417] Vgl. Dietrich (1998) S. 52 f.

[418] Vgl. Dietrich (1998) S. 52

tungseinheit zu bilden, da die Abgrenzung der Bewertungsobjekte bereits über den Einzelbewertungsgrundsatz als GoB geregelt ist.

Aus der historischen Auslegung des Einzelbewertungsgrundsatzes ergeben sich im Ergebnis keine Anhaltspunkte für die Zulässigkeit der Bildung von Bewertungseinheiten.[419]

Im Rahmen der teleologischen Auslegung wird der Gesetzeszusammenhang betrachtet, und es erfolgt eine Darstellung und Kritik der GoB-Systeme von *Leffson*, *Baetge* und *Moxter* mit dem Ergebnis, daß alle drei Systeme nach *Dietrich* ungeeignet sind, da sie jeweils den Informationsaspekt der Bilanz nicht ausreichend berücksichtigten.[420] Aus diesem Grund sei seiner Ansicht nach der Einzelbewertungsgrundsatz nicht auf der Basis eines etablierten GoB-Systems, sondern anhand der Einordnung in das gesetzliche Zwecksystem des HGB zu beurteilen. Im Ergebnis stellt somit *Dietrich* ein eigenes, wenn auch rudimentäres GoB-System auf. Wesentliche Aussage ist dabei, daß über die Vorschrift des § 264 Abs. 2 HGB der Bilanz eine Informationsfunktion zukomme, die in den durch ihn vorgestellten GoB-Systemen nur unzureichend berücksichtigt sei. So wird auch die durch *Moxter* entwickelte Abkoppelungsthese[421] abgelehnt, da bei Vorliegen einer Bewertungseinheit ausschließliche Angaben im Anhang zur Gewährleistung eines vollständigen Bildes der Vermögens-, Finanz- und Ertragslage nicht ausreichend seien.[422] Nach *Dietrich* können das Ausmaß und die Werthaltigkeit von gegenläufigen Geschäften im Anhang nur unvollständig wiedergegeben werden.

Deshalb prüft er in einem nächsten Schritt, ob ein Ausnahmefall i.S.d. § 252 Abs. 2 HGB vorliegen kann.[423] Ein solcher liege dann vor, wenn die Wertermittlung nicht oder nur unter großen Schwierigkeiten möglich sei. Für den Einzelbewertungsgrundsatz sei der Ausnahmetatbestand bereits in § 256 i.V.m. § 240 Abs. 3 und 4 HGB kodifiziert, so daß man von einer abschließenden Regelung der Ausnahmetatbestände ausgehen müsse.[424]

Als Lösung bietet er das juristische Konstrukt der teleologischen Reduktion[425]

---

419 Vgl. Dietrich (1998) S. 68
420 Vgl. Dietrich (1998) S. 70 ff.
421 Zur Abkoppelungsthese vgl. insbesondere S. 67
422 Vgl. Dietrich (1998) S. 106 f.
423 Vgl. Dietrich (1998) S. 107 und 110
424 Vgl. Dietrich (1998) S. 110 m.w.N.
425 Zur teleologischen Reduktion im Steuerrecht vgl. Beisse (1981) S. 9 f. Danach hat sich der BFH dieser grundsätzlichen Auslegungsmethodik angeschlossen und in diversen Urteilen angewandt. Beisse stellt fest, daß die teleologische Reduktion nur gerechtfertigt sein kann, solange deren Anwendung nicht zu steuerbegründenden oder steuerverschärfenden Sachverhalten führt. Ebenso unzulässig soll eine teleologische Reduktion in den Fällen sein, in denen steuerbegünstigende Vorschriften eingeschränkt werden. Im Ergebnis kann die teleologische Reduktion somit nur zugunsten des Steuerpflichtigen eingesetzt werden.

an, wonach eine in ihrem Regelungsbereich zu weit gefaßte juristische Norm auf die tatsächliche Aussage reduziert werden kann, wenn der Sinn der Regelung dies erfordert.[426] Der Einzelbewertungsgrundsatz hat für ihn grundsätzlich dem Gläubigerschutz und der Kapitalerhaltung zu dienen. Da das Ziel der Kapitalerhaltung durch die fehlende Berücksichtigung von nur fiktiven Vermögensverlusten nicht gefährdet wird, ist der Einzelbewertungsgrundsatz darauf auszurichten, daß die Bilanz dem zweiten Zweck, der Informationsvermittlung, gerecht werden kann.[427] Deshalb ist der Einzelbewertungsgrundsatz auf den eigentlichen teleologischen Normbefehl zu reduzieren und im Ergebnis zwingend eine Bewertungseinheit zu bilden. In der Folge werden Bewertungseinheiten mit Delkredereversicherungen, geschlossenen Positionen im Rahmen des Micro-Hedging, bei Wechselkursversicherungen, Devisentermingeschäften etc. geprüft und zugelassen, da sie jeweils unter die teleologische Reduktion subsumiert werden können.[428]

Dietrich prüft in seiner Untersuchung konsequent die verschiedenen Auslegungsmethoden. Da diese zu keinem zufriedenstellenden Ergebnis führen, wird das künstliche Konstrukt der teleologischen Reduktion eingeführt. Dabei wird folgendes übersehen: Es wurde oben festgestellt, daß die inhaltliche Festlegung der GoB durch eine Kombination der induktiven und deduktiven Methode erfolgen muß. Wenn nun juristische Kunstschlüsse aus einzelnen Vorschriften gezogen werden, müssen diese Ergebnisse dennoch den Kriterien zur GoB-Ermittlung und zum GoB-System genügen. Es liegt hier ein Widerspruch vor, indem die GoB einerseits aus dem Zweck des Gesetzes entwickelt werden, d.h. eine Gesamtbetrachtung des Gesetzes erfolgen muß, andererseits über die Reduktion der Aussage einer Einzelvorschrift weitreichende Schlüsse auf die gesamte Rechnungslegung gezogen werden.

Die zweite Schwäche der teleologischen Reduktion liegt in der fehlenden Abgrenzung. Es wird kein Anwendungsfall deutlich, wo die teleologische Reduktion nicht greifen kann. Der Gesetzgeber hat die Regelung des Einzelbewertungsgrundsatzes nicht vor dem Hintergrund erlassen, daß beliebige Ausnahmen zulässig sind, wenn nur die Ziele der Kapitalerhaltung und des Gläubigerschutzes nicht verletzt werden.

Aus den beiden dargelegten Gründen ist die teleologische Reduktion aus grundsätzlichen Erwägungen abzulehnen. Die Zusammenfassung gegenläufiger Geschäfte kann somit nicht auf eine teleologische Reduktion zurückgeführt werden.

---

[426] Vgl. Dietrich (1998) S. 125 ff.
[427] Vgl. Dietrich (1998) S. 126
[428] Vgl. Dietrich (1998) S. 111 ff.

5.2 *Kompensatorische Bewertung aufgrund einer wirtschaftlichen Betrachtungsweise*

Zur Begründung einer kompensatorischen Bewertung wird auch die wirtschaftliche Betrachtungsweise herangezogen.[429] Unter einer wirtschaftlichen Betrachtungsweise wird die Berücksichtigung des wirklichen Normzwecks unabhängig von der formalrechtlichen Auslegung verstanden.[430] Im Rahmen der obigen Diskussion zur wirtschaftlichen Betrachtungsweise wurde festgestellt, daß sich der Inhalt der wirtschaftlichen Betrachtungsweise immer mehr verselbständigt hat, mitunter sogar Anspruchsgrundlage war, ohne allerdings im Gesetz explizit genannt worden zu sein. Ein so weitgehender Begriffsinhalt wurde oben abgelehnt.

Auch *Oestreicher* wendet sich gegen eine zu weite Anwendung der wirtschaftlichen Betrachtungsweise, wenn er feststellt, daß wirtschaftliche Betrachtungsweise nicht bedeutet, dem geltenden Gesetz Aufgaben des Jahresabschlusses zu unterlegen, die wirtschaftlich sinnvoll sind.[431] Deshalb versucht *Oestreicher*, das Ziel einer wirtschaftlichen Betrachtungsweise des Einzelbewertungsgrundsatzes aus den Zielen und Zwecken des Jahresabschlusses herzuleiten. Wie bereits oben[432] erwähnt, kommt *Oestreicher* zu dem Ergebnis daß der Einzelbewertungsgrundsatz zwei Aufgaben hat:[433] Zum einen sollen im Sinne einer Objektivierungsfunktion zweifelhafte Ertragswertbestandteile und Synergieeffekte, die sich aus der Kombination mit anderen Vermögensgegenständen innerhalb des Unternehmens ergeben, von der Abbildung im Jahresabschluß ausgeschlossen werden. Zum anderen wird mit dem Einzelbewertungsgrundsatz die Durchsetzung der Regelungen des Realisations- und Imparitätsprinzips erreicht.

Die eigentliche Begründung einer kompensatorischen Bewertung ist nach *Oestreicher* nicht über das Konstrukt einer Bewertungseinheit zu erreichen. Hier wird darauf hingewiesen, daß ein Sicherungszusammenhang nicht zur Begründung einer Bewertungseinheit zwischen weiterhin „selbständig nutzungsfähigen Wirtschaftsgütern, Forderungen, Verbindlichkeiten und Termingeschäften" führen kann.[434] Vielmehr müssen im Rahmen der Bewertung der einzelnen Vermögensgegenstände auch solche Faktoren berücksichtigt werden, die nicht bei einer formalen Auslegung des Grundsatzes der Einzelbewertung, statt-

---

[429] Vgl. Oestreicher (1992) S. 151 ff.; Zielke (1994) S. 512

[430] Vgl. Kapitel III.A.2.1, S. 53 ff.; Oestreicher (1992) S. 146

[431] Vgl. Oestreicher (1992) S. 151

[432] Vgl. Kapitel III.A.3.3, S. 86 ff.

[433] Vgl. hierzu und zum Folgenden Oestreicher (1992) S. 161 f.

[434] Vgl. Oestreicher (1992) S. 262; An anderer Stelle (S. 256) vertritt Oestreicher hingegen die entgegengesetzte Auffassung, wonach gegenläufige Geschäfte zu einem einzigen Vermögensgegenstand zusammengefaßt werden. Da Oestreichers Schlußfolgerungen dagegen auf einer Selbständigkeit der zu bewertenden Vermögensgegenstände aufbauen, wird diese Auffassung dargestellt und kritisiert und der scheinbare Widerspruch nicht weiter betrachtet.

dessen aber bei einer wirtschaftlichen Auslegung in den Saldierungskreis gehören. Entsprechend dem Realisations- und Imparitätsprinzip werden zwar keine Gewinne vorgezogen, wohl aber wird das Sicherungsgeschäft bei der Abschätzung des drohenden Verlusts bzw. des beizulegenden Werts berücksichtigt.

Die Frage eines Wahlrechts oder einer Pflicht zur kompensatorischen Bewertung ergibt sich nach *Oestreicher* zum einen aus dem Wortlaut des Einzelbewertungsgrundsatzes. Bei dieser Vorschrift handelt es sich um eine Pflichtvorschrift. Zum anderen wird argumentiert, daß ein Wahlrecht im Rahmen der Kompensation auch nicht zum richtigen Ergebnis führt und nicht dem Normzweck der handelsrechtlichen Bilanzierungsprinzipien entspricht.[435]

So sehr die Herleitung und das Ergebnis einer wirtschaftlichen Auslegung des Einzelbewertungsgrundsatzes überzeugt, hat diese Sichtweise dennoch einen bedeutenden Nachteil: Die Argumentation verstößt gegen den eindeutigen Gesetzeswortlaut, wonach die einzelnen Vermögensgegenstände zu bewerten sind. Der Inhalt des Begriffs „Vermögensgegenstand" ist mittlerweile relativ eindeutig bestimmt.[436] Aus der Definition des Vermögensgegenstands ergibt sich der Kreis der in die Bewertung einzubeziehenden wertbeeinflussenden Faktoren. Demzufolge ist es nicht möglich, bei der Bewertung eines Vermögensgegenstands evtl. kompensierende Einflüsse zu berücksichtigen. Im Ergebnis läuft die wirtschaftliche Betrachtungsweise des Einzelbewertungsgrundsatzes auf eine Änderung des Inhalts des Begriffs von Vermögensgegenständen hinaus. Eine solche Änderung ist mit der hier vertretenen Auffassung der Festlegung von GoB nicht vereinbar. Aus diesem Grund wird die wirtschaftliche Betrachtungsweise des Einzelbewertungsgrundsatzes nicht als Lösung des Problems der Zulässigkeit einer kompensatorischen Bewertung angesehen.

5.3 True and fair view als Begründung einer kompensatorischen Bewertung

Der in § 264 Abs. 2 HGB umgesetzte true and fair view wird von einigen Autoren als theoretische Grundlage einer kompensatorischen Bewertung angesehen.[437] Das Ergebnis der obigen Betrachtung zu § 264 Abs. 2 HGB war, daß es sich bei der Vorschrift nicht um einen GoB handelt. Vielmehr ist das den tatsächlichen Verhältnissen entsprechende Bild der Vermögens-, Finanz- und Ertragslage durch entsprechende Angaben im Anhang zu erreichen („Abkoppelungsthese"). Demzufolge wurde festgestellt, daß diese Vorschrift nicht geeignet ist, eine Abweichung von GoB zu rechtfertigen.

---

[435] Vgl. Oestreicher (1992) S. 263 f.

[436] Vgl. Kapitel III.A.3.1.1, insbesondere S. 73 ff.

[437] Vertreter dieser Sichtweise sind Steiner/Tebroke/Wallmeier (1995) S.534; Benne (1991) S. 2602; Zum Inhalt und der Historie des § 264 Abs. 2 HGB vgl. Kapitel III.A.2.2 S. 60 ff.

Von den Anhängern einer Anwendung des true and fair view wird hingegen gefordert, daß die Festlegung eines Bewertungsobjekts nicht Selbstzweck sein darf, sondern darauf ausgerichtet sein muß, die Voraussetzung für eine § 264 Abs. 2 HGB beachtende Anwendung des Realisations- und Imparitätsprinzips zu gewährleisten.[438] Eine solche Interpretation versteht die Vorschrift als übergeordnetes Prinzip (overriding principle). Ein solcher Inhalt wurde bereits oben abgelehnt, da sich auch aus der Entstehungsgeschichte der Vorschrift hierzu keine Anhaltspunkte finden lassen.

In der Literatur wird auch festgestellt, daß eine strenge imparitätische Einzelbewertung mit der Generalnorm des § 264 Abs. 2 HGB konfligieren kann.[439] Dem ist nicht zu widersprechen, allerdings ist § 264 Abs. 2 HGB nach hier vertretener Ansicht kein GoB. Einschränkungen des formalen Grundsatzes der Einzelbewertung müssen sich hingegen immer aus dem GoB-System ableiten lassen. Im Ergebnis wird hier eine kompensatorische Bewertung allein unter Berufung auf § 264 Abs. 2 HGB abgelehnt.

5.4 Kompensatorische Bewertung als Ausnahmefall i.S.d. § 252 Abs. 2 HGB

§ 252 Abs. 2 HGB beschreibt die Möglichkeit, daß in begründeten Ausnahmefällen von den allgemeinen Bewertungsvorschriften des § 252 Abs. 1 HGB abgewichen werden darf.[440] Diese Ausnahmevorschrift wird von einigen Autoren als Grundlage einer kompensatorischen Bewertung angesehen.[441] Zu prüfen ist in einem solchen Fall, ob bei Kurssicherungsgeschäften eine Ausnahmesituation gegeben ist und ob ggf. ein Wahlrecht oder eine Pflicht zur kompensatorischen Bewertung besteht. *Finne* kommt bei der Interpretation des Einzelbewertungsgrundsatzes zu dem Ergebnis, daß mit dem ihm innewohnenden Kompensationsverbot die Gewährleistung für Dritte nachvollziehbarer Bewertungsverfahren bezweckt wird.[442] Damit wäre gleichzeitig der Klarheit und dem Vorsichtsprinzip gedient. Daraus zieht *Finne* den Umkehrschluß, daß eine Bilanzierungsmethode solange zulässig sein muß, wie sie mit dem Objektivierungs- und Nachweiserfordernis in Einklang steht.[443]

---

[438] Vgl. Burkhardt (1988) S. 122; Benne (1991) S. 2602

[439] Vgl. Steiner/Tebroke/Wallmeier (1995) S. 534

[440] Allgemein zum Inhalt der Ausnahmevorschrift vgl. Kapitel III.A.3.4, S. 89 ff.

[441] Vgl. Finne (1991) S. 1295 ff.; Jutz (1989) S. 104 ff. und 166; Langenbucher (1986) S. 142 f.; Jüttner (1993) S. 277 ff.; Bundesverband deutscher Banken (1990) S. 213

[442] Vgl. Finne (1991) S. 1297

[443] Vgl. Finne (1991) S. 1297; in diesem Zusammenhang wird nicht deutlich, daß Objektivierung und Nachweis nur Teilziele eines GoB-Systems sind. Zur Prüfung, ob eine einzelne Norm den GoB entspricht, muß somit das Oberziel des Gläubigerschutzes, geprüft werden. Die Prüfung einer Norm an Teilzielen ist dagegen unzulässig.

Die konkrete Prüfung, ob ein Ausnahmetatbestand des § 252 Abs. 2 HGB vorliegt, erfolgt in zwei Schritten:[444] Zum einen wird geprüft, ob es sich um einen Ausnahmetatbestand handelt. Davon ist auszugehen, da Informationsempfänger grundsätzlich von der Einhaltung des Einzelbewertungsgrundsatzes ausgehen müssen. Im zweiten Schritt wird geprüft, ob ein Abgehen von der grundsätzlichen Regelung auch begründet ist. Hier wird argumentiert, daß das Vorsichtsprinzip dem Kapitalerhaltungszweck nur dienen kann, wenn die tatsächliche Gefahr der späteren Realisation von Verlusten besteht. Die Gefahr einer späteren Verlustrealisation wird an zwei Beispielen erläutert: So ist bei einer durch eine Wechselkursversicherung abgesicherten Forderung eine wechselkursbedingte Abwertungsnotwendigkeit der eigentlichen Forderung mit Sicherheit ausgeschlossen. Zum anderen wird der Fall angeführt, daß die Absicherung einer Fremdwährungsforderung über eine gleichgerichtete Fremdwährungsverbindlichkeit erfolgt. Auch in diesem Fall wäre nach dem Imparitätsprinzip in jedem Fall eine außerplanmäßige Abschreibung vorzunehmen. *Finne* schlägt deshalb eine kompensatorische Bewertung vor, die Fremdwährungsforderung und –verbindlichkeit zu Stichtagskursen umrechnet.[445] Bei dieser Form werden unrealisierte Verluste nicht ausgewiesen, was einen Verstoß gegen das Imparitätsprinzip bedeuten kann. Allerdings entsteht aus diesem Sachverhalt für den Gläubiger auch kein Risiko, da das Wechselkursrisiko des Vermögensgegenstands über die Fremdwährungsverbindlichkeit abgesichert wird (gleichzeitig aber auch schwebende Gewinne durch die Fremdwährungsverbindlichkeit neutralisiert würden). Da das Geschäft, das ausschließlich vor dem Hintergrund einer Risikovermeidung abgeschlossen wurde, nicht unabhängig vom ursprünglichen Hauptgeschäft betrachtet werden darf, ergebe sich im o.g. Fall die Pflicht zur Berücksichtigung solcher Maßnahmen.[446]

Finne formuliert als Ergebnis seiner Betrachtung eine allgemeine Anwendungsregel, indem für die Notwendigkeit und Bewertung einer imparitätischen Abschreibung alle bekannten Faktoren betrachtet werden müssen; ggf. sind hier auch außerhalb des eigentlichen Vermögensgegenstands liegende Eigenschaften zu berücksichtigen.[447] Eine solche Regel ist konform mit dem Inhalt des Einzelbewertungsgrundsatzes und gleichzeitig mit der Definition von Vermögensgegenständen.

Kritiker der Anwendung der Ausnahmevorschrift beziehen sich einerseits auf einen möglicherweise systematisch falschen Ansatz, da die kompensatorische Bewertung ein Problem der Abgrenzung des Bewertungsobjekts sei.[448] Anderer-

---

444 Vgl. Finne (1991) S. 1297 f.

445 Vgl. Finne (1991) S. 1298; eine solche Umrechnung ist inzwischen durch § 340 h HGB für Kreditinstitute umgesetzt worden, vgl. hierzu Kapitel III.B.3, S. 100 ff.

446 Vgl. Finne (1991) S. 1299

447 Vgl. Finne (1991) S. 1299 f.

448 Vgl. Oestreicher (1992) S. 263

seits wird darauf hingewiesen, daß die Vorschrift als Ausnahmetatbestand konstruiert sei und eine solche Ausnahmeregel insbesondere bei Unternehmen, die ihr Risiko regelmäßig aktiv absichern, nicht zum Regelfall werden könne.[449] Diesem Argument muß widersprochen werden, da mit Bilanzierungsentscheidungen gleichzeitig Abwägungsentscheidungen zu treffen sind. Insoweit führt immer die stärkere Betonung des einen GoB zu einer geringeren Bedeutung bei einem anderen. Dadurch werden nicht in Ausnahmefällen, sondern regelmäßig einzelne GoB zugunsten von anderen eingeschränkt.

Im Ergebnis entstehen bei Kompensationsgeschäften grundsätzlich Konflikte mit dem Einzelbewertungsgrundsatz. Diese können durch die Ausnahmevorschrift des § 252 Abs. 2 HGB zugunsten einer sachgerechten Darstellung des Sachverhalts und gleichzeitig gesetzeskonform gelöst werden.

5.5 Stellungnahme

Die in den letzten Kapiteln vorgestellten Begründungen für eine kompensatorische Bewertung aufgrund einer teleologischen Reduktion, einer wirtschaftlichen Betrachtungsweise oder einer weiten Auslegung des § 264 Abs. 2 HGB wurden im wesentlichen deshalb abgelehnt, weil sie jeweils den GoB-Zusammenhang nur unzureichend berücksichtigten. Insbesondere die Anhänger der teleologischen Reduktion und der wirtschaftlichen Betrachtungsweise argumentieren zwar formal auf Grundlage der GoB, indem die Notwendigkeit der Abweichung vom Grundsatz der Einzelbewertung unter Bezugnahme auf GoB-Systeme erfolgt. Die entscheidende Schlußfolgerung (teleologische Reduktion oder wirtschaftliche Betrachtungsweise des Einzelbewertungsgrundsatzes) erfolgt dann aber nur durch eine Reduktion der Aussage des Einzelbewertungsgrundsatzes. Eine solch isolierte Ableitung ist nicht notwendig und gleichzeitig fehlerhaft, denn wie unten gezeigt wird, besteht die Möglichkeit einer formal begründeten und dem Gesetzeszusammenhang entsprechenden Abweichung vom Grundsatz der Einzelbewertung.

Die dritte Alternative einer kompensatorischen Bewertung durch Anwendung des § 264 Abs. 2 HGB ist abzulehnen, da die Vorschrift keine eigenständige Basis für Bilanzierungs- oder Bewertungsentscheidungen darstellen kann. Zwar wurde oben[450] festgestellt, daß die Regelung des § 264 Abs. 2 HGB einen allgemeinen Rechtsgedanken enthält. Zur Berücksichtigung dieses Rechtsgedankens innerhalb der Bilanzierung und Bewertung bedarf es aber weiterer Vorschriften, die ihrerseits Teil eines GoB-Systems sind. Nur über ein solches „Einfalltor" kann § 264 Abs. 2 HGB Geltung erlangen.

Eine solche Vorschrift stellt § 252 Abs. 2 HGB dar. Mit dieser Vorschrift ist es möglich, in begründeten Ausnahmefällen und innerhalb der GoB von den

---

[449] Vgl. Scheffler (1993) S. 138

[450] Vgl. Kapitel III.A.2.2.3, S. 68

Einzelvorschriften des § 252 Abs. 1 HGB abzuweichen. Diese Vorschrift ist Teil des Handelsrechts. Auch wenn man sie nicht zu den zentralen GoB zählen kann, wird durch sie ein „Interessenausgleich" im Sinne *Baetges* ermöglicht.[451] Denn die einzelnen Jahresabschlußziele und –zwecke sind meist wenig miteinander kompatibel und damit ebensowenig die sie konkretisierenden Detailvorschriften. Demzufolge ist die Vorschrift des § 252 Abs. 2 HGB eine Grundlage zur Berücksichtigung der widerstreitenden Interessen an den Jahresabschluß.

Für die Anwendung der Ausnahmevorschrift des § 252 Abs. 2 HGB bestehen nach dem Wortlaut der Norm die Voraussetzungen, daß erstens ein Ausnahmefall vorliegt und zweitens die Abweichung von einer Norm des § 252 Abs. 1 HGB auch begründet ist. Vom Vorliegen eines Ausnahmefalls ist im Fall der kompensatorischen Bewertung zweifelsfrei auszugehen, da sie eine Abweichung vom Grundsatz der Einzelbewertung bedeutet.

Für die zweite Voraussetzung des § 252 Abs. 2 HGB, der Begründetheit der Ausnahme, ist zunächst ein Rückgriff auf den Zweck der Vorschrift notwendig, wonach sie berücksichtigt, daß Einzelvorschriften sich untereinander widersprechen können.[452] Ein solcher Interessenausgleich ist bei der bilanziellen Berücksichtigung von Sicherungsgeschäften notwendig, denn einerseits fordert der Einzelbewertungsgrundsatz zusammen mit dem Imparitätsprinzip grundsätzlich die Antizipation aller Verluste. Andererseits hat der Jahresabschluß nach § 264 Abs. 2 HGB auch Informationsaufgaben wahrzunehmen, und einer sachgerechten Information kann es nicht entsprechen, Verluste auszuweisen, die wirtschaftlich betrachtet gar nicht entstehen können, da sie durch ein Gegengeschäft abgesichert sind.

Dem könnte entgegengehalten werden, daß die Begründung für die kompensatorische Bewertung bereits aus dem Gläubigerschutz folgen kann. Denn der Gläubigerschutz wird nicht eingeschränkt, wennVerluste ausgewiesen werden, die wirtschaftlich gar nicht entstehen können, und damit beim Gegengeschäft stille Reserven entstehen. Es wird übereinstimmend mit einem Großteil der Literatur festgestellt, daß stille Reserven nicht im Sinne des Gläubigerschutzes sind.[453] Allerdings kann daraus nicht abgeleitet werden, daß deshalb in jedem Fall auf den Ausweis stiller Reserven zu verzichten sei. Im Gegenteil läßt der Gesetzgeber stille Reserven ausdrücklich zu, was einerseits durch das Realisationsprinzip geschieht (dies kann z.B. in der Bilanzposition *Grundstücke und Gebäude* zu erheblichen stillen Reserven führen), andererseits durch Vorschriften wie § 253 Abs. 4 HGB, wonach Willkürabschreibungen möglich sind.

---

451 Vgl. Baetge (1996) S. 77 ff.; zum GoB-System von Baetge vgl. Kapitel III.A.1.3.2, S. 45 ff.

452 Der Zweck der Ausnahmevorschrift wird erläutert unter Kapitel III.A.3.4, S. 89 ff.

453 Vgl. Schneider (1967) S. 214; Moxter (1987) S. 373; Egner (1974) S. 61 f.; Oestreicher (1992) S. 244; Rückle (1986) S. 408

Daraus zeigt sich, daß der Gesetzgeber scheinbar von der gläubigerschützenden Wirkung stiller Reserven überzeugt war. Aus diesem Grund ist ein Verzicht auf die Legung stiller Reserven in Form der kompensatorischen Bewertung nicht unter Berufung auf den Gläubigerschutz zulässig. Aus dieser Betrachtung folgt vielmehr, daß die Bildung stiller Reserven gewünscht wird. Demzufolge ist § 252 Abs. 2 HGB als alleinige Begründung für ein Abweichen vom Grundsatz der Einzelbewertung nicht ausreichend.

Als Ergebnis dieser Betrachtung wird § 252 Abs. 2 HGB nicht isoliert, sondern in Verbindung mit der Vorschrift des § 264 Abs. 2 HGB als Begründung einer kompensatorischen Bewertung angenommen. Diese Verbindung berücksichtigt einerseits über den Bestandteil des § 252 Abs. 2 HGB die eindeutige gesetzliche Grundlage zur Abweichung vom Einzelbewertungsgrundsatz, andererseits über die Vorschrift des § 264 Abs. 2 HGB die eigentliche Begründung der Ausnahme aufgrund der Notwendigkeit der Informationsvermittlung. Dies ist sowohl bei Kapitalgesellschaften als auch bei Nicht-Kapitalgesellschaften möglich.

Die Anwendung dieser Anspruchsgrundlage ist auch konform mit der oben getroffenen Festlegung des Inhalts des Begriffs der Bewertungseinheit.[454] So werden in einer Bewertungseinheit selbständig bewertbare Ansprüche zusammengefaßt, die eine Abweichung vom Grundsatz der Einzelbewertung erfordern.

Folgeproblem dieser Betrachtung ist die Frage, ob eine kompensatorische Bewertung nach § 252 Abs. 2 i.V.m. § 264 Abs. 2 HGB ein Wahlrecht oder eine Pflicht bedeutet. Nach dem Wortlaut der Norm des § 252 Abs. 2 HGB ergibt sich ein Wahlrecht.[455] Allerdings wird von verschiedenen Seiten eine Pflicht zur kompensatorischen Bewertung gefordert.[456]

So wird von den Anhängern einer Pflicht zur kompensatorischen Bewertung darauf hingewiesen, daß die Ausnahmevorschrift auch vor dem Hintergrund des § 264 Abs. 2 HGB beurteilt werden muß.[457] Nur durch eine kompensatorische Bewertung ist nach dieser Argumentation eine den tatsächlichen Verhältnissen entsprechende Vermittlung der Unternehmenslage möglich. Demzufolge müsse sich das Wahlrecht entgegen dem Wortlaut der Norm in eine Pflicht umwandeln. Dem kann nicht zugestimmt werden, da Grundlage jeder Auslegung der Wortlaut einer Norm ist. Durch die Kombination mit einer anderen Vorschrift

---

[454] Vgl. Kapitel III.B.2.3, S. 99 f.

[455] Im Ergebnis ebenso für ein Wahlrecht Benne (1991) S. 2610 m.w.N.; Krumnow (1994) § 340 e Tz. 100 f.; Jutz (1989) S. 110; Langenbucher (1986) S. 144; Steiner/Tebroke/Wallmeier (1995) S. 537

[456] Vgl. Naumann (1995) S. 67 f.; Christiansen (1995) S. 389; Förschle in: Beck Bil-Komm. (1999) § 246 Tz. 161; Oestreicher (1992) S. 264; Schumacher (1995) S. 1476; Zielke (1994) S. 515

[457] Vgl. Finne (1991) S. 1300; Jutz (1989) S. 107 ff.; Langenbucher (1986) S. 143 f.; Scheffler (1993) S. 138; Christiansen (1995) S. 389; Benne (1991) S. 2610; Budde/Geißler in: Beck Bil-Komm. (1999) § 252 Tz. 73

kann der Inhalt einer Norm konkretisiert werden, es kann sich allerdings nicht ein Wahlrecht in eine Pflicht zur kompensatorischen Bewertung verwandeln.

Finne plädiert für eine Pflicht zur Kompensation auf der Basis von Art. 2 Abs. 5 der 4. EG-Richtlinie, wonach von einer bestimmten Vorschrift abgewichen werden muß, wenn die Einhaltung der Vorschrift nicht zu einem den tatsächlichen Verhältnissen entsprechenden Bild der Vermögens- Finanz- und Ertragslage führt.[458] Hierbei wird allerdings übersehen, daß der o.g. Artikel der EG-Richtlinie nicht in deutsches Recht transformiert wurde und sich insoweit auch keine Anspruchsgrundlage für das deutsche Handelsrecht ergibt.

Ein weiteres Argument bezieht sich auf die zeitliche Entwicklung von IDW-Stellungnahmen,[459] die nach dem hier vertretenen GoB-Verständnis ebenfalls zur GoB-Findung herangezogen werden können. So wird darauf hingewiesen, daß in der Stellungnahme des BFA aus dem Jahr 1987 zur Bilanzierung von Optionsgeschäften[460] von einem Wahlrecht zur kompensatorischen Bewertung ausgegangen wird. Nach der Stellungnahme zur Bilanzierung und Prüfung von Financial Futures und Forward Rate Agreements aus dem Jahr 1993[461] und der Stellungnahme zur Bilanzierung von Optionsgeschäften aus dem Jahr 1995[462] wird dagegen von einer Pflicht ausgegangen. *Krumnow* schlägt vermittelnd vor, zwischen der kompensatorischen Bewertung bei der Währungsumrechnung einerseits und den übrigen Fällen andererseits zu unterscheiden.[463] Aufgrund der gesetzlichen Vorschrift zur Währungsumrechnung bei Kreditinstituten kann in diesem Fall nur eine Pflicht zur Kompensation vorliegen, während in den übrigen Fällen aufgrund zu geringer Konkretisierung von Kriterien zur Kompensation noch von keiner Pflicht, sondern nur von einem Wahlrecht ausgegangen werden kann. Dieser Auffassung ist zuzustimmen. Darüber hinaus besteht das Problem, daß die Durchsetzbarkeit einer Pflicht zur Bildung von Bewertungseinheiten insofern fraglich ist, als sie sich umgehen ließe, indem der einzelgeschäftsbezogene Charakter einer Hedge-Transaktion und damit das Vorliegen eines Micro-Hedge bestritten wird.[464] Auch aus diesem Argument folgt, daß es sich bis zur endgültigen und widerspruchsfreien Konkretisierung von Bewertungseinheiten, möglichst durch den Gesetzgeber oder die Rechtsprechung, nur um ein Wahlrecht zur kompensatorischen Bewertung handeln kann.

Aus dem Ergebnis des Vorliegens eines Wahlrechts folgt im nächsten Schritt, daß Angabepflichten im Anhang über die Darstellung der Bilanzierungs- und Bewertungsmethode nach § 284 Abs. 2 Nr. 1 HGB hinaus entstehen. Diese

---

[458] Vgl. Finne (1991) S. 1300 m.w..N.
[459] Vgl. Scharpf (1995) S. 187; Krumnow (1994) § 340 e Tz. 100
[460] Vgl. IDW (1987) S. 683
[461] Vgl. IDW (1993) S. 517 f.
[462] Vgl. IDW (1995) S. 422
[463] Vgl. Krumnow (1994) § 340 e Tz. 101
[464] Vgl. Steiner/Tebroke/Wallmeier (1995) S. 537

haben ihre Grundlage in § 284 Abs. 2 Nr. 3 HGB, wonach Abweichungen von Bilanzierungs- und Bewertungsmethoden angegeben und begründet werden müssen. Darüber hinaus ist der Einfluß der Abweichungen auf die Vermögens-, Finanz- und Ertragslage darzustellen. Eine solche Abweichung von Bilanzierungs- und Bewertungsmethoden liegt bei der Anwendung der Ausnahmevorschrift und der Bildung einer Bewertungseinheit vor.[465] Die gesonderte Darstellung der Abweichung muß zum einen die Richtung des Einflusses auf die Vermögens-, Finanz- und Ertragslage und zum anderen den Umfang des Einflusses darstellen, wobei eine verbale Darstellung des Umfangs ausreicht (wie z.B. „wesentlich“ oder „per Saldo unbedeutend“).[466]

6. Anwendungsfälle kompensatorischer Bewertungen

Im folgenden werden Anwendungsfälle kompensatorischer Bewertungen beschrieben. Dazu gehören die Debitorenversicherung und die Kriterien anerkannter Micro-Hedges aufgrund ihrer jeweiligen Parallelen zu den Kreditderivaten.

Die Debitorenversicherung wird vorgestellt, da sie eine ähnliche Funktion übernimmt und demzufolge auch ähnliche Abbildungsprobleme im Jahresabschluß aufweist. Der Meinungsstreit zur Abbildungsproblematik wird ebenfalls dargestellt, da sich hieraus Konsequenzen für die Abbildung von Kreditderivaten bzw. durch sie gesicherte Forderungen ergeben können.

Anerkannte Micro-Hedges liegen bislang nur mit langjährig etablierten Derivaten (z.B. mit der Basis von Währungen oder Zinsen) vor. So kann eine Übertragung von deren Kriterien auf die Abbildung von Kreditderivaten möglich sein.

6.1 Bewertung einer Forderung mit Debitorenversicherung

Bereits in den sechziger Jahren wurde in der Literatur erstmals ein ähnliches Problem der korrekten Abbildung von Absicherungsgeschäften im Jahresabschluß diskutiert, wie es mittlerweile bei den Kreditderivaten besteht.[467] In der damaligen Zeit wurden in verstärktem Maße Kreditversicherungen zur Absicherung von Forderungen aus Warenlieferungen genutzt. In diesem Zusammenhang stellte sich die Frage nach der Notwendigkeit der bilanziellen Berücksichtigung der Versicherung bei der Bemessung einer möglichen Einzelwertberichtigung der Forderung.

---

[465] Vgl. Ellrott in: Beck Bil-Komm. (1999) § 285 Tz. 154

[466] Vgl. Ellrott in: Beck Bil-Komm. (1999) § 285 Tz. 170

[467] Vgl. Grune (1968); Lemm (1979); von Westphalen (1982); Rose (1968); Rau (1968); Knüppe (1985)

6.1.1 Begriffsbestimmung

Die Kreditversicherung ist ein Oberbegriff der einzelnen Sparten Kautionsversicherung, Vertrauensschadenversicherung und Delkredereversicherung.[468]

Die Kautionsversicherung ist ähnlich dem Avalgeschäft der Banken. Bei der Kautionsversicherung schließt der Schuldner mit seiner Versicherung einen Bürgschaftsvertrag zugunsten des Gläubigers ab.

Die Vertrauensschadenversicherung schützt vor dem Mißbrauch von Vermögenswerten, die Dritten anvertraut wurden.[469]

Die Delkredereversicherung bietet dem Versicherungsnehmer Versicherungsschutz gegen den Ausfall seiner Forderungen aufgrund von wirtschaftlichen Risiken.[470] Im folgenden wird ausschließlich die Delkredereversicherung[471] behandelt, weil nur diese Versicherungsform eine Parallelität zu den Kreditderivaten aufweist. Den folgenden Ausführungen liegen die Allgemeinen Versicherungsbedingungen für die Warenkreditversicherung (AVB Warenkredit 1984) und für die Ausfuhrkreditversicherung (AVB Ausfuhrkredit 1988) zugrunde. Diese Versicherungsbedingungen wurden vom Bundesaufsichtsamt für das Versicherungswesen geprüft und werden von allen Kreditversicherungsunternehmen angewandt.

Abhängig vom Geschäftsumfang und vom Geschäftszweig kann der Versicherungsnehmer zwischen verschiedenen Formen der Delkredereversicherung wählen. Die Unterschiede beziehen sich dabei auf die Spezifizierung der versicherten Forderungen.[472] So werden als mögliche Formen die Pauschal-, die Einzelversicherung und der Mantelvertrag genannt.

In jedem Fall müssen den Forderungen gemäß den Versicherungsbedingungen Warenlieferungen oder Dienstleistungen zugrunde liegen. Allerdings wird der Begriff der Warenlieferungen weit gefaßt, so daß auch die handelsrechtlichen

---

468 Vgl. Wittchen (1995), S. 4

469 Die Vertrauensschadenversicherung kann aufgrund des Inhalts der Versicherung grundsätzlich nicht der Kreditversicherung zugeordnet werden, trotzdem erfolgt eine terminologische Zuordnung, so Hoffmann (1991), S. 81 m.w.N.

470 Die Delkredereversicherung wird deshalb grundsätzlich für Schuldner in Ländern ohne politische Risiken angeboten. Zur Absicherung von Forderungen gegen wirtschaftliche und politische Risiken vgl. die Ausführungen zur Hermes-Versicherung in diesem Kapitel.

471 Auch die Delkredereversicherung wird in der Literatur weiter unterteilt. Hoffmann (1991), S. 77 ff. nennt als weitere Untergliederungen die Warenkreditversicherung mit dem Spezialfeld der Ausfuhrkreditversicherung und die Investitionsgüter- oder Teilzahlungsversicherung. Diese Unterscheidung wird hier nicht weiter verfolgt.

472 Vgl. Hoffmann (1991) S. 84

Anschaffungsnebenkosten hinzugezählt werden können.[473] Echte Finanzkredite können dagegen nicht versichert werden.[474]

Der Versicherungsnehmer hat aufgrund der Versicherungsbedingungen diverse Obliegenheiten zu erfüllen. So trifft ihn vor Abschluß des Versicherungsvertrags die sogenannte Anbietungspflicht. Danach muß er seinen gesamten Forderungsbestand dem Versicherungsunternehmen mitteilen. Das Versicherungsunternehmen hat das Recht der Auswahl, welche Forderungen es versichern möchte.[475] Gemäß § 6 Nr. 2 AVB Warenkredit 1984 hat der Versicherungsnehmer ggf. weitere erforderliche Angaben zur Ermöglichung einer Bonitätseinschätzung zu liefern. Aus der Einschätzung des Risikos dieser Forderungen kalkuliert das Versicherungsunternehmen eine Versicherungsprämie. Die Prämienberechnung erfolgt individuell abhängig vom jeweiligen Geschäftsrisiko. Ein Prämienvergleich zwischen verschiedenen Versicherungsunternehmen kann somit nur durch die Einholung von auf den Einzelfall bezogenen Angeboten und damit Offenlegung des eigenen Forderungsbestands erfolgen.

Nach Abschluß des Versicherungsvertrags ist durch den Versicherungsnehmer als weitere Obliegenheit die Versicherungsprämie regelmäßig zu zahlen. Zur Berechnung der Versicherungsprämie hat der Versicherungsnehmer je nach Vereinbarung entweder die Salden seiner Forderungen oder monatliche Umsätze zu melden. Entsprechend wird die Versicherungsprämie als Saldenprämie oder Umsatzprämie bezeichnet. Abhängig von diesen Meldungen wird die Versicherungsprämie monatlich neu festgesetzt. Zusätzlich zur Versicherungsprämie hat der Versicherungsnehmer einen finanziellen Beitrag zur Bonitätsüberwachung der versicherten Forderungen an das Versicherungsunternehmen zu leisten. Im Rahmen dieser Überwachung wird der Versicherungsnehmer über Bonitätsänderungen in seinem Kundenstamm informiert. Ein Vorteil für den Versicherungsnehmer ist hier m.E. aber nicht zu erkennen, da bei Bonitätsverschlechterungen das Versicherungsunternehmen das einseitige Recht besitzt, Versicherungssummen zu kürzen oder ganz zu streichen.[476] Wirkung können diese Vertragsänderungen aber nur für die Zukunft entfalten, d.h. einmal gesicherte Forderungen fallen nicht aus der Versicherung heraus.

Schließlich trifft den Versicherungsnehmer die Obliegenheit, dem Versicherungsgeber Einblick in Geschäftsunterlagen zu gewähren. Dieses Recht des Versicherungsgebers bezieht sich im wesentlichen auf eine Kontrollmöglichkeit

---

[473] Vgl. Wittchen (1995) S. 41
[474] Vgl. Wittchen (1995) S. 42
[475] Dieses Recht ist eine Konsequenz aus früheren Erfahrungen der Kreditversicherung, wonach die Versicherung früher keine Auswahl hatte und grundsätzlich nur bonitätsmäßig bedenkliche Forderungen von den Versicherungsnehmern zur Übernahme des Versicherungsschutzes erhielt. Aufgrund der fehlenden Risikostreuung führte dies zum Konkurs diverser Versicherungsunternehmen, vgl. hierzu Wittchen (1995) S. 4
[476] Vgl. Wittchen (1995) S. 46

zur Einhaltung der Anbietungspflicht und zur Vollständigkeit der gemeldeten Salden oder Summen. In der Praxis wird von diesem Recht allerdings nur selten Gebrauch gemacht.[477]

Der Versicherungsvertrag wird nur für einen begrenzten Zeitraum abgeschlossen, i.d.R. für ein Jahr. Ohne eine Verlängerung entfallen auch Versicherungsansprüche für die Vergangenheit.

Der Versicherungsgeber gewährt Schutz gegen den Ausfall der Forderung, indem bei in den Versicherungsbedingungen definierten Versicherungsfällen durch die Versicherungsgesellschaft die Begleichung des Schadens erfolgt. In jedem Fall verbleibt beim Versicherungsnehmer aber ein Selbstbehalt, wobei die Versicherungsbedingungen in § 5 Abs. 1 AVB Warenkredit 1984 grundsätzlich einen Selbstbehalt von 30 % vorsehen. Dieser Selbstbehalt hat das Ziel, das Eigeninteresse des Versicherungsnehmers zur Bonitätsüberwachung der Schuldner zu gewährleisten.

Durch die oben beschriebene Delkredereversicherung werden wirtschaftliche Risiken von Schuldnern abgesichert. Daneben besteht die Möglichkeit, über die Hermes-Versicherung wirtschaftliche und politische Risiken abzusichern. Ziel der Hermes-Versicherung ist die Förderung des Exports in Länder mit politischen Risiken (z.B. Afrika, Lateinamerika). Diese Versicherung unterliegt nicht dem klassischen Versicherungsprinzip der Gefahrgemeinschaft, sondern Überschüsse bzw. Unterdeckungen aus der Differenz von eingenommenen Prämien und gezahlten Versicherungsentschädigungen werden individuell über den Bundeshaushalt ausgeglichen.[478]

Im Unterschied zur Delkredereversicherung bestehen bei der Hermes-Versicherung höhere Prozeßrisiken durch die u.U. notwendige vorherige Einklagung von Forderungen im Ausland.

Die Berücksichtigung der Delkredereversicherung bei einer möglichen Wertberichtigung der Forderung ist strittig und wird deshalb im folgenden weiter behandelt. Eine Berücksichtigung der Hermes-Versicherung bei der Forderungsbewertung wird hingegen abgelehnt.[479] Aus diesem Grund wird die Hermes-Versicherung als Sonderfall nicht weiter behandelt.

6.1.2 Meinungsstreit

Die bilanzielle Berücksichtigung von Kreditversicherungen bei der Bemessung des Ausfallrisikos von Forderungen wird immer noch geprägt durch ein Urteil des RFH vom 28.10.1931.[480] Der RFH hatte zu entscheiden, ob das Bestehen

[477] Vgl. Wittchen (1995) S. 236
[478] Vgl. von Westphalen (1982) S. 713
[479] Vgl. von Westphalen (1982) S. 718 m.w.N.
[480] RFH-Urteil vom 28.10.1931, VI A 1922/31, RStBl. 1932 S. 308

einer Delkredereversicherung im Wertansatz der versicherten Forderung zu berücksichtigen ist.

Als Ergebnis des Urteils beschrieb der RFH die Bewertung der Forderung aufgrund eines drohenden Forderungsausfalls und die entsprechende Absicherung über eine Delkredereversicherung als grundsätzlich zwei verschiedene Vorfälle, die entsprechend auch getrennt bilanziert werden müßten. Das Urteil betont die Notwendigkeit einer getrennten Anwendung von Imparitätsprinzip und Realisationsprinzip, da die Voraussetzungen für eine Verlustantizipation gegeben seien, ein möglicher „Gewinn“ in der Form eines Anspruchs gegen die Versicherung aber noch nicht entstanden sei. In der Urteilsbegründung wurde die Kreditversicherung von dem Instrument einer Bürgschaft in der Form abgegrenzt, als daß es sich bei der Bürgschaft im Gegensatz zur Kreditversicherung um eine Kreditsicherung handelt.[481] Die Bürgschaft ist im Gegensatz zur Kreditversicherung akzessorisch. Aufgrund dessen sieht der RFH nur die Notwendigkeit einer zeitlichen Abgrenzung der Versicherungsprämien, ohne genauere Kenntnis der Versicherungsbedingungen ließe sich aber nicht feststellen, „ob die Wirkung der Versicherung wirtschaftlich einer Bürgschaft für gewisse Forderungen gleichkommt oder auch nur ähnlich ist.“[482]

Dieses Urteil war lange Zeit Grundlage der herrschenden Meinung.[483]

Ab 1968 setzte eine Diskussion ein, wie kreditversicherte Forderungen korrekt im Jahresabschluß abgebildet werden. Die Diskussion bezog sich dabei ausschließlich auf den Zeitpunkt, an dem ein Abschreibungsbedarf bei den Forderungen erkennbar ist, aber der Schaden noch nicht durch die Versicherung reguliert wurde. Vor diesem Zeitpunkt besteht das Bewertungsproblem nicht, da kein Abschreibungsbedarf bei den Forderungen erkennbar ist. Zum späteren Zeitpunkt der Akzeptierung des Versicherungsfalls durch die Versicherung bestehen auch keine Auslegungsprobleme, da zu diesem Zeitpunkt eine Forderung gegen die Versicherung eingebucht werden muß.

Die beiden entgegengesetzten Positionen im Meinungsstreit kann man zum einen mit einer dem RFH-Urteil folgenden formal-juristischen Betrachtungsweise beschreiben[484] und zum anderen mit einer wirtschaftlichen Betrachtungsweise, die das Urteil ablehnt und die Versicherung im Wertansatz der Forderung berücksichtigen möchte[485].

---

[481] Lemm (1979) S. 425, interpretiert das RFH-Urteil fehl, wenn er sagt, daß es dem RFH ausschließlich um die Bewertung der Zahlungsfähigkeit der jeweiligen Schuldner und nicht dritter Personen ginge. Denn wäre der RFH dieser Ansicht gewesen, hätte auch eine Bürgschaft keine Auswirkung auf den Wertansatz der Forderung.

[482] Vgl. RFH-Urteil vom 28.10.1931, VI A 1922/31, RStBl. 1932 S. 308

[483] Vgl. Grune (1968) S. 86 m.w.N.

[484] Vertreter dieser Aufassung sind z.B. Rose (1968), Jebens (1975)

[485] Vertreter dieser Aufassung sind z.B. Rau (1968), Grune (1968), Lemm (1979)

Gemeinsamer Standpunkt der beiden Parteien war die fehlende Objektivierung des Anspruchs gegen die Versicherung, so daß noch keine Forderung angesetzt werden darf.[486] Die diversen Unterschiede in den Auffassungen sollen anhand der jeweils verschiedenen Standpunkte zur Rechtsnatur der Kreditversicherung, zum Einzelbewertungsgrundsatz, zur außerplanmäßigen Abschreibung, zur wirtschaftlichen Betrachtungsweise, zum Problem der Ausweistrennung im Jahresabschluß und zum Laufzeitproblem dargestellt werden. Die Punkte wurden vereinzelt bereits in früheren Kapiteln behandelt, sie werden im folgenden nochmals kurz aufgeführt, um den Meinungsstreit vollständig darzustellen und damit ein Verständnis der verschiedenen Standpunkte zu erleichtern.

a) Rechtsnatur der Kreditversicherung

Die entgegengesetzten Standpunkte wurden unter anderem in der Frage der Rechtsnatur der Kreditversicherung deutlich. So sieht der eine formaljuristische Standpunkt wie der RFH unter anderem aufgrund der fehlenden Akzessorität die Kreditversicherung nicht als Kreditsicherung, sondern als besonderen Garantievertrag i.S.d. § 305 BGB.[487] Die Kreditversicherung habe nur gegen die Folgen eines Forderungsausfalls aufzukommen.[488]

Nach dem anderen Standpunkt mache es in der Wirkung keinen Unterschied, ob eine Bürgschaft oder eine Versicherung vorliege.[489] Letztlich sei die Forderung bei entsprechender Bonität der Versicherung bzw. des Bürgen werthaltig.

b) Einzelbewertungsgrundsatz

Das Argument der Einzelbewertung wird von den Befürwortern einer formaljuristischen Betrachtungsweise angeführt. So muß einerseits die Forderung grundsätzlich einzeln bewertet werden und gemäß dem Imparitätsprinzip außerplanmäßig abgeschrieben werden. Andererseits handelt es sich bei der Leistung der Versicherung um zukünftige Gewinne, die gemäß Realisationsprinzip noch nicht auszuweisen sind.[490] Beide Vorgänge sind getrennt zu bewerten.

Wenn unter dem Postulat des Einzelbewertungsgrundsatzes die uneinbringliche Forderung zusammen mit dem Entschädigungsanspruch gegen die Versicherung als ein Wirtschaftsgut/Vermögensgegenstand bewertet werden soll, würde wohl konsequenterweise auch die Versicherungsprämie zu den Anschaffungskosten der Forderung gehören müssen.[491] Da Forderungen aber keine Anschaffungsnebenkosten besitzen, kann die Versicherungsprämie nicht in den Anschaffungs-

---

[486] Vgl. Burkhardt (1988) S. 86

[487] Vgl. von Westphalen (1982), S. 713; ebenso Rose (1968) S. 1325: Die Kreditversicherung ist keine akzessorische Sicherheit und hat nur gegen die Folgen eines Forderungsausfalls aufzukommen.

[488] Vgl. Rose (1968), S. 1325

[489] Vgl. Rau (1968), S. 1463

[490] Vgl. Rose (1968) S. 1326

[491] Vgl. Rose (1968) S. 1325

kosten dargestellt werden. Außerdem führt die Versicherung zwar dazu, daß die Forderung „sicherer" wird, sie erhöht aber nicht die Forderung als solche.[492]

c) Außerplanmäßige Abschreibung
Eine weitere wesentliche Frage war, auf welchen Wert man die Forderung abschreiben müßte, wenn eine Versicherung besteht und gleichzeitig die Forderung konkret ausfallgefährdet ist. Die eine Position der wirtschaftlichen Betrachtung berücksichtigt die voraussichtliche Entschädigung der Versicherungsgesellschaft.[493] Die Gegenposition argumentiert, daß es sich beim künftigen Anspruch um einen separaten Vorgang handele, der einerseits nicht realisiert, andererseits auch aufgrund der Einzelbewertung nicht zusammen mit der Forderung zu bewerten sei.[494]

Da die Diskussionen sich auch stark auf das Steuerrecht bezogen, bestanden auch über eine Teilwertabschreibung und die Höhe des Teilwerts gegensätzliche Positionen. Fraglich war, ob ein gedachter Erwerber des Betriebs der bestehenden Versicherung einen Wert beimessen würde. So sieht die eine Position einen Ersatz des Schadens als Chance an, die ebensowenig wie künftige Risiken im Rahmen der Teilwertermittlung zu berücksichtigen sind.[495] Andererseits verweist die Gegenseite auf BFH-Rechtsprechung, wonach zu unterstellen sei, daß ein Erwerber eine Versicherungsmaßnahme fortführt, wenn es sich nicht augenscheinlich um eine Fehlmaßnahme handelt.[496] Davon ist bei einer Kreditversicherung besonders dann auszugehen, wenn eine Teilwertabschreibung bei Forderungen grundsätzlich notwendig erscheint. Insbesondere in diesem Fall erweist sich die Versicherung nicht als Fehlmaßnahme, so daß sie bei der Teilwertermittlung zu berücksichtigen ist.

d) Wirtschaftliche Betrachtungsweise
Auch hinsichtlich des Aspekts der wirtschaftlichen Betrachtungsweise gibt es unterschiedliche Auffassungen. So wird von den Befürwortern einer Bilanzierung nach der wirtschaftlichen Betrachtungsweise darauf verwiesen, daß die wirtschaftliche Betrachtungsweise die vorherrschende Sichtweise im Steuerrecht sei und es dort nur darauf ankomme, ob ein konkreter Ausfall der Forde-

---

[492] Zwar sieht Rau (1968) S. 1464 die von der Versicherung übernommene Überwachung der Bonität der Schuldner als einen Tatbestand an, der in der Forderungsbewertung berücksichtigt werden muß. Allerdings ist dieser Vorschlag in keiner Weise quantifizierbar und auch nicht von der geltenden Gesetzeslage gedeckt.

[493] Lemm (1979) S. 424 sieht dabei keinen Widerspruch zum Saldierungsverbot. Die Begründung kann allerdings nicht überzeugen, da er wegen der nur aufwandswirksamen Buchungen (Versicherungsprämie und Teilwertabschreibung) keinen Widerspruch zum Saldierungsverbot der Vermögensgegenstände und Schulden sieht. Jedoch ist das Saldierungsverbot der Erträge und Aufwendungen heute in § 246 Abs. 2 HGB kodifiziert.

[494] Vgl. Rose (1968) S. 1325 f.

[495] Vgl. Rose (1968) S. 1325

[496] Vgl. Rau (1968) S. 1464 f.

rung drohe oder nicht.[497] Wenn die Forderung über eine Kreditversicherung abgesichert sei, könne keine Antizipation negativer Erfolgsbeiträge akzeptiert werden, da diese ggf. später wieder über eine Ertragsbuchung rückgängig gemacht werden müßten.[498] Die Forderung sei bei gültiger Versicherung wirtschaftlich vollwertig.[499] Deshalb sei nach *Rau* mehr die wirtschaftliche und weniger die rechtliche Situation maßgebend. Die Gegenseite argumentiert, daß die Grundsätze ordnungsmäßiger Buchführung nicht allein durch eine wirtschaftliche Betrachtungsweise außer Kraft gesetzt werden könnten.[500]

e) Ausweistrennung

Ein weiterer Punkt in der wissenschaftlichen Auseinandersetzung waren die Auswirkungen der verschiedenen Darstellungsformen auf die Vermögens-, Finanz- und Ertragslage. Wenn man die vorsichtige Bilanzierung konsequent anwendet, würde für den gleichen Sachverhalt das Ergebnis doppelt belastet werden; zum einen durch die Wertberichtigung der Forderung, zum anderen durch die Belastung mit der Versicherungsprämie.[501] U.U. kann für den nicht informierten Bilanzleser der Eindruck entstehen, daß das sich durch eine Versicherung absichernde Unternehmen ein schlechteres Ergebnis vorzuweisen hat im Vergleich zu nicht sichernden Unternehmen. Die Risikovorsorge würde entsprechend bestraft.[502] In einem solchen Fall mit wesentlichen Auswirkungen auf die Ertragslage wären allerdings entsprechende Angaben im Anhang erforderlich.

Ebenfalls die Darstellung des Sachverhalts im Jahresabschluß betrifft das Argument der gleichmäßigen Erfolgsverteilung, wonach es verboten ist, mit Sicherheit zu erwartende Einzahlungen (nach Eintritt eines Versicherungsfalls durch die Versicherung) im Jahresabschluß nicht zu berücksichtigen.[503]

Als Argument gegen eine Saldierung wird weiterhin das Prinzip der Ausweistrennung angeführt.[504] Danach sind die Gliederungsvorschriften der Bilanz zu beachten, und die Forderungen wären aufzuteilen in die ursprüngliche Warenforderung (*Forderungen aus Lieferungen und Leistungen*) und einer Forderung gegen die Versicherungsgesellschaft (*sonstige Vermögensgegenstände*). Dabei wird die Gefahr gesehen, daß bei einer Saldierung der Eindruck von zweifels-

---

497 Vgl. Lemm (1979) S. 424
498 Vgl. Lemm (1979) S. 424 f.
499 Vgl. Rau (1968) S. 1464
500 Vgl. Rose (1968) S. 1326
501 Vgl. Grune (1968) S. 86; ebenso Knüppe (1985), S. 2362; Rose spricht in diesem Zusammenhang dagegen von „zwei völlig getrennten Vorgängen" (vgl. Rose (1968), S. 1326), im übrigen führt er Urteile an, in denen doppelte Aufwendungen für gleiche Sachverhalte akzeptiert würden.
502 Vgl. Knüppe (1985) S. 2364
503 Vgl. Knüppe (1985) S. 2365
504 Vgl. Rose (1968) S. 1325

freien Forderungen entstehen kann trotz erheblicher Risiken im Forderungsbestand. Dem wird entgegengehalten, daß es dem externen Bilanzleser ohne zusätzliche Informationen ohnehin nicht möglich sei, aus den Bilanzangaben Rückschlüsse auf die Qualität der Forderungen zu ziehen.[505] Allerdings ist in diesem konkreten Fall § 265 Abs. 3 HGB einschlägig, wonach die Forderung unter mehreren Positionen ausgewiesen werden kann und deshalb entsprechende Angaben bei der Bilanzposition oder im Anhang erforderlich sind.

f) Laufzeitproblem

Würde man den Ansatz der Versicherung bei der Bewertung der Forderung zulassen, stellt die Laufzeit der Versicherung ein weiteres Problem im Rahmen der Bilanzierung dar. Denn die Versicherungen haben nur eine relativ kurze Laufzeit, maximal ein Kalenderjahr. Die Vorschläge zur Berücksichtigung dieser Tatsache sind unterschiedlich. *Rau* vertritt die Ansicht, daß lediglich die Nichtfortsetzung der Versicherung im neuen Geschäftsjahr ein neuer Geschäftsvorfall sei, der erst Wirkung für die Folgezeit habe.[506] Denn nach den Verhältnissen am Bilanzstichtag sei die Forderung versichert.[507] Dem entgegnet *Rose*, daß die Fortsetzung der Versicherung ein neuer Geschäftsvorfall sei, dies folge bereits aus der neuerlichen Buchung der Versicherungsprämie. Die Versicherung liefe ohne erneute Zahlung aus, ohne daß es einer Kündigung oder der Buchung eines Geschäftsvorfalls bedürfe.[508] Deshalb wird vorgeschlagen, die Zahlung der Versicherungsprämie zu antizipieren, um ggf. eine niedrigere Abwertung der Forderung zuzulassen.[509]

6.1.3 Zusammenfassung und Folgerungen für die Bilanzierung von Forderungen, die durch Kreditderivate abgesichert sind

Die Diskussion zur Berücksichtigung einer Kreditversicherung bei der Bewertung einer ausfallgefährdeten Forderung zeigt, daß bei einer formalrechtlichen Gesetzesauslegung die Berücksichtigung der Absicherung nicht möglich erscheint. So wurde auch in der Diskussion um Kreditversicherungen die wirtschaftliche Betrachtungsweise als eigenständiges Argument eingeführt. In der

---

505 Vgl. Knüppe (1985) S. 2363

506 Vgl. Rau (1968) S. 1464

507 Vgl. Rau (1968) S. 1463 f. Diese Ansicht verkennt vollständig die unterschiedliche Berücksichtigung wertaufhellender und wertbeeinflussender Tatsachen. Wenn die Versicherung nicht fortgesetzt wird, ist die Forderung zwar am Bilanzstichtag versichert, durch die Nichtfortsetzung ergibt sich aber im nachhinein für den Bilanzstichtag die Auswirkung, daß kein Versicherungsschutz vorliegt. Es handelt sich somit nicht um eine Maßnahme, die erst im neuen Jahr Berücksichtigung zu finden hat.

508 Vgl. Rose (1968) S. 1324

509 Vgl. Knüppe (1985) S. 2364

angesprochenen Reichweite als selbständige Anspruchsgrundlage wurde sie von der Gegenseite genauso wie in dieser Arbeit abgelehnt.[510]

Das Argument zur Nichtberücksichtigung der Absicherung aufgrund des Einzelbewertungsgrundsatzes kann dagegen durch die oben[511] gefundene Lösung einer formal begründeten Abweichung vom Einzelbewertungsgrundsatz durch Nutzung der Ausnahmevorschrift des § 252 Abs. 2 i.V.m. § 264 Abs. 2 HGB entkräftet werden. Aufgrund dieser Berücksichtigungsmöglichkeit muß der Vorschlag, die Absicherung über die Abschreibung auf den beizulegenden Wert oder den Teilwert zu erfassen, nicht weiter verfolgt werden.

Das aus der Einzelbewertung folgende Argument der Notwendigkeit zur Berücksichtigung der Prämie im Wertansatz der Forderung kann dagegen nicht überzeugen. Denn auch das Bestehen einer Gebäudeversicherung führt nicht zu einem höheren Wertansatz des Gebäudes.

Ein auch für die Abbildungsproblematik von Kreditderivaten bemerkenswerter Punkt ist die Notwendigkeit der Ausweistrennung. Dieser Punkt wird nochmals aufgegriffen.

Die Laufzeit der Absicherung stellt bei der Kreditversicherung wie auch bei Kreditderivaten ein grundsätzliches Problem dar. Die notwendige Restlaufzeit der Absicherung durch ein Kreditderivat wird unter den Kriterien für Bewertungseinheiten mit Kreditderivaten ebenfalls nochmals aufgegriffen.[512]

Für die eigentliche Bilanzierung von durch eine Kreditversicherung abgesicherten Forderungen ist festzustellen, daß inzwischen die h.M. die Kreditversicherung im Wertansatz der Forderung berücksichtigt.[513] Die oben gefundene Begründung der kompensatorischen Bewertung durch Anwendung von § 252 Abs. 2 i.V.m. § 264 Abs. 2 HGB kann auch auf diesen Sachverhalt angewendet werden. Allerdings müssen auch in diesem Fall Bewertungseinheiten gebildet werden, wobei die im nächsten Kapitel vorgestellten Kriterien analog auf die Problematik der Kreditversicherung übertragen werden können.

---

[510] Vgl. Kapitel III.A.2.1.3, S. 58 ff.

[511] Vgl. Kapitel III.B.5.5, S. 116 ff.

[512] Vgl. Kapitel III.C.1.2, S. 139 ff.

[513] Vgl. Adler/Düring/Schmaltz (6.Auflage) § 253 Tz. 490; Glanegger in: Schmidt (1998) § 6 Tz. 370; Ellrott/Scherer in: Beck Bil-Komm. (1999) § 253 Tz. 590

6.2 Kriterien für die Bildung von Micro-Hedges

Oben wurden als Formen des Hedging das Micro-, Macro- und Portfolio-Hedging vorgestellt.[514] Zwar wird auch über die Zulässigkeit von Macro- und Portfolio-Hedges im Jahresabschluß diskutiert, allerdings kann hier noch nicht von einer überwiegenden Akzeptanz der Abbildung solcher Absicherungen im Jahresabschluß gesprochen werden.[515] Die Berücksichtigung von Micro-Hedges im Jahresabschluß entspricht hingegen der herrschenden Meinung.[516] Darüber hinaus erfolgt die Absicherung von Geschäften mit Kreditderivaten i.d.R. als Micro-Hedge, aus diesem Grund werden die Kriterien zur Bildung solcher Hedges im folgenden vorgestellt.

Die Kriterien für die Bildung von Micro-Hedges setzen sich aus zwei Teilen zusammen. Zum einen handelt es sich um allgemeine Kriterien für die Bildung von Bewertungseinheiten, deren Vorliegen auch bei der Bildung von Macro- oder Portfolio-Hedges notwendig ist. Zum anderen bestehen spezielle Voraussetzungen für die Bildung von Micro-Hedges.[517]

6.2.1 Kriterien der Bildung von Bewertungseinheiten

Die ersten systematisierten Kriterien für die Bildung von Bewertungseinheiten bei Währungstermingeschäften wurden durch *Burkhardt* aufgestellt.[518] Von mehreren Autoren wurden diese Kriterien für die Anwendung auf generelle Marktrisiken verallgemeinert.[519] Die im folgenden aufgeführten Voraussetzungen gelten nur für Derivate, die Zins-, Währungs- oder andere Marktpreisrisiken absichern. Eine Prüfung, ob diese Kriterien auch auf Bewertungseinheiten mit Kreditderivaten sinnvoll übertragbar sind, folgt in diesem Abschnitt unter C.1.2. Die Kriterien lauten:

1) Hinreichende Konkretisierung der Gewinnchancen

Dieses Kriterium fordert, daß die Gewinnchance auf einer vertraglichen Grundlage beruhen muß, d.h. nicht auf unbestimmten Erwartungen über zukünftige Geschäftsabschlüsse beruht. Es ist dann erfüllt, wenn die in einer

---

[514] Vgl. Kapitel II.C.1, S. 22 ff.

[515] Für die Berücksichtigung von Macro-Hedges vgl. Schmalenbach-Gesellschaft (1997) S. 639; Prahl/Naumann (1992) S. 715 f.; Brackert/Prahl/Naumann (1995) S. 552 ff.; gegen die Abbildbarkeit von Macro- und Portfolio-Hedges nach dem derzeitigen Bilanzrecht Herzig/Mauritz (1997) S. 152 ff.; Steiner/Tebroke/Wallmeier (1995) S. 538

[516] Vgl. Scharpf/Epperlein (1995) S. 140; Schmalenbach-Gesellschaft (1997) S. 639; Herzig/Mauritz (1997) S. 147

[517] Der Umfang der notwendigen Bestandteile von Micro-Hedges ist umstritten, eine Zusammenfassung der verschiedenen Ansichten erfolgt bei Herzig/Mauritz (1997) S. 145 f.

[518] Vgl. Burkhardt (1988) S. 147 ff.

[519] Vgl. hierzu und zum Folgenden Krumnow (1994) § 340 e Tz. 103 ff.; Scharpf (1995) S. 188 ff.; Scharpf/Epperlein (1995) S. 136 ff.

Bewertungseinheit zusammenzufassenden Geschäfte rechtlich bindend abgeschlossen sind. Einschränkungen der Anerkennung von Bewertungseinheiten aus diesem Kriterium können sich einerseits daraus ergeben, daß das jeweilige Sicherungsgeschäft noch nicht rechtswirksam abgeschlossen ist. Daneben erfolgt auch eine Einschränkung der bilanziellen Anerkennung von antizipativen Hedgegeschäften. Bei dieser Art wird, wie bereits erläutert, das Absicherungsgeschäft zu einem früheren Zeitpunkt als das eigentliche Grundgeschäft abgeschlossen. Aufgrund des Kriteriums der Notwendigkeit einer hinreichenden Konkretisierung der Gewinnchancen ist ein antizipatives Hedgegeschäft genauso wie ein Grundgeschäft ohne wirksam abgeschlossenes Sicherungsgeschäft so lange isoliert zu bewerten, bis das jeweils dazugehörende Gegengeschäft wirksam abgeschlossen ist. Erst ab diesem Zeitpunkt hat sich ein möglicher Gewinn aus dem Gegengeschäft genügend konkretisiert. Bis zum eigentlichen Vertragsabschluß besteht hingegen i.d.R. die beiderseitige Möglichkeit eines Rücktritts.

Darüber hinaus wird durch dieses Kriterium festgelegt, daß Sicherungsgeschäfte unberücksichtigt bleiben müssen, soweit sie nach dem Bilanzstichtag abgeschlossen werden. Maßgeblich ist, wie im allgemeinen Bilanzrecht, nicht der Tag der Bilanzaufstellung, sondern der Bilanzstichtag.

2) Homogene Beeinflussung von Gewinnchance und Verlustrisiko

Nach diesem Kriterium muß die Gewinnchance des einen Geschäfts auf die gleichen Ursachen zurückzuführen sein wie das Verlustrisiko des Gegengeschäfts. Gewinnchance und Verlustrisiko sind dann nicht homogen, wenn das Grundgeschäft z.B. ein Aktienpreisrisiko beinhaltet und das Sicherungsgeschäft neben dem Aktienpreis- auch noch ein Wechselkursrisiko absichert. Daraus folgt, daß eine homogene Beeinflussung von Gewinnchance und Verlustrisiko eine Identität der Basisrisiken von Grund- und Sicherungsgeschäft fordert. Darüber hinaus ist erforderlich, daß die entgegengesetzte Wertentwicklung von Grund- und Sicherungsgeschäft jeweils mit der gleichen Wahrscheinlichkeit eintritt, d.h. ein Ereignis (z.B. eine Wechselkursschwankung) bei beiden Geschäften zu einer Wertänderung führt. Mit diesem Kriterium wird noch keine Aussage über das erforderliche Ausmaß der Wertänderung getroffen, dieses erfolgt mit dem nächsten Kriterium der negativen Korrelation.

3) Negative Korrelation

Diese Bedingung hängt eng mit der homogenen Beeinflussung von Gewinnchance und Verlustrisiko zusammen. Während die homogene Beeinflussung von Gewinnchance und Verlustrisiko eine qualitative Betrachtung der Ursachen von Wertänderungen des Grund- und Sicherungsgeschäfts bedeutet, fordert die negative Korrelation in quantitativer Hinsicht, daß die Wertänderungen von Grund- und Sicherungsgeschäft in einem gleichen Ausmaß erfolgen. Eine vollständige Korrelation mit einem Koeffizienten von –1 wird insbesondere beim oben beschriebenen Perfect-Hedge bestehen.[520] Eine solch strenge Korrelation wird von manchen Autoren gefordert.[521] Von anderen Autoren werden aber auch Korrelationen zwischen –0,6 und –0,8 für ausreichend gehalten.[522] Eine Festlegung auf eine notwendige Korrelation kann an dieser Stelle entfallen, da sie für die Zwecke der Kreditderivate nicht notwendig ist.[523]

4) Vollständige Kompensation

Die vollständige Kompensation besagt, daß eine Bewertungseinheit nur dann wirksam sein kann, wenn die Verluste des einen Geschäfts in der Bewertungseinheit vollständig durch Gewinne des Gegengeschäfts gedeckt sind. Falls die stille Reserve des einen Geschäfts in der Höhe nicht zur Deckung des Verlusts des zweiten Geschäfts ausreicht, kann die Bewertungseinheit nur für den durch den unrealisierten Gewinn gedeckten Teil wirksam sein. Evtl. darüber hinausgehende Verluste sind durch eine außerplanmäßige Abschreibung des Aktivums, Zuschreibung des Passivums oder durch die Bildung einer Rückstellung zu berücksichtigen. Das Geschäft, das voraussichtlich mit einem Verlust abschließt, muß demzufolge aufgespalten werden in einen ungesicherten Teil und den Teil, der abgesichert ist. Nur der abgesicherte Teil kann Teil einer Bewertungseinheit werden.

5) Relativierung durch Restrisiken

Dieses Kriterium besagt, daß die in einer Bewertungseinheit zusammengeschlossenen Geschäfte nicht mit akuten Bonitätsrisiken behaftet sein dürfen. Die Erfüllung der Geschäfte muß also als sicher gelten. Allenfalls latente Risiken, wie sie bei allen schwebenden Geschäften bestehen, können die Anerkennung einer Bewertungseinheit nicht gefährden.

6) Fristengleichheit

Ob als weiteres Kriterium eine Fristengleichheit des Grund- und Sicherungsgeschäfts vorliegen muß, ist umstritten.[524] So wird argumentiert, daß statt der Fristengleichheit vielmehr ein liquider Markt in den jeweiligen Derivaten existieren muß. Dadurch soll gewährleistet werden, daß zu jedem Zeitpunkt die Möglichkeit zum Abschluß von Anschlußgeschäften besteht. Allerdings besagt allein die Möglichkeit zum Abschluß eines Anschlußgeschäfts noch nichts über den dann erforderlichen Preis für dieses Geschäft. Der Preis muß in den Augen des Vertragspartners ausreichend sein, um das Risiko zu übernehmen. Insbe-

---

[520] Zum Inhalt des Perfect-Hedge vgl. S. 24

[521] Vgl. Scheffler (1993) S. 62; wohl auch Scharpf/Epperlein (1995) S. 138 f.

[522] Nachweise bei Scheffler (1993) S. 171 und Steiner/Tebroke/Wallmeier (1995) S. 536 f.

[523] Vgl. die Diskussion auf S. 142

[524] Für eine Fristengleichheit argumentieren Scheffler (1993) S. 167 ff.; Prahl/Naumann (1994) S. 3; Jutz (1989) S. 105; gegen die Fristengleichheit sprechen sich aus Scharpf (1995) S. 197; Langenbucher (1986) S. 147; Schmalenbach-Gesellschaft (1997) S. 639; Adler/Düring/Schmaltz (6. Auflage) § 249 Tz. 162

sondere bei für das Grundgeschäft sich massiv verschlechternden Marktbedingungen (abhängig vom jeweiligen Zins-, Währungs- oder Marktpreisrisiko) und demzufolge veränderten Aussichten der Preisentwicklung für die Zukunft ist mit einem hohen Preis für die Risikoübernahme bzw. –absicherung zu rechnen.

Dies ist nach hier vertretener Auffassung der Grund, weshalb auf die Fristengleichheit nicht mit Hinweis auf einen liquiden Markt verzichtet werden kann, denn u.U. sind hohe Prämien für die weitere Absicherung des Risikos erforderlich. Bei volatilen Risiken ist damit auch die Fristengleichheit von Grund- und Sicherungsgeschäft ein notwendiges Kriterium für die Anerkennung einer Bewertungseinheit.

6.2.2 Zusätzliche Kriterien eines Micro-Hedge

Für die Anerkennung eines Micro-Hedge ist neben der Erfüllung der o.g. allgemeinen Kriterien der Bewertungseinheit zusätzlich die Einhaltung der folgenden Voraussetzungen notwendig.[525]

1) Eindeutige Dokumentation der Bewertungseinheit und der Hedge-Absicht

Diese Voraussetzung folgt dem Willkürverbot des Jahresabschlusses.[526] Der Nachweis der Hedge-Absicht kann in allgemeiner Form durch Arbeitsanweisungen erfolgen, die Vorschriften zu Sicherungsgeschäften enthalten (z.B. zur Notwendigkeit von Betrags- und Laufzeitidentität und zur Abwicklung von Grund- und Sicherungsgeschäft zum Laufzeitende). Diese Arbeitsanweisungen können nicht die Sicherungsabsicht im Einzelfall nachweisen, sie können aber als Indiz gewertet werden, ob im Unternehmen regelmäßig Sicherungsgeschäfte durchgeführt werden und der Sicherungszusammenhang genügend überwacht wird.

Die Sicherungsabsicht auf Einzelgeschäftsebene ist regelmäßig dann nachvollziehbar dokumentiert, wenn ein entsprechender Hinweis im Beschluß der Kompetenzträger zum Eingehen des Geschäfts existiert. Aber auch die Übereinstimmung von Basiswerten, Beträgen, Zahlungsterminen und Fälligkeiten zwischen verschiedenen Geschäften kann für das Vorliegen einer Bewertungseinheit sprechen.[527] Nicht dem Dokumentationserfordernis entspricht hingegen eine willkürliche Umwidmung eines Geschäfts.

---

525 Vgl. Krumnow (1994) § 340 e Tz. 138; Bundesverband deutscher Banken (1990) S. 214; ähnliche Kriterien bei KPMG (1995) S. 131; kritisch zu diesen Kriterien Prahl/Naumann (1991) S. 735

526 Vgl. Scheffler (1993) S. 173

527 Vgl. Scheffler (1993) S. 173

2) Separate buchmäßige Erfassung der Sicherungsinstrumente und der abgesicherten Bestände

Mit diesem Kriterium ist nicht die in allen Kreditinstituten vorhandene Risikoüberwachung in Nebenbüchern gemeint. Vielmehr soll damit ausgedrückt werden, daß die Bewertungseinheit und damit die Sicherung als solche fortlaufend überwacht werden muß. Eine solche Überwachung der Effektivität ist insbesondere in den Fällen nicht vollständiger negativer Korrelation erforderlich, denn besonders dort besteht die Gefahr, daß ein möglicher Gewinn eines Teilgeschäfts nicht ausreicht, um den Verlust aus dem anderen Teilgeschäft zu dekken. In diesem Fall ist zu entscheiden, ob die Sicherungsstrategie im konkreten Einzelfall durch Eingehen zusätzlicher Geschäfte verbessert oder evtl. ganz aufgegeben wird. Jeweils wären aber wieder Beschlüsse der Kompetenzträger aus Gründen der Dokumentation erforderlich.

3) Durchhalteabsicht der Sicherung

Die Kriterien von *Krumnow* zu diesem Punkt sind wenig konkret, da dort ein Durchhalten des Grund- *oder* Sicherungsgeschäfts bis zur Endfälligkeit oder zumindest über eine längere Frist gefordert wird.[528] Aus dieser inhaltlichen Bestimmung sind kaum Fälle denkbar, die aufgrund einer fehlenden Durchhalteabsicht nicht anerkannt würden.

Hilfreich erscheint hingegen der Hinweis von *Scheffler*, daß bei wiederholter Durchführung und Aufrechterhaltung der Sicherung eine Wahrscheinlichkeit besteht, daß das Unternehmen dies auch wieder tun wird.[529] Wurden in der Vergangenheit Sicherungsgeschäfte vorzeitig und willkürlich abgebrochen, sind entsprechend höhere Anforderungen an die Anerkennung von Micro-Hedges zu stellen.

---

[528] Vgl. Krumnow (1994) § 340 e Tz. 138
[529] Vgl. Scheffler (1993) S. 173 f.

C. Bilanzierung von Kreditderivaten nach HGB

1. Bilanzierungsgrundlagen von Kreditderivaten

Trotz der teilweise beachtlichen Unterschiede zwischen den einzelnen Arten der Kreditderivate haben sie in bezug auf ihre Bilanzierung gemeinsame Grundlagen. Diese beziehen sich einerseits auf die allgemeinen Vorschriften zur Bilanzierung derivativer Instrumente und andererseits auf die Kriterien zur Bildung von Bewertungseinheiten bzw. Micro-Hedges für Kreditderivate. Diese beiden Themen werden vor der eigentlichen Festlegung der Bilanzierung der verschiedenen Arten von Kreditderivaten behandelt.

1.1 Allgemeine Bilanzierungsregeln für derivative Instrumente

1.1.1 Optionen

Die Abbildung von Optionsgeschäften im Jahresabschluß orientiert sich an der IDW-Stellungnahme 2/1995 „Bilanzierung von Optionsgeschäften".[530] Diese Stellungnahme hat die bis dahin geltende Stellungnahme 1/1987 abgelöst, wobei insbesondere der Optionsbegriff erweitert und detailliertere Vorgaben für die Berücksichtigung von Sicherungsgeschäften gegeben wurden.[531] Bei der Bilanzierung von Optionsgeschäften ist zwischen drei unterschiedlichen Zeitpunkten zu unterscheiden: zum einen dem Zeitpunkt der Erstbewertung bei Abschluß des Geschäfts, zum anderen dem der Folgebewertung zu jedem Bilanzstichtag und darüber hinaus dem der abschließenden Bilanzierung bei Auslaufen oder Ausübung der Option. Für jeden der drei Zeitpunkte ist jeweils zwischen der Darstellung beim Optionskäufer und –verkäufer zu unterscheiden.

Für den Optionskäufer handelt es sich bei einem unverbrieften Opionsrecht – sowohl bei der Kauf- als auch bei der Verkaufoption – um einen immateriellen Vermögensgegenstand.[532] Die gezahlte Optionsprämie stellt bei Abschluß des Geschäfts die Anschaffungskosten[533] dar.[534] Der Ausweis erfolgt als „Optionsrecht" im Umlaufvermögen unter den *sonstigen Vermögensgegenständen.*[535]

Der Optionsverkäufer ist Stillhalter und abhängig von der Entscheidung des Optionskäufers zur Ausübung und den jeweiligen Marktgegebenheiten. Da diese Faktoren nicht im Machtbereich des Optionsverkäufers liegen, würde eine

---

530 Vgl. IDW (1995) S. 421 f.

531 Vgl. zur alten Stellungnahme IDW (1987) S. 682 f.

532 Vgl. IDW (1995) S. 421

533 Transaktionskosten erhöhen nicht die Anschaffungskosten, sondern werden als Provisionsaufwand gebucht, vgl. Förschle in: Beck Bil-Komm. (1999) § 246 Tz. 101

534 Vgl. IDW (1995) S. 421; Krumnow (1994) § 340 e Tz. 431

535 Vgl. IDW (1995) S. 421; zu den wenigen Ausnahmen, in denen eine Zuordnung zum Anlagevermögen möglich ist vgl. Windmöller/Breker (1995) S. 393

sofortige erfolgswirksame Vereinnahmung der Optionsprämie dem Realisationsprinzip widersprechen. Demzufolge ist die erhaltene Optionsprämie als sonstige Verbindlichkeit zu passivieren.[536]

Die Folgebewertung ist beim Optionskäufer auch davon abhängig, ob es sich um ein Sicherungsgeschäft und beim Optionsverkäufer um ein gesichertes Geschäft handelt.

Liegt beim Optionskäufer kein Sicherungszusammenhang vor, ist die aktivierte Optionsprämie gemäß dem strengen Niederstwertprinzip für das Umlaufvermögen regelmäßig auf eine Abschreibungsnotwendigkeit hin zu überprüfen. Bestehen Zweifel an der Bonität des Optionsverkäufers oder liegen niedrigere Marktwerte vor, muß eine Abschreibung vorgenommen werden. Eine planmäßige Abschreibung der Optionsprämie über die Laufzeit des Optionsrechts ist dagegen unzulässig.[537] Der Optionsverkäufer hat, soweit kein Sicherungsgeschäft vorliegt, auf die passivierte Prämie ebenfalls das Imparitätsprinzip anzuwenden. Dort kann aufgrund entsprechender Wertentwicklung des Basiswerts ein Verlust drohen, der über den Betrag der erhaltenen Optionsprämie hinausgeht. In diesem Fall ist eine Drohverlustrückstellung zu bilden.

Liegt dagegen ein Sicherungszusammenhang vor, kann bei Vorliegen der Voraussetzungen eines Micro-Hedge aus der jeweiligen Gesamtposition (Grund- und Sicherungsgeschäft) kein Verlust folgen. Zur Berücksichtigung des Absicherungszusammenhangs sind Bewertungsgewinne des einen Geschäfts mit Bewertungsverlusten des anderen Geschäfts zu verrechnen.[538] Nur der evtl. nicht gesicherte Teilbetrag ist beim Optionskäufer durch eine außerplanmäßige Abschreibung oder beim Optionsverkäufer durch die Bildung einer Drohverlustrückstellung zu berücksichtigen.

Wird die Option innerhalb der Optionsfrist nicht ausgeübt und sind keine Zahlungen durch den Optionsverkäufer zu leisten, hat der Optionskäufer die aktivierte Optionsprämie als Aufwand zu berücksichtigen, während der Optionsverkäufer die passivierte Prämie erfolgswirksam vereinnahmt. Wird die Option dagegen ausgeübt, kann ein Barausgleich vereinbart sein. In diesem Fall erhält der Optionskäufer den vereinbarten Betrag. Bis zur Höhe der aktivierten Prämie

---

536 Vgl. IDW (1995) S. 422; Förschle in: Beck Bil-Komm. (1999) § 246 Tz. 101; der Bundesverband deutscher Banken (1990) S. 212 hält sowohl den Ausweis unter den sonstigen Verbindlichkeiten als auch unter den anderen Rückstellungen für möglich; Krumnow (1994) § 340 e Tz. 432 m.w.N. weist auf die unterschiedlichen Ansichten in dieser Frage hin. So wird es auch für möglich gehalten, die Optionsprämie sofort erfolgswirksam zu vereinnahmen. Darüber hinaus wird ein Ausweis als erhaltene Anzahlung, als Rückstellung oder als passive Rechnungsabgrenzung vorgeschlagen. Für den weiteren Verlauf wird mit der herrschenden Meinung die Richtigkeit des Ausweises unter den sonstigen Verbindlichkeiten angenommen.

537 Vgl. Windmöller/Breker (1995) S. 393

538 Vgl. IDW (1995) S. 422

erfolgt eine Saldierung, darüber hinausgehende Beträge werden als Ertrag verbucht.

Beim Optionsverkäufer erfolgt die Behandlung spiegelbildlich, d.h. übersteigt die Ausgleichzahlung die passivierte Prämie und evtl. gebildete Drohverlustrückstellungen, wird dieser Differenzbetrag als Aufwand erfaßt.

Ist hingegen eine physische Lieferung vereinbart, muß unterschieden werden, ob es sich um eine Kauf- oder Verkaufoption handelt. Bei Ausübung einer Kaufoption erhält der Optionskäufer gegen Zahlung des Basispreises die vereinbarte Menge an Basiswerten. Die Anschaffungskosten für den Optionskäufer setzen sich aus der Optionsprämie und dem Basispreis zusammen. Der Optionsverkäufer hat die Gegenstände zu liefern, wobei sein Aufwand wiederum durch die erhaltene Optionsprämie und evtl. gebildete Drohverlustrückstellungen gemindert wird.

Handelt es sich um eine Verkaufoption, entsteht beim Optionskäufer bei entsprechenden Marktgegebenheiten ein Ertrag i.H. der Differenz zwischen Marktpreis und Verkaufspreis, abzüglich der geleisteten Optionsprämie. Beim Optionsverkäufer mindert wiederum die erhaltene Prämie und die evtl. Auflösung von Rückstellungen den Aufwand.

Bislang wurde noch keine Aussage zu den GuV-Positionen getroffen, in denen die Aufwendungen und Erträge auszuweisen sind. Dazu muß bei Kreditinstituten unterschieden werden zwischen dem Handelsbestand und dem Nichthandelsbestand. Der Handelsbestand umfaßt alle Kontrakte, die abgeschlossen werden, um kurzfristig einen Erfolg im Eigenhandel zu erzielen oder die der Absicherung von Handelsbeständen dienen.[539] Die Verbuchung bei Nicht-Kreditinstituten entspricht grundsätzlich der des Nichthandelsbestands von Kreditinstituten.[540]

Vereinzelt wird in der Literatur gefordert, daß für den Handelsbestand eine umfassende Marktbewertungspflicht gelten soll.[541] Diese Forderung muß genauer geprüft werden. Marktwerte stellen den Wertmaßstab für evtl. außerplanmäßige Abschreibungen dar. Gleichzeitig sind sie auch die Obergrenze für evtl. Zuschreibungen, die maximal bis zur Höhe der Anschaffungskosten erfolgen dürfen. Eine über die Grenze der Anschaffungskosten hinausgehende Berücksichtigung von Marktwerten ist dagegen abzulehnen, da dies dem Realisationsprinzip widerspricht.[542] Daraus folgt, daß die Orientierung an Marktwerten keine Besonderheit der Handelsaktivitäten darstellt. Als Unterschied zwischen dem Handels- und Nichthandelsbestand verbleibt der Ausweis in verschiedenen

[539] Vgl. Bundesverband deutscher Banken (2000) S. 680
[540] Vgl. Prahl (1996) S. 834
[541] Vgl. Krumnow (1994) § 340 e Tz. 316-319; ders. (1995) S. 369
[542] Vgl. Windmöller/Breker (1995) S. 400

GuV-Positionen. Erträge und Aufwendungen des Handelsbestands werden im *Nettoergebnis aus Finanzgeschäften* ausgewiesen. In diesem Fall werden Aufwendungen unter der Position *Nettoaufwand aus Finanzgeschäften* und die Erträge unter *Nettoertrag aus Finanzgeschäften* des GuV-Formblatts für Kreditinstitute gebucht.[543] Der Ausweis des Nichthandelsbestands erfolgt dagegen in der GuV-Position, in der die sich aus der zu sichernden Position ergebenden Aufwendungen und Erträge auszuweisen sind.[544]

1.1.2 Swaps

Vor der Einführung der Kreditderivate wurden Swaps ausschließlich mit dem Ziel abgeschlossen, Zins- oder Wechselkursrisiken zu tauschen. Die zur Zeit bestehenden Kreditderivate werden teilweise mit Zinsrisiken verknüpft, eine Kombination mit Wechselkursrisiken erfolgt dagegen nicht. Aus diesem Grund werden im folgenden nur Zinsswaps behandelt.

Zinsswapverträge sind beiderseitig noch nicht erfüllte Zinsverpflichtungen und werden als schwebende Geschäfte grundsätzlich nicht bilanziert.[545] Trotzdem sind sie mit ihren Merkmalen zu dokumentieren: Name des Kontrahenten, Kapitalbetrag, Laufzeit, Zinssätze, Fälligkeitsdaten der Zinszahlungen und ggf. eine Zugehörigkeit zu Hedge-Positionen.[546] Aus der Qualifizierung als schwebendes Geschäft folgt, daß nur evtl. Vorleistungen einer Partei als *sonstige Vermögensgegenstände* oder *sonstige Verbindlichkeiten* bilanzierungspflichtig werden oder andererseits, falls aus dem schwebenden Geschäft ein Verlust droht. Diese Frage setzt voraus, daß die Zinsswaps bewertet werden. Hierzu existieren mehrere Möglichkeiten, wobei auf eine Vorstellung dieser Bewertungsverfahren verzichtet wird.[547]

In der GuV werden Zinsswaps nur als Nettoposition berücksichtigt, d.h. mit der Differenz aus der Festzinsposition und der variablen Verzinsung.[548] Der Ausweis kann im Zins- oder Provisionsergebnis oder bei Handelsgeschäften im Handelsergebnis erfolgen.[549]

Für die Frage, ob Zinsswapverträge auch Bestandteil von Bewertungseinheiten werden können, muß zuerst festgestellt werden, ob Zinsrisiken zu einem bilan-

---

[543] Kreditinstitute haben nach § 2 Abs. 1 RechKredV statt der Bilanzgliederung des § 266 HGB und statt der GuV-Gliederung des § 275 HGB besondere Formblätter anzuwenden, wodurch die Inhalte von Bilanz und GuV eines Kreditinstituts teilweise erheblich von denen von Nichtbanken abweichen. Solche sich aus dem Formblatt ergebenden Positionen stellen den Nettoertrag bzw. den –aufwand aus Finanzgeschäften dar.

[544] Vgl. Bundesverband deutscher Banken (1990) S. 212

[545] Vgl. Förschle in: Beck Bil-Komm. (1999) § 246 Tz. 140

[546] Vgl. Bundesverband deutscher Banken (1988) S. 159; Krumnow (1994) § 340 e Tz. 339

[547] Eine Übersicht der Verfahren bietet Krumnow (1994) § 340 e Tz. 340 ff.

[548] Vgl. Bundesverband deutscher Banken (1988) S. 160

[549] Vgl. Bundesverband deutscher Banken (1988) S. 160

zierungspflichtigen Vorgang führen können. Dies ist regelmäßig der Fall, wenn z.B. für ein festverzinsliches Wertpapier ein Börsenkurs vorliegt. Auf diesen Kurs werden sich Veränderungen des Marktzinsniveaus regelmäßig auswirken. Handelt es sich dagegen um einen normalen Kredit, liegt ein Börsenkurs nicht vor und die Bewertung erfolgt nach allgemeinen Regeln. Diese schreiben vor, daß Forderungen mit dem Nennwert anzusetzen sind. Eine Abzinsung aufgrund einer Unterverzinslichkeit der Forderung ist durch den Gesetzgeber nicht vorgesehen. Auch der BFH stellt in seinem Urteil zur Unterverzinslichkeit nicht auf das einzelne Darlehen, sondern auf die Zinsspanne ab.[550] Nur falls diese sich verringert, kann nach diesem Urteil eine außerplanmäßige Abschreibung notwendig werden. Demzufolge können bilanzwirksame Bewertungseinheiten nur dann gebildet werden, wenn es sich um eine Verknüpfung einer börsengehandelten Anleihe mit einem Zinsswap handelt. Wird der Zinsswap dagegen mit einem Kredit verknüpft, kann grundsätzlich keine Bewertungseinheit gebildet werden, da der Kredit mit dem Nennwert angesetzt wird und demzufolge bei Unterverzinslichkeit keine Abwertung erforderlich ist. Damit entsteht das Problem, daß bei der dann notwendigen isolierten Betrachtung des Zinsswap u.U. eine außerplanmäßige Abschreibung erforderlich sein kann, da die Gegenposition, der Kredit, unverändert mit dem Nennwert angesetzt wird. Die h.M. geht in diesem Fall aber davon aus, daß das aus dem Swap herrührende Zinsrisiko in der gesamten Zinsposition untergeht und demzufolge auf eine Marktbewertung des Zinsswap verzichtet werden kann.[551]

1.2 Kriterien für die Bildung von Bewertungseinheiten mit Kreditderivaten

Die Festlegung von Kriterien für Bewertungseinheiten mit Kreditderivaten ist von grundsätzlicher Bedeutung für alle Arten von Kreditderivaten und wird deshalb hier zentral behandelt. Die zu entwickelnden Kriterien sollen eine hinreichende Allgemeingültigkeit aufweisen, um damit einerseits die bereits entwickelten Kreditderivate, aber auch die zukünftig entstehenden Formen abzudecken. Aufgegriffen werden insbesondere die Kriterien, die sich aus den Voraussetzungen der Literatur zur Bildung von Micro Hedges[552] ergaben. Die durch BFH-Rechtsprechung[553] gebildeten Kriterien sind in diesen Kriterien bereits enthalten. Eine Unterscheidung zwischen Grundgeschäften, die sich im Anlage- oder Umlaufvermögen befinden, ist nicht notwendig, da die unterschiedlichen Konsequenzen, d.h. Wahlrecht oder Pflicht zur außerplanmäßigen Abschrei-

550 Vgl. BFH-Urteil vom 24.01.1990, I R 157/85, I R 145/86, BStBl. II 1990 S. 639-641

551 Vgl. Krumnow (1994) § 340 e Tz. 347 m.w.N.; diese Aussage bezieht sich ausdrücklich auf Banken, bei Industrie- oder Handelsunternehmen wird sich diese Problematik allerdings nicht stellen, da es dort nicht zum Gegenstand der Geschäftstätigkeit gehört, Kredite zu vergeben.

552 Vgl. Kapitel III.B.6.2, S. 130 ff.

553 Vgl. Kapitel III.B.4, insbesondere S. 107 f.

bung, aufgrund der Absicherung und der Bildung von Bewertungseinheiten nicht eintreten können. Die Kriterien gelten sowohl für Kreditinstitute als auch für Unternehmen anderer Branchen.

1) Hinreichende Konkretisierung der Gewinnchancen

Dieses Kriterium ist dann erfüllt, wenn ein Vertrag rechtswirksam abgeschlossen wurde. Da es sich bei Kreditderivaten bislang ausschließlich um OTC-Produkte handelt, wird regelmäßig ein Vertrag zwischen dem Sicherheitskäufer und –verkäufer geschlossen. Aufgrund der bislang nur geringen Standardisierung können allerdings die Verträge in Einzelfällen Auslegungsprobleme oder auch Rechtsrisiken aufweisen. Dieses Problem wird sich mit einer zunehmenden Anzahl von Musterverträgen erübrigen. Bis dahin muß die Wirksamkeit der Risikoübertragung allerdings in jedem Einzelfall geprüft werden. So sind theoretisch Vertragsklauseln denkbar, die die Risikoübertragung an aufschiebende Bedingungen knüpfen oder gar einschränken. Abhängig von der Art der Einschränkung kann die Bildung einer Bewertungseinheit dann auch an der fehlenden Konkretisierung der Gewinnchance mangeln.

Zukünftig ist auch denkbar, daß Kreditderivate börsenmäßig gehandelt werden. In diesem Fall sind die gleichen Anforderungen an den Nachweis zu stellen, wie bei anderen börsengehandelten Produkten, d.h. durch Händlerbestätigungen, Händlertickets oder Nachweise aus dem back-office.

2) Homogene Beeinflussung von Gewinnchance und Verlustrisiko

Dieses Kriterium fordert die Identität der Ursachen von Wertänderungen beim Grund- und Sicherungsgeschäft. Zur Beurteilung dieser Voraussetzung müssen die Kreditderivate in zwei Gruppen eingeteilt werden, zum einen in solche, die nur Ausfallrisiken absichern (d.h. Credit-Default-Produkte) und zum anderen solche Produkte, die sowohl das Ausfallrisiko als auch ein Zinsänderungs- bzw. Bonitätsrisiko (Credit-Spread- und Total-Return-Produkte) absichern. Eine solche Unterteilung ist notwendig, da, wie bereits erläutert wurde, eine allgemeine Zinssatzänderung zu einer Änderung des Kurses von festverzinslichen Wertpapieren führen kann. Bei Credit-Spread- und Total-Return-Produkten ist diese Änderung Bestandteil der Ausgleichszahlung, bei Credit-Default-Produkten wird dagegen nur der reine Ausfall bzw. das credit-event Grundlage der Ausgleichszahlung.

Bei Credit-Spread- und Total-Return-Produkten wird die homogene Beeinflussung von Gewinnchance und Verlustrisiko i.d.R. gegeben sein, da diese Produkte neben dem Bonitätsrisiko auch ein Zinsänderungsrisiko absichern.[554] Da-

[554] Dies erfolgt unter der Annahme, daß der Basiswert keinem zusätzlichen Wechselkursrisiko unterliegt. In einem solchen Fall wäre zu einer vollständigen Absicherung auch das Wechselkursrisiko separat z.B. durch ein Termingeschäft oder als Teil des Kreditderivats zu berücksichtigen.

mit muß bei einer Wertänderung des Grundgeschäfts nicht unterschieden werden, ob die Wertänderung auf eine allgemeine Zinssatzänderung oder auf eine Änderung des Ausfallrisikos zurückzuführen ist. Beide Einflußfaktoren sind durch das Kreditderivat abgesichert.

Anders stellt sich die Situation bei den Credit-Default-Produkten dar. Unter Vernachlässigung des Wechselkursrisikos wird die Ursache einer Wertänderung des Basiswerts entweder in der Änderung des allgemeinen Zinsniveaus oder in einer Bonitätsänderung begründet sein. Damit kann das Kriterium der homogenen Beeinflussung von Gewinnchance und Verlustrisiko grundsätzlich bei Credit-Default-Produkten nicht vorliegen. Allerdings ist zu fragen, ob es sich für eine Bewertungseinheit mit einem Kreditderivat um ein sinnvolles und sachgerechtes Kriterium handelt. Das Kriterium soll sicherstellen, daß eine Wertänderung des Grundgeschäfts auf die gleichen Ursachen, d.h. die gleichen Risiken zurückzuführen ist wie die Wertänderung des Sicherungsgeschäfts. Allerdings darf nach der hier vertretenen Ansicht dieses Kriterium nicht dazu führen, daß das Sicherungsgeschäft bei einer u.U. notwendigen außerplanmäßigen Abschreibung des Grundgeschäfts unberücksichtigt bleibt. Es muß vielmehr sichergestellt sein, daß sich Wertänderungen des Basiswerts auf eindeutige Ursachen zurückführen lassen. Ändert sich im Anschluß an eine allgemeine Marktzinsänderung der Börsenwert des Basiswerts[555], wird diese Änderung auf die Zinsänderung zurückzuführen sein, während eine Ratingänderung ebenso zu einer Änderung des Börsenwerts führen kann. Diese wäre dann auf eine Änderung der Kreditrisiken zurückzuführen.

Damit wird dieses Kriterium für die Zwecke der Kreditderivate geändert in *„Bestimmbare Beeinflussung von Gewinnchance und Verlustrisiko“*. Nur bei einer zweifelsfrei möglichen Bestimmung der auslösenden Faktoren für Wertänderungen von Grund- oder Sicherungsgeschäft kann eine Bewertungseinheit vorliegen.

3) Negative Korrelation

Die negative Korrelation beschreibt das erforderliche Ausmaß von Wertänderungen des Sicherungsinstruments, verglichen mit dem Basiswert. Auch bei diesem Kriterium muß unterschieden werden zwischen Credit-Spread- und Total-Return-Produkten auf der einen Seite und den Credit-Default-Produkten auf der anderen Seite.

Bei den erstgenannten Produkten wird im Regelfall eine vollständige negative Korrelation, d.h. von –1 vorliegen. Damit führt jede Wertänderung beim

---

[555] Um die Bewertungsproblematik für den Basiswert eines Kredits aus der Betrachtung auszuschließen, wird grundsätzlich vom Vorliegen eines Börsenwerts ausgegangen. Dieser kann für den Basiswert selbst vorliegen oder bei einem Kredit oder einer nicht gehandelten Anleihe wird der Kurs einer Referenzanleihe zur Preisfindung vereinbart

Grundgeschäft zu einer in der Höhe gleichen Wertänderung, aber mit umgekehrtem Vorzeichen beim Kreditderivat. Die oben[556] erwähnte Diskussion, ob auch niedrigere Korrelationen ausreichend sind, kann hier entfallen, da der Kreditnehmer des Grundgeschäfts identisch ist mit dem des Basiswerts und damit eine vollständige Korrelation vorliegt.

Bei Credit-Default-Produkten wird eine vollständige negative Korrelation i.d.R. nicht vorliegen, da der Basiswert auch Zinsrisiken ausgesetzt sein kann. Allerdings wurde bereits unter dem letzten Kriterium der homogenen Beeinflussung von Gewinnchance und Verlustrisiko die Notwendigkeit betont, Kreditderivate auch ohne strenges Vorliegen der Kriterien für andere Bewertungseinheiten bei einer evtl. notwendigen Abschreibung des Grundgeschäfts zu berücksichtigen. Daraus folgt, daß das Kriterium der negativen Korrelation für die Zwecke der Kreditderivate angepaßt werden muß. So ist ein sachgerechtes Kriterium die *„Identität der Kreditnehmer von Grundgeschäft und Basiswert"*.[557] Dieses Kriterium gewährleistet einerseits eine Korrelation. Andererseits wird das Vorliegen einer Bewertungseinheit nicht versagt, wenn das Kreditderivat u.U. Zinsrisiken nicht absichert.

4) Vollständige Kompensation

Das Kriterium der vollständigen Kompensation besagt, übertragen auf die Besonderheiten der Absicherung durch Kreditderivate, daß die Verluste aus dem Grundgeschäft vollständig durch das Kreditderivat abgedeckt sein müssen. Auch hinsichtlich dieses Kriteriums gilt der Hinweis, daß ein Credit-Default-Produkt keine Zinsrisiken absichern kann. Aufgrund dieser Einschränkung wird auch dieses Kriterium geändert in *„Vollständige Kompensation bei wenigstens einem Risiko"*. Damit wird gewährleistet, daß die Ausgleichszahlungen aus dem Kreditderivat ausreichen, um z.B. einen konkursbedingten Ausfall des Grundgeschäfts auszugleichen. Gleichzeitig wird durch das Kriterium bestimmt, daß eine Bewertungseinheit nur in Höhe des Betrags wirksam sein kann, über den auch das Kreditderivat abgeschlossen wurde.

5) Relativierung durch Restrisiken

Das Kriterium soll gewährleisten, daß der Sicherheitsverkäufer auch von seiner Bonität her in der Lage ist, seine Verpflichtungen aus dem Kreditderivat zu erfüllen. Bei einer Credit Linked Note besteht eine Barunterlegung aufgrund der Schuldverschreibung, bei den übrigen Formen von Kreditderivaten besteht dagegen die Gefahr, daß die Absicherung wertlos ist, wenn neben dem Kredit-

---

[556] Vgl. die Diskussion zur negativen Korrelation bei Bewertungseinheiten mit anderen Derivaten auf S. 131 f.

[557] Ein ähnliches Kriterium nutzt das Bundesaufsichtsamt für das Kreditwesen für die Berücksichtigung von Kreditderivaten bei der Anzeige von Groß- und Millionenkrediten. Dort lautet das Kriterium „Gleichartigkeit von Referenzaktivum und zu besicherndem Aktivum", vgl. Bundesaufsichtsamt für das Kreditwesen (1999) Tz. IV.1.2

nehmer auch der Sicherheitsverkäufer ausfällt. Ein solcher Ausfall liegt dann vor, wenn Kreditnehmer und Sicherheitsverkäufer die gleiche Person sind. Ein gleichzeitiger Ausfall wird umso wahrscheinlicher, je enger die gegenseitigen Abhängigkeiten zwischen Kreditnehmer und Sicherheitsverkäufer sind. Falls z.B. Kreditnehmerin eine Muttergesellschaft eines Konzerns ist und Sicherheitsverkäuferin eine Tochtergesellschaft aus diesem Konzern wird, besteht die Vermutung, daß beide Parteien gleichzeitig ausfallen. Genauso besteht eine hohe Wahrscheinlichkeit eines gleichzeitigen Ausfalls, wenn der Kreditnehmer gleichzeitig ein Großkreditnehmer (= „Klumpenrisiko") beim Sicherheitsverkäufer ist.

Da das Kriterium „*Relativierung durch Restrisiken*" ausreichend allgemein formuliert ist, muß für Kreditderivate keine Umformulierung erfolgen.

6) Fristengleichheit

Die Fristengleichheit ist für Bewertungseinheiten mit Kreditderivaten ein notwendiges und wichtiges Kriterium, denn falls das Kreditderivat eine kürzere Laufzeit besitzt als das Grundgeschäft, besteht die Möglichkeit, daß z.B. eine bereits zu erahnende Zahlungsunfähigkeit erst nach Ende der Laufzeit des Kreditderivats eintritt. In diesem Falle wären keine Leistungen aus dem Kreditderivat mehr zu erwarten. Aus diesem Grund dürfte bei nicht fristenkongruenter Absicherung eine Einzelwertberichtigung einer Forderung nicht mit Hinweis auf das Bestehen des Kreditderivats unterlassen werden, denn der genaue Eintrittszeitpunkt des credit-event kann nicht vorhergesehen werden. Im Umkehrschluß ist eine Fristengleichheit zwischen Grundgeschäft und Kreditderivat erforderlich, um auf die Vornahme von Einzelwertberichtigungen beim Grundgeschäft verzichten zu können.

Neben den allgemeinen Kriterien für Bewertungseinheiten bestehen weitere Voraussetzungen für die Anerkennung als Micro-Hedge, dazu gehören die Dokumentation, die separate Erfassung und eine Durchhalteabsicht. Diese Punkte weisen keine Besonderheiten hinsichtlich der Kreditderivate auf und werden deshalb hier nicht noch einmal behandelt.

Zusammenfassend werden nochmals die Voraussetzungen für die Bildung eines Micro-Hedge mit Kreditderivaten genannt:

1) Hinreichende Konkretisierung der Gewinnchance

2) Bestimmbare Beeinflussung von Gewinnchance und Verlustrisiko

3) Identität der Kreditnehmer von Grundgeschäft und Basiswert

4) Vollständige Kompensation bei wenigstens einem Risiko

5) Relativierung durch Restrisiken

6) Fristengleichheit

7) Eindeutige Dokumentation der Bewertungseinheit und der Hedge-Absicht

8) Separate buchmäßige Erfassung der Sicherungsinstrumente und der abgesicherten Bestände

9) Durchhalteabsicht der Sicherung

1.3 Anhangangaben im Zusammenhang mit Kreditderivaten

Analog den Vorschriften für Optionsgeschäfte müssen die finanziellen Verpflichtungen des Sicherheitsverkäufers bzw. des Optionsverkäufers gem. § 285 Nr. 3 HGB als sonstige finanzielle Verpflichtungen angegeben werden.[558] Diese Vorschrift gilt nur für Kapitalgesellschaften, wobei nach § 288 HGB kleine Kapitalgesellschaften zu diesen Angaben nicht verpflichtet sind. Allerdings wird die Auffassung vertreten, daß bei Gesellschaften, die keinen Anhang aufstellen, insbesondere die Angabe der sonstigen finanziellen Verpflichtungen als zusätzlicher Bilanzvermerk i.S.d. § 251 HGB wünschenswert wäre.[559]

Kreditinstitute müssen die Verpflichtung aus einem Kreditderivat in die unter dem Strich Position *Verbindlichkeit aus Bürgschaften und Gewährleistungsverträgen* (Position 1.b des Bilanzformblattes für Kreditinstitute) aufnehmen.[560] Gem. § 36 RechKredV haben sie darüber hinaus in ihren Anhang eine Aufstellung über Termingeschäfte aufzunehmen.[561] Dabei ist der Begriff der Termingeschäfte allerdings nicht zu eng auszulegen, so gehören dazu börsen- oder nicht börsengehandelte Optionen sowie Swap-Vereinbarungen. In § 36 S. 2 Nr. 3 RechKredV werden ausdrücklich auch Termingeschäfte mit sonstigen Marktpreisrisiken in die Angabepflicht einbezogen. Zwar handelt es sich bei der Übernahme eines Adressenausfallrisikos gemäß der obigen[562] Definition nicht um ein Marktpreisrisiko. Der Gesetzgeber hat aber mit der Ausweitung auf sonstige Marktpreisrisiken deutlich gemacht, daß er nicht nur die ausdrücklich aufgezählten, sondern darüber hinaus alle weiteren noch entstehenden Derivate in die Angabepflicht einbeziehen möchte.[563] Aufgrund dieser weiten Definition werden unter die notwendige Anhangangabe auch Verpflichtungen aus noch nicht abgewickelten Kreditderivaten fallen.

In der Diskussion zur Berücksichtigung von Kreditversicherungen wurde als Besonderheit die Beachtung der Ausweistrennung hervorgehoben. Danach kann der Ausweis des Grundgeschäfts in einer anderen Bilanzposition als das Sicherungsgeschäft gegen das Prinzip der Ausweistrennung verstoßen, da der Eindruck von wirtschaftlich vollwertigen Forderungen vermittelt wird, die aber nur durch die Absicherung einer anderen Bilanzposition vollwertig sind. Hierzu

---

[558] Vgl. Ellrott in: Beck Bil-Komm. (1999) § 285 Tz. 45

[559] Vgl. Ellrott in: Beck Bil-Komm. (1999) § 251 Tz. 50

[560] Vgl. Hashagen/Auerbach (1998) S. 627

[561] Zur Aufgliederung der Anhangangaben vgl. Bundesverband deutscher Banken (1995) S. 3 ff.

[562] Vgl. Kapitel II.A, S. 4 ff.

[563] Vgl. Krumnow (1994) § 36 RechKredV Tz. 2

wären bei einem wesentlichen Ausmaß solcher Fälle entsprechende Anhangangaben erforderlich.

2. Bilanzierung von Credit-Default-Produkten

Die bilanzielle Behandlung der Credit Default Linked Note ist ähnlich der bei einem Credit Default Swap. Im folgenden wird zuerst die Bilanzierung des Credit Default Swap und anschließend die Besonderheiten bei einer Credit Default Linked Note vorgestellt.

2.1 Credit Default Swap

2.1.1 Abbildung beim Sicherheitskäufer

Die gezahlte Absicherungsprämie wird analog den allgemeinen Vorschriften zur Bilanzierung von Optionsgeschäften unter dem Posten *Sonstige Vermögensgegenstände* aktiviert. Da die Prämie bis zur Abwicklung des Geschäfts aktiviert bleibt, soweit die Bonitätsbeurteilung des Sicherheitsverkäufers keine Wertberichtigung erforderlich macht, kann es sich bei der Frage einer vorzeitigen oder verspäteten Zahlung der Prämie nur um ein Ausweisproblem in der Bilanz, nicht dagegen um ein Problem des korrekten Erfolgsausweises handeln. Die Erfolgsrechnung wird von dem Problem gar nicht berührt. Zwei mögliche Fälle einer zeitlichen Abgrenzung sind dabei denkbar:

1) Die Prämie ist fällig, aber noch nicht gezahlt

Grundsätzlich wäre die bislang ausgebliebene Zahlung auszuweisen über eine *sonstige Verbindlichkeit*, gleichzeitig müßte in gleicher Höhe ein *sonstiger Vermögensgegenstand* aufgrund des Optionsrechts ausgewiesen werden. Es ist zweifelhaft, ob diese Darstellung der Bilanzklarheit entspricht oder nicht vielmehr eine unzulässige Bilanzverlängerung darstellt.[564] Für die endgültige Behandlung wird differenziert zwischen Kapital- und Personengesellschaften.

Für Kapitalgesellschaften fordert § 264 Abs. 2 HGB die Vermittlung eines den tatsächlichen Verhältnissen entsprechenden Bildes der Vermögens-, Finanz- und Ertragslage.[565] Eine Saldierung würde einerseits einem richtigen Ausweis der Vermögens-, Finanz- und Ertragslage widersprechen, andererseits würde die Bilanzklarheit gefördert. Zur Gewährleistung einer den verschiedenen Ansprüchen an den Jahresabschluß entsprechenden Abbildung des Sachverhalts wird

[564] Vgl. Krumnow (1994) § 340 e Tz. 406, wonach der Verbindlichkeit eine gleich hohe Forderung gegenübersteht und dieses zu einer Bilanzverlängerung führt. Einen Verzicht auf den Ausweis beider Positionen hält *Krumnow* aufgrund von Vereinfachungsüberlegungen und einer weit verstandenen wirtschaftlichen Betrachtungsweise für gerechtfertigt. Beide Argumente können nicht überzeugen, da die Vereinfachung genauso wie die weit verstandene wirtschaftliche Betrachtungsweise nicht Bestandteile eines handelsrechtlichen GoB-Systems darstellen.

[565] Zu § 264 Abs. 2 HGB im einzelnen vgl. Kapitel III.A.2.2, S. 60 ff.

hier für die Möglichkeit einer entsprechenden Anhangangabe plädiert. So kann als Erläuterung zum Ausweis der *sonstigen Verbindlichkeiten* und *sonstigen Vermögensgegenstände* auf den saldierten Ausweis der fälligen, aber noch nicht gezahlten Prämie hingewiesen werden.[566]

Für Personengesellschaften gilt § 264 Abs. 2 HGB nicht, allerdings dürfen Saldierungen auch hier nicht wahllos erfolgen, dies wird einerseits durch das Saldierungsverbot und darüber hinaus durch den Grundsatz der Bilanzwahrheit gefordert. Die Begründung und das Ergebnis lauten aber ähnlich denen der Kapitalgesellschaften, wonach eine Erläuterung unter der jeweiligen Position der Bilanzklarheit dient. Mangels Aufstellungspflicht für einen Anhang kann ein solcher Hinweis als Erläuterung unter der jeweiligen Bilanzposition erfolgen.

2) Die Prämie ist gezahlt, aber noch nicht fällig

Die Prämie ist unter den *sonstigen Vermögensgegenständen* als im voraus geleistete Zahlung aufzuführen. Ein Ausweis unter den geleisteten Optionsprämien wäre dagegen unzulässig, da dieser Zahlung noch keine Gegenleistung gegenübersteht.

Neben der Behandlung der Prämie ist ein weiteres Darstellungsproblem die Bilanzierung von Wertveränderungen des Derivats. Wertverluste des Derivats können sich u.a. auseiner mangelnden Bonität des Sicherheitsverkäufers ergeben. Bei Zweifeln an der Bonität des Sicherheitsverkäufers ist zu überprüfen, ob die aktivierte Optionsprämie in der entsprechenden Höhe werthaltig ist. Sollte die Werthaltigkeit nicht gegeben sein, ist eine außerplanmäßige Abschreibung vorzunehmen. Eine planmäßige Abschreibung ist dagegen unzulässig.[567] Darüber hinaus fehlt es bei berechtigten Zweifeln an der einwandfreien Bonität des Sicherheitsverkäufers an einer der Voraussetzungen zur Bildung eines Micro-Hedge.

Gestiegene Marktwerte des Credit Default Swap dürfen gem. Realisationsprinzip nicht ausgewiesen werden. Eine Ausnahme besteht insoweit, als daß bei Vorliegen eines Micro-Hedge auf den Ausweis von Verlusten aus dem Grundgeschäft verzichtet werden kann, soweit dem unrealisierte Gewinne aus dem Credit Default Swap gegenüberstehen.

Die Beendigung des Kreditderivats kann durch Zeitablauf ohne Vorliegen eines credit-event oder durch Vorliegen eines credit-event erfolgen. Liegt kein credit-event vor, ist die aktivierte Prämie in der Erfolgsrechnung unter *Zinsaufwand* zu

---

[566] Diese Behandlung entspricht auch voll dem Vorsichtsprinzip, da im Regelfall die Zahlung zwischen Bilanzstichtag und -aufstellung erfolgt ist. Anderenfalls ist durch den Wirtschaftsprüfer zu untersuchen, ob der Vertragspartner (=Sicherheitsverkäufer) u.U. von der Verpflichtung zur Leistung frei wird und dadurch die Anerkennung des Micro-Hedge gefährdet sein kann.

[567] Vgl. Bundesverband deutscher Banken (2000) S. 689; a.A. IDW (2000) S. 723

erfassen.[568] Bei Vorliegen eines credit-event erscheint es sachgerecht, den Aufwand für die Abschreibung der Forderung und den Ertrag aus dem Kreditderivat unsaldiert zu erfassen, da dies eine wertvolle Information für den Bilanzleser darstellen kann.

2.1.2 Abbildung beim Sicherheitsverkäufer

Spiegelbildlich zur Behandlung beim Sicherheitskäufer bzw. analog den allgemeinen Regeln zur Bilanzierung von Optionsgeschäften wird die erhaltene Prämie nicht als Ertrag ausgewiesen, sondern unter den *Sonstigen Verbindlichkeiten* aufgeführt.[569]

Eine fällige, aber noch nicht erhaltene Prämie kann analog den Vorschriften für den Sicherheitskäufer saldiert werden, d.h. es genügt bei Kapitalgesellschaften ein Hinweis auf die Saldierung im Anhang bzw. bei Personengesellschaften bei der jeweiligen Bilanzposition. Ein solcher Hinweis kann z.B. folgenden Wortlaut haben: „Optionsprämien i.H.v. DM xx sind fällig, wurden aber noch nicht vereinnahmt. Aus Gründen der Klarheit wurden die betragsgleichen Posten in den Positionen *Forderungen an Kunden* bzw. *Kreditinstitute* und *Sonstigen Verbindlichkeiten* saldiert."

Zu jedem Bilanzstichtag muß geprüft werden, ob aus dem Credit Default Swap ein Verlust entstehen kann, ggf. ist eine Drohverlustrückstellung zu bilden. Dabei ist jeweils auf das individuell vereinbarte credit-event abzustellen. Die erhaltene und passivierte Optionsprämie ist dabei rückstellungsmindernd zu berücksichtigen.

---

[568] Bei Zahlungen zur Übernahme des Ausfallrisikos handelt es sich bei Banken regelmäßig um Zinszahlungen (vgl. Krumnow (1994) § 340 e Tz. 354). Um Provisionsaufwand handelt es sich dagegen in den Fällen, in denen eine Vermittlungsleistung in Anspruch genommen wird. Bei Industrie- oder Handelsunternehmen ist zu unterscheiden, ob Sicherungsgeschäfte regelmäßig durchgeführt werden, in diesem Fall liegt ebenfalls Zinsaufwand vor. Werden Sicherungsgeschäfte dagegen unregelmäßig und mit einer unwesentlichen Größenordnung durchgeführt, sind diese Geschäfte als sonstiger betrieblicher Aufwand zu erfassen. Darüber hinaus wird für Sicherungsgeschäfte bei Industrieunternehmen auch eine Verrechnung mit Umsatzerlösen für möglich erachtet, vgl. Förschle in: Beck Bil-Komm. (1999) § 246 Tz. 133; im Fall der Kreditderivate ebenso für die Position Zinsaufwand Bundesverband deutscher Banken (2000) S. 687; das IDW (2000) S. 723 weist darauf hin, daß ein Ausweis unter dem Provisionsaufwand, Zinsaufwand oder auch unter „Abschreibungen und Wertberichtigungen auf Forderungen und bestimmte Wertpapiere sowie Zuführungen zu Rückstellungen im Kreditgeschäft" möglich sei.

[569] Vgl. Bundesverband deutscher Banken (2000) S. 689; a.A. für eine zeitanteilige Vereinnahmung der Prämie IDW (2000) S. 723; Langer/Leichner (1998) S. 476; Becker/Wolf (1999) S. 626

2.2 Besonderheiten bei der Credit Linked Note

Bei einer Credit Linked Note wird ein Credit Default Swap mit einer durch den Sicherheitskäufer emittierten Schuldverschreibung kombiniert. Grundsätzlich richtet sich die Bilanzierung und Bewertung nach den oben beschriebenen Regeln zum Credit Default Swap, wobei Besonderheiten aufgrund der Schuldverschreibung zu beachten sind. So wird die Schuldverschreibung beim Emittenten unter der Position *Verbriefte Verbindlichkeiten* ausgewiesen. Der Sicherheitsverkäufer aktiviert die Schuldverschreibung unter der Position *Schuldverschreibungen und andere festverzinsliche Wertpapiere*.

Die Verbuchung der Zinsen der Schuldverschreibung erfolgt nach allgemeinen Grundsätzen im Zinsergebnis, und bei nicht periodengerechter Zahlung ist eine Periodenabgrenzung erforderlich. Von Seiten des Sicherheitsverkäufers ist zum Bilanzstichtag die Fähigkeit des Emittenten zur Rückzahlung der Schuldverschreibung zu überprüfen, ggf. ist die Bildung einer Einzelwertberichtigung erforderlich.

Tritt das credit-event ein, wird die Tilgung der Schuldverschreibung in dem Ausmaß hinfällig, in dem es zur Erfüllung der Verpflichtungen des Sicherheitsverkäufers notwendig ist. Der Sicherheitskäufer bucht einerseits die Abschreibung des Grundgeschäfts und gleichzeitig einen Ertrag mit dem Buchungssatz *Verbriefte Verbindlichkeiten* an *Erträge aus Zuschreibungen*. Der Sicherheitsverkäufer bucht korrespondierend *Zinsaufwand* bzw. *Nettoaufwand aus Finanzgeschäften* an *Schuldverschreibungen und andere Wertpapiere*.

3. Bilanzierung von Credit-Spread-Produkten

Dargestellt wird in Anlehnung an die obige[570] Darstellung eine Credit-Spread-Verkaufoption, d.h. ein Credit Spread Put. Für einen Credit Spread Call gilt die beschriebene bilanzielle Behandlung analog.

Die Besonderheit der Credit Spread Option ist der Bezug auf einen Credit Spread, d.h. bei Erreichen einer festgelegten Differenz des Zinssatzes eines Referenzobjekts zu einer risikolosen Anlage tritt das Optionsereignis ein. Die Erfüllungsform ist wiederum frei vereinbar, entweder eine physische Lieferung oder ein Barausgleich. In jedem Fall erfolgt sowohl beim Optionskäufer als auch –verkäufer eine Verrechnung der Ausgleichszahlung mit der Optionsprämie. Dieser Sachverhalt soll unten an einem Beispiel dargestellt werden.

Die Bildung eines Micro-Hedge ist bei einer Credit Spread Option kaum denkbar, denn mit dieser Optionsform wird zwar sowohl eine Bonitätsverschlechterung als auch eine Verschlechterung des allgemeinen Zinsniveaus, bezogen auf die zugrundeliegende Anleihe, abgesichert. Allerdings führt dies erst bei Erreichen des Credit Spreads zu einer Ausgleichsverpflichtung. Anderenfalls hat der

---

[570] Vgl. zur Credit Spread Option Kapitel II.B.3.2, S. 19 ff.

Optionskäufer nur die Prämie geleistet und muß diese erfolgswirksam berücksichtigen, ohne eine Zahlung zu erhalten. Ein Micro-Hedge setzt dagegen eine annähernd vollständige Korrelation voraus, diese ist mit einer Credit Spread Option nicht gegeben. Dies liegt an der möglichen Ausweitung des Credit Spread, die aber noch nicht zu einem Optionsereignis führt. Das Risiko der Bonitätsverschlechterung bzw. einer Abschreibungsnotwendigkeit aufgrund einer Änderung des Zinsniveaus trägt in dieser Spanne der Sicherheitskäufer. Dies widerspricht allerdings der erwähnten Voraussetzung eines Micro-Hedge, wonach eine vollständige Kompensation bei wenigstens einem Risiko vorliegen muß.

3.1 Abbildung beim Optionskäufer

Gemäß den allgemeinen Regeln erfolgt eine Aktivierung der Optionsprämie unter den *sonstigen Vermögensgegenständen.* Zum Bilanzstichtag erfolgt eine Prüfung der Werthaltigkeit der aktivierten Prämie. Falls Zweifel an der Bonität des Optionsverkäufers bestehen oder niedrigere Marktpreise vorliegen, ist die aktivierte Prämie zumindest teilweise wertzuberichtigen.

Die Annahmen im Beispiel lauten, daß für eine Credit-Spread-Verkaufoption eine Prämie von 10 Geldeinheiten (GE) vereinbart wird. Diese räumt dem Optionskäufer das Recht ein, bei einer Ausweitung des Credit Spreads auf 2 % (=200 Basispunkte) die Option auszuüben. Der nominale Wert des festverzinslichen Referenzwertpapiers beträgt 1.000 GE.

Der Buchungssatz zur Berücksichtigung der Optionsprämie lautet:
Sonstige Vermögensgegenstände an *Zahlungskonto* 10 GE

Falls der Credit Spread bis zum Verfall der Option nicht die Marke von 200 Basispunkten erreicht, ist die Optionsprämie erfolgswirksam zu berücksichtigen:
Zinsaufwand an *Sonstige Vermögensgegenstände* 10 GE

Erreicht der Credit Spread dagegen die Marke von 200 Basispunkten, kann und wird der Optionskäufer die Option ausüben. In diesem Fall wird die Zahlung von 2 % auf den Nominalbetrag von 1.000 GE, d.h. 20 GE fällig. Die Buchung erfolgt folgendermaßen:

Zahlungskonto	20 GE	an	*Sonstige Vermögensgegenstände* 10 GE
		an	*Zinsertrag* 10 GE

Wurde statt des Barausgleichs die physische Lieferung des Referenzwertpapiers vereinbart, wird der Optionskäufer die Wertpapiere liefern, da es sich um eine Verkaufoption handelt, d.h. sie werden zum Buchwert aus der Bilanz ausgebucht, und der entsprechend höhere Gegenwert geht auf dem Zahlungskonto ein.

3.2 Abbildung beim Optionsverkäufer

Der Optionsverkäufer bucht grundsätzlich spiegelbildlich. Der Erhalt der Optionsprämie führt zu folgendem Buchungssatz:
Zahlungskonto an *Sonstige Verbindlichkeiten* 10 GE

Verfällt die Option ohne Eintritt des Optionsereignisses, wird gebucht:
Sonstige Verbindlichkeiten an *Zinsertrag* 10 GE

Überschreitet der Credit Spread die Marke von 200 Basispunkten und wählt der Optionskäufer die Ausübung der Option, führt dies zu folgender Buchung:

Zinsaufwand	10 GE	
Sonstige Verbindlichkeiten	10 GE	an *Zahlungskonto* 20 GE

Falls aus der Credit Spread Option ein Verlust droht, ist eine entsprechende Drohverlustrückstellung zu bilden. Die Bewertung der Rückstellung wird aber problematischer sein als bei den übrigen Kreditderivaten, da das Erreichen des vereinbarten Credit Spreads schwieriger prognostizierbar ist als z.B. ein Ausfall oder eine Bonitätsverschlechterung, denn der Credit Spread umfaßt neben dem Bonitätsrisiko auch noch das Zinsrisiko. In jedem Fall ist eine Rückstellung zu bilden, wenn der vereinbarte Credit Spread fast erreicht ist, weil in diesem Fall mit einer Inanspruchnahme unmittelbar zu rechnen ist.

4. Bilanzierung eines Total Return Swap

Für die folgende Darstellung der Bilanzierung eines Total Return Swap wird angenommen, daß der Sicherheitskäufer die festen Zinszahlungen des Basiswerts bzw. Grundgeschäfts gegen eine variable Verzinsung tauscht. Ein Ausgleich über evtl. Kursgewinne oder –verluste des Basiswerts erfolgt einmalig zum Ende der Laufzeit. Entsprechend der Konstruktion eines Swap erfolgen keine Prämienzahlungen.

4.1 Abbildung beim Sicherheitskäufer

Der Total Return Swap besteht zu einem Teil aus einem reinen Zinsswap, mit dem z.B. eine variable gegen eine feste Verzinsung getauscht wird. Die Zahlungen aus diesem Teil des Total Return Swap werden unabhängig vom Vorliegen eines Micro-Hedge ausgewiesen. In der Praxis erfolgt hierzu nur ein Spitzenausgleich, d.h. die Zahlung des Überschusses des einen Zinssatzes (variabel oder fest) über den anderen (fest oder variabel). Analog den Regeln zum Zinsswap wird zur Verhinderung einer Aufblähung der GuV dort auch nur das Nettoergebnis aus dem gesamten Geschäft angegeben.[571]

Der andere Teil des Total Return Swap führt zu Zahlungseingängen oder –ausgängen bei Marktwertänderungen des Basiswerts. Wenn kein Micro-Hedge vorliegt und damit auch keine Verrechungsmöglichkeit mit einem Grundge-

[571] Vgl. Krumnow (1994) § 340 e Tz. 352

schäft besteht, sind die erhaltenen Zahlungen aufgrund von Marktpreisminderungen des Basiswerts als Zinsertrag und die geleisteten Zahlungen für Marktpreiserhöhungen des Basiswerts als Zinsaufwand zu verbuchen.

Befindet sich der Basiswert im Eigentum des Sicherheitskäufers, wird meist auch ein Micro-Hedge vorliegen, da aufgrund der entgegengesetzten Wertentwicklung von Total Return Swap und Basiswert viele Voraussetzungen einer Bewertungseinheit bereits erfüllt sind. Liegt der Micro-Hedge vor, dürfen wirtschaftlich betrachtet Marktwertminderungen des Basiswerts nicht zu einem Aufwand führen, da sie durch Ausgleichszahlungen des Sicherheitsverkäufers ausgeglichen werden. So müßte der Basiswert einerseits abgeschrieben werden und andererseits ein Ertrag in gleicher Höhe aufgrund der Ausgleichszahlung ausgewiesen werden.[572] Um eine Aufblähung der GuV zu vermeiden, werden die entsprechenden Positionen nur saldiert ausgewiesen.

Führen Marktwertsteigerungen des Basiswerts zu Ausgleichszahlungen des Sicherheitskäufers an den Sicherheitsverkäufer, ist für die bilanzielle Behandlung zu unterscheiden zwischen Marktwerterhöhungen bis zur Höhe der Anschaffungskosten und darüber hinaus. Marktwertsteigerungen bis zur Höhe der Anschaffungskosten werden verbucht durch eine Ertragsbuchung über Zuschreibungen auf den Basiswert und gleichzeitig eine Buchung von Zinsaufwand zur Bedienung des Total Return Swap. Die Buchungssätze lauten:

Festverzinsliche Wertpapiere an Erträge aus Zuschreibungen

Zinsaufwand an Zahlungskonto

Zur Verhinderung einer Aufblähung der GuV wird dieser Vorgang wiederum nur saldiert ausgewiesen.

Für den über die Anschaffungskosten hinausgehenden Betrag muß eine Bilanzposition gefunden werden, die diesen nur vorübergehend über die Anschaffungskosten hinausgehenden Marktwert darstellt, denn bei Fälligkeit des Basiswerts wird der Nennwert wieder dem Marktwert entsprechen. Hierzu bestehen verschiedene Möglichkeiten: So können die Ausgleichszahlungen als zu aktivierende nachträgliche Anschaffungskosten angesehen werden[573], oder es kann eine Forderung gegen den Sicherheitsverkäufer ausgewiesen werden[574]. Dem Vorschlag zum Ausweis einer Forderung muß widersprochen werden, da von Seiten des Sicherheitsverkäufers keine formalrechtliche Rückzahlungsver-

---

[572] Nicht differenziert wird hier zwischen Anlage- und Umlaufvermögen. Zwar besteht für das Anlagevermögen ein Abschreibungswahlrecht, würde allerdings auf die Abschreibung verzichtet, hätte dies den Ausweis eines Ertrags aus dem Absicherungsgeschäft zur Folge, der wirtschaftlich betrachtet gar nicht entstanden ist, vgl. Bundesverband deutscher Banken (2000) S. 685

[573] Vgl. Bundesverband deutscher Banken (2000) S. 685

[574] Vgl. IDW (2000) S. 723

pflichtung besteht.[575] Allerdings besteht wirtschaftlich betrachtet eine Rückzahlungsverpflichtung, da spätestens bei Rückzahlung des Basiswerts der Marktwert dem Nennwert entspricht und dann evtl. geleistete Ausgleichszahlungen zurückzuzahlen sind. Um diesen besonderen Charakter der Forderung darzustellen, wird hier für einen Ausweis des Differenzpostens unter den sonstigen Vermögensgegenständen plädiert. Dadurch wird ausgedrückt, daß die Forderung zwar wirtschaftlich werthaltig ist, die Realisierung aber von den allgemeinen Marktgegebenheiten abhängt.

4.2 Abbildung beim Sicherheitsverkäufer

Für die Bilanzierung des Total Return Swap beim Sicherheitsverkäufer ist es entscheidend, ob durch den Total Return Swap das wirtschaftliche Eigentum am Basiswert übergegangen ist.[576] Gegen das Vorliegen des wirtschaftlichen Eigentums wird eingewandt, daß der Sicherheitsverkäufer über das Referenzaktivum nicht selbst verfügen kann, sondern nur ein Differenzausgleich erfolgt.[577] Dieser Einwand erscheint plausibel. Daraus folgt, daß mangels Übergang des wirtschaftlichen Eigentums der Total Return Swap nicht so abgebildet werden darf, als hätte der Sicherheitsverkäufer den Basiswert selbst erworben.[578]

Damit ähnelt die bilanzielle Behandlung der des Sicherheitskäufers: Der Austausch der Zinsvereinbarungen wird auch beim Sicherheitsverkäufer im Zinsergebnis dargestellt. Die Ausgleichszahlungen werden analog dem Sicherheitskäufer nicht sofort erfolgswirksam, sondern als *Sonstige Vermögensgegenstände* oder *Sonstige Verbindlichkeiten* ausgewiesen.

---

[575] Vgl. Bundesverband deutscher Banken (2000) S. 685
[576] Für einen wirtschaftlichen Eigentumsübergang vgl. IDW (2000) S. 723
[577] Vgl. Bundesverband deutscher Banken (2000) S. 682
[578] So aber Bundesverband deutscher Banken (2000) S. 686

IV. Abbildung von Kreditderivaten im Jahresabschluß nach IAS

Durch das Kapitalaufnahmeerleichterungsgesetz erhielten deutsche Unternehmen durch die Einführung des § 292 a HGB erstmals die Möglichkeit, ihren Konzernabschluß mit befreiender Wirkung nach internationalen Rechnungslegungsvorschriften aufzustellen. Zu diesen Vorschriften gehören die IAS.[579] Nach der Anerkennung der IAS durch die internationale Börsenaufsichtsbehörde IOSCO kann davon ausgegangen werden, daß sich der Einfluß der IAS zukünftig zu Lasten der US-GAAP vergrößern wird.[580] Denn für europäische Unternehmen entfällt die Pflicht, für den Zugang zum amerikanischen Kapitalmarkt einen Abschluß nach US-GAAP aufzustellen. Darüber hinaus ist auch durch die Europäische Union festgestellt worden, daß die IAS in Europa das zukünftig präferierte Rechnungslegungssystem sein werden.[581] Aus diesen Gründen werden im folgenden als Beispiel eines internationalen Rechnungslegungssystems die IAS und daran anschließend die Bilanzierung von Kreditderivaten nach IAS vorgestellt.

A. Grundlagen der IAS

Die IAS werden durch das International Accounting Standards Committee (IASC) aufgestellt. Dabei handelt es sich um eine privatrechtliche Organisation mit dem Ziel einer weltweiten Harmonisierung der Rechnungslegungsgrundsätze. Mitglieder in diesem Gremium sind nationale Berufsverbände, die mit der Rechnungslegung befaßt sind. Im Januar 2000 bestand der Kreis der Mitglieder aus 143 Berufsverbänden aus 104 Ländern.

Im Vergleich zum deutschen HGB sind die Regelungen der IAS grundsätzlich sehr detailliert und auf Einzelfälle bezogen. Ein den deutschen GoB vergleichbares System besteht nicht. Trotzdem können die IAS eingeteilt werden in die allgemeinen Erklärungen und Grundsätze, die Bestandteil des *framework* (Rahmenkonzept) sind und in die Einzelvorschriften.[582] Einzelne Artikel des framework werden im folgenden kurz vorgestellt, da dort wichtige Aussagen zu

---

[579] Zur Konformität der IAS allgemein und der Marktbewertung von Finanzinstrumenten mit den europäischen Richtlinien der Rechnungslegung und zum Änderungsbedarf der europäischen Richtlinien der Rechnungslegung vgl. Kontaktausschuß für Richtlinien der Rechnungslegung (2000) S. 3 ff.; IDW (2000a) S. 612 ff.

[580] Zur Bilanzierung derivativer Finanzinstrumente nach US-GAAP vgl. Maulshagen/Maulshagen (1998) S. 2151 ff.

[581] Vgl. Kommission der europäischen Gemeinschaften (2000) S. 4; Kontaktausschuß für Richtlinien der Rechnungslegung (2000) S. 5

[582] Der Begriff der IAS wird allgemein und so auch in der vorliegenden Arbeit mit zwei verschiedenen Inhalten benutzt. So bezeichnet die Abkürzung entsprechend ihrer vollständigen Bezeichnung einen International Accounting Standard, d.h. eine Einzelvorschrift. Darüber hinaus wird unter den IAS auch die Gesamtheit der Regelungen verstanden.

Zielen der Rechnungslegung und grundsätzliche Vorschriften enthalten sind. Das framework selbst stellt aber keinen selbständigen Standard dar und kann damit auch keinem Standard vorgehen.[583] Diese Feststellung ist insoweit wichtig, da vereinzelt Konflikte zwischen dem framework und den Einzelvorschriften entstehen können.[584]

1. Framework des IAS

Die Aufgabe der IAS besteht in der Vermittlung von Informationen über die Vermögens-, Finanz- und Ertragslage sowie über Veränderungen in der Vermögens- und Finanzlage.[585] Diese Informationsvermittlung erfolgt an einen weiten Adressatenkreis. Ausdrücklich genannt werden derzeitige und potentielle Investoren, Kreditgeber, Lieferanten und andere Kreditoren, Kunden, Regierungen mit deren Behörden und die Öffentlichkeit.[586] Auch wenn der Wortlaut der IAS zur Informationsvermittlung an die Problematik des § 264 Abs. 2 HGB erinnert[587], kann die Konsequenz aus dieser Vorschrift, die Notwendigkeit einer Anhangangabe, bei den IAS nicht auftreten.[588] Denn bereits die Anwendung der grundlegenden qualitativen Anforderungen und der Rechnungslegungsgrundsätze führt zu einem den tatsächlichen Verhältnissen entsprechenden Bild.[589]

Aus dieser Aussage wird ersichtlich, daß mit den IAS kein primär vorsichts- und gläubigerschutzgeprägtes Rechnungslegungskonzept wie mit dem HGB verfolgt wird.[590] Demzufolge hat das Vorsichtsprinzip nur eine untergeordnete Position. So wird festgestellt, daß eine vorsichtige Vorgehensweise nicht dazu führen darf, stille Reserven zu legen.[591] Aus diesem Satz folgt, daß die IAS auch die Gläubiger des Unternehmens über die tatsächliche Lage informieren möchten, ohne daß sie allerdings als schutzwürdiger gegenüber den anderen Adressaten gelten. Damit sind grundsätzlich Konflikte zwischen den u.U. gegensätzlichen Informationsinteressen der einzelnen Adressaten denkbar. Diese werden durch die IAS zugunsten der Informationsbedürfnisse der Investoren entschieden.[592]

---

[583] Vgl. IAS framework.2
[584] Vgl. IAS framework.3
[585] Vgl. IAS framework.12
[586] Vgl. IAS framework.9
[587] Vgl. Kapitel III.A.2.2, S. 60 ff.
[588] Vgl. IDW (1995b) S. 13 f.
[589] Vgl. IAS framework.46
[590] Vgl. KPMG (1996) S. 25
[591] Vgl. IAS framework.37
[592] Vgl. IAS framework.37

Als Besonderheit gegenüber dem HGB ist die ausdrückliche Erwähnung der Notwendigkeit einer wirtschaftlichen Betrachtungsweise (substance over form) zu nennen.[593]

Einzelne Regelungen des framework werden hier nicht aufgeführt, da diese grundsätzlich nur der Entwicklung neuer IAS oder der Lückenfüllung dienen sollen. Sollte die Heranziehung von Grundsätzen erforderlich sein, erfolgt dies im jeweiligen Kontext.

2. Vorschriften zur Bilanzierung von Finanzinstrumenten

Die IAS enthalten keine expliziten Vorschriften zur bilanziellen Behandlung von Kreditderivaten. Deren Abbildung im Jahresabschluß richtet sich folglich nach allgemeinen Vorschriften. Im Gegensatz zum HGB bestehen nach IAS aber ausdrückliche Vorschriften zur Bilanzierung von Finanzinstrumenten. Im Kapitel B wird untersucht, ob sich die verschiedenen Formen von Kreditderivaten unter die noch zu nennenden Begriffsmerkmale der Finanzinstrumente subsumieren lassen. Vorschriften zur Behandlung von Finanzinstrumenten finden sich an zwei verschiedenen Stellen der IAS. IAS 32 enthält Vorschriften zu Angaben und zur Darstellung von Finanzinstrumenten, IAS 39 enthält Vorschriften zum Ansatz und zur Bewertung.

2.1 Darstellung von Finanzinstrumenten nach IAS 32

Der Anwendungsbereich von IAS 32 wird in IAS 32.1 beschrieben. Danach ist der Standard grundsätzlich für alle Arten von Finanzinstrumenten anzuwenden, wobei wenige Ausnahmen zu beachten sind. Hinsichtlich der hier interessierenden Kreditderivate könnte nur IAS 32.1(f) einschlägig sein, wonach Verpflichtungen aus Versicherungsverträgen aus dem Anwendungsbereich des IAS 32 ausgenommen sind. Versicherungsverträge haben in der Form der Kreditversicherung eine starke Ähnlichkeit mit Kreditderivaten. Nach IAS 32.3 wird der Versicherer durch einen Versicherungsvertrag bestimmbaren Verlustrisiken ausgesetzt. Zu diesen gehören Tod, Krankheit, Berufsunfähigkeit, Vermögensschäden, Schäden Dritter und die Betriebsunterbrechung. Aufgrund der Versicherung gegen Vermögensschäden könnten Kreditderivate Versicherungsverträge i.S. der IAS sein. Gleichzeitig wird durch diesen Standard aber festgelegt, daß die Vorschriften von IAS 32 und 39 auch anzuwenden sind auf Finanzinstrumente, die nur der Form nach Versicherungsverträge sind, aber hauptsächlich die Übertragung von Finanzrisiken beinhalten. Im Ergebnis folgt aus diesem Satz, daß u.U. auch Kreditversicherungsverträge, auf jeden Fall aber Kreditderivate in den Anwendungsbereich dieser Vorschrift fallen, da sie Finanzrisiken übertragen. Die Kreditversicherungsverträge werden im folgenden nicht separat behandelt, die Bilanzierung erfolgt aber analog der der Kreditderivate.

---

[593] Vgl. IDW (1995b) S. 21 f.

Um in den Anwendungsbereich von IAS 32 und 39 zu fallen, müssen Kreditderivate die Begriffsmerkmale eines Finanzinstruments erfüllen. Eine Definition dieses Begriffs erfolgt in IAS 32.5, wonach es sich bei einem Finanzinstrument um einen Vertrag handelt, der gleichzeitig bei einem Unternehmen zu einem finanziellen Vermögenswert und beim anderen zu einer finanziellen Verbindlichkeit oder einem Eigenkapitalinstrument führt. Nach dieser Definition umfassen Finanzinstrumente auch schwebende Verträge, da es sich bei einem finanziellen Vermögenswert unter anderem um das Recht handelt, flüssige Mittel oder andere finanzielle Vermögenswerte von einem anderen Unternehmen zu erhalten oder Finanzinstrumente mit einem anderen Unternehmen unter potentiell vorteilhaften Bedingungen austauschen zu können.[594] Umgekehrt umfaßt die finanzielle Verbindlichkeit die Verpflichtung, Vermögenswerte abzugeben oder Finanzinstrumente austauschen zu müssen. Damit gehören auch z.B. Optionen, Futures, Forwards, Zins- und Währungsswaps zu den Finanzinstrumenten.[595]

Im Ergebnis gehören auch Kreditderivate grundsätzlich in den Anwendungsbereich des IAS 32. Dies gilt umsomehr, da nach IAS 32.15 auch bei erst zukünftigem Vorliegen von Rechten bzw. Verpflichtungen ein finanzieller Vermögenswert bzw. eine finanzielle Verbindlichkeiten vorliegt.

Aus IAS 32 ergeben sich konkrete Angabepflichten. So fordert IAS 32.43(b) die Angabe von Ausfallrisiken. Darunter fallen auch Ausfallrisiken, die aufgrund eines Sicherheitsverkaufs im Rahmen eines Kreditderivats eingegangen wurden.[596] Der Sicherheitskäufer hat ebenfalls Angaben zu Ausfallrisiken des Basiswerts zu machen. Mögliche Verwertungserlöse aus Sicherheiten, wie z.B. Kreditderivaten, dürfen aber nicht angegeben werden.[597] Werden Finanzinstrumente als Sicherungsinstrumente verwandt, kann nach IAS 32.53(d) die Angabe der Bilanzierungs- und Bewertungsmethode erforderlich sein. Darüber hinaus ist nach IAS 32.17 für jede Klasse von finanziellen Vermögenswerten und Verbindlichkeiten, also auch für Kreditderivate, der beizulegende Zeitwert anzugeben. Die Ermittlung des beizulegenden Zeitwerts kann allerdings bei Kreditderivaten aufgrund des relativ illiquiden Marktes mit erhöhten Problemen behaftet sein. Notwendig ist in diesem Zusammenhang der Hinweis in IAS 32.82, wonach die Ermittlung des beizulegenden Zeitwerts auch durch Optionspreismodelle erfolgen kann. Damit werden wiederum die Ermittlung und Angabe des Zeitwerts bei Kreditderivaten ermöglicht.

---

594 Vgl. IAS 32.5

595 Vgl. IAS 32.9 mit weiteren Erläuterungen in IAS 32.A9-A12

596 Vgl. auch IAS 32.73, wo zwar Kreditderivate nicht ausdrücklich genannt werden, aber allgemein von Bürgschaften und Garantien gesprochen wird.

597 Vgl. IAS 32.68; Ausnahmen von dieser Grundregel bestehen hinsichtlich anerkannter Hedge-Beziehungen, vgl. hierzu Kapitel IV.A.2.2.3, S. 160 ff.

2.2 IAS 39: Ansatz und Bewertung von Finanzinstrumenten

Weitreichende Bedeutung für diese Arbeit erlangt IAS 39, da in diesem Standard nicht nur Ansatz und Bewertung der Kreditderivate, sondern auch die der zugrundeliegenden Grundgeschäfte geregelt werden. IAS 39 ist für Abschlüsse anzuwenden, deren Berichtsperiode am oder nach dem 01.01.2001 beginnt.[598] In diesem Standard wird auch entschieden, ob Sicherungszusammenhänge nach IAS anerkannt werden und ggf. welche Voraussetzungen hierfür zu erfüllen sind. Dabei gilt IAS 39 nicht nur für Banken, sondern für Unternehmen aller Branchen.[599]

2.2.1 Definitionen und Ansatzvorschriften

Aus IAS 39.1 ergibt sich der Anwendungsbereich von IAS 39. Danach ist die Vorschrift grundsätzlich auf alle Finanzinstrumente anzuwenden bis auf wenige Ausnahmen, wie Versicherungen und Zahlungsbürgschaften. Oben wurde bereits festgestellt, daß nach den IAS ein Kreditderivat nicht unter die Ausnahmevorschrift für Versicherungen fällt. Daneben ist zu prüfen, ob es sich bei einem Kreditderivat um eine Zahlungsbürgschaft handeln kann. Eine solche fällt gem. IAS 39.1(f) dann nicht unter den Anwendungsbereich der Vorschrift, wenn sie eine Zahlung für den Fall vorsieht, daß der Schuldner seinen Zahlungsverpflichtungen nicht nachkommt. Dies wird wiederum eingeschränkt, indem IAS 39 doch angewandt wird, wenn die Zahlungsbürgschaft auf eine Änderung eines Wertpapierkurses, Bonitätsratings oder ähnlicher Variablen abstellt.[600] Sowohl Credit-Spread- als auch Total-Return-Produkte stellen auf den Wertpapierkurs des festverzinslichen Basiswertpapiers (bzw. eines Referenz-Wertpapiers) ab. Hinsichtlich dieser Produkte gilt IAS 39 somit uneingeschränkt. Anders kann sich die Situation hinsichtlich der Credit-Default-Produkte darstellen. Aufgrund der sehr ins Detail gehenden Prüfung, ob diese Produkte Zahlungsbürgschaften darstellen können, erfolgt die Diskussion unter der eigentlichen Behandlung der Credit-Default-Produkte.[601]

In IAS 39 wird einerseits auf die oben dargestellten Definitionen des IAS 32, insbesondere auf die Begriffsmerkmale von Finanzinstrumenten, Bezug genommen. Darüber hinaus wird in IAS 39.10 definiert, welche drei Voraussetzungen ein *derivatives* Finanzinstrument erfüllen muß:

---

598 Dieser Standard ist nur als „Zwischenlösung" gedacht, bis der endgültige Standard zur umfassenden Marktbewertung für Finanzinstrumente umgesetzt ist, vgl. Breker/Gebhardt/Pape (2000) S. 730; da es sich bei IAS 39 um eine relativ junge Vorschrift handelt, könnten grundsätzlich die US-GAAP zur Interpretation herangezogen werden. Allerdings ist auch dort der analoge SFAS Nr. 133 erst seit kurzem in Gebrauch, vgl. zu dieser Regelung Labude/Wienken (2000) S. 11 ff.; Barth/Porlein (2000) S. 16 ff.

599 Vgl. Gebhardt/Naumann (1999) S. 1461; Scharpf (2000) S. 629

600 Vgl. IAS 39.1(f)

601 Vgl. Kapitel IV.B.1, S. 163 ff.

1) Der Wert muß sich in Abhängigkeit von einer Änderung eines Wertpapierkurses, Bonitätsratings oder ähnlicher Variablen verändern.[602]

2) Verglichen mit andersgearteten Verträgen erfordert ein derivatives Finanzinstrument nur eine geringe anfängliche Nettoinvestition.

3) Das derivative Finanzinstrument wird erst zu einem späteren Zeitpunkt beglichen.

Soweit Kreditderivate überhaupt unter IAS 39 fallen, werden sie regelmäßig derivative Finanzinstrumente darstellen, da sie alle drei der genannten Voraussetzungen erfüllen.

Darüber hinaus werden ebenfalls in IAS 39.10 vier Kategorien von finanziellen Vermögenswerten aufgezählt und erläutert. Die Unterscheidung ist für diese Arbeit notwendig, da sich die Bewertung von finanziellen Vermögenswerten und finanziellen Verbindlichkeiten je nach Kategorie unterscheidet. Die einzelnen Kategorien lauten:

1) Zu Handelszwecken gehaltene finanzielle Vermögenswerte oder finanzielle Verbindlichkeiten:

   Derivative Finanzinstrumente fallen immer in diese Kategorie, soweit sie nicht zu Sicherungszwecken gehalten werden.[603] Falls es sich bei Kreditderivaten um derivative Finanzinstrumente handelt und diese nicht Absicherungszwecken dienen, sind sie folglich immer dieser Kategorie zuzuordnen.

2) Bis zur Endfälligkeit zu haltende Finanzinvestitionen[604]:

   Diese Finanzinstrumente haben feste oder bestimmbare Zahlungen, und das Unternehmen beabsichtigt, sie bis zur Endfälligkeit zu halten. Ausgenommen von dieser Gruppe sind solche Vermögenswerte, die der nächsten Gruppe zuzuordnen sind.

3) Vom Unternehmen ausgereichte Kredite und Forderungen:

   Zu dieser Gruppe gehören keine sehr kurzfristigen Kredite, diese sind der Gruppe 1 zuzuordnen.

[602] Die für die Qualifizierung als Finanzinstrument zugrundeliegenden Variablen sind identisch mit den oben beschriebenen Variablen, wann es sich bei einer Zahlungsbürgschaft um einen Anwendungsfall für IAS 39 handelt.

[603] In diesem Fall richtet sich die Bilanzierung nach den besonderen Vorschriften bei Hedge-Beziehungen.

[604] Abweichend von der sonstigen Terminologie wird bei dieser Kategorie der Begriff der Finanzinvestition gebraucht. Die Finanzinvestition wird in IAS 25.4 definiert und bezeichnet einen finanziellen Vermögenswert, der von einem Unternehmen zum Zwecke des Vermögenszuwachses oder Wertsteigerungen gehalten wird. Finanzinvestitionen fallen gem. IAS 25.3(h) nicht unter den Anwendungsbereich von IAS 25, wenn IAS 39 Anwendung findet.

4) Zur Veräußerung verfügbare finanzielle Vermögenswerte:

   Bei dieser Gruppe handelt es sich um solche finanziellen Vermögenswerte, die keiner der drei anderen Gruppen zuzuordnen sind.

Die Gruppen 2-4 beinhalten oft die Grundgeschäfte von Kreditderivaten, da die Grundgeschäfte meist nicht zur Erzielung eines Handelserfolgs eingegangen werden. Ansatz und Bewertung der Grundgeschäfte richten sich aber nur dann nach der jeweiligen Gruppenzugehörigkeit, soweit kein Sicherungszusammenhang vorliegt.

Nach IAS 39.27 sind alle Vermögenswerte bilanzierungspflichtig. Wenn ein Kreditderivat somit die Voraussetzungen für einen derivativen Vermögenswert erfüllt, ist es bilanzierungsfähig und auch bilanzierungspflichtig.[605]

2.2.2 Bewertungsvorschriften

Die Erstbewertung des finanziellen Vermögenswerts bzw. der Verbindlichkeit erfolgt bei allen Kategorien finanzieller Vermögenswerte zu den Anschaffungskosten, die zu diesem Zeitpunkt dem beizulegenden Zeitwert entsprechen.[606] Bei der Erstbewertung sind Transaktionskosten einzubeziehen.

Für die Folgebewertung wird unterschieden zwischen den vier verschiedenen Kategorien von finanziellen Vermögenswerten. IAS 39.69 schreibt als grundsätzliche Bewertungsregel die Bewertung zum beizulegenden Zeitwert vor.[607] Dieser Zeitwert ist anzuwenden ohne Abzug evtl. anfallender Transaktionskosten. Ausnahmen von der Bewertung zum Zeitwert gelten hinsichtlich der folgenden Gruppen:

1) Vom Unternehmen ausgereichte Kredite und Forderungen

2) Bis zur Endfälligkeit zu haltende Finanzinvestitionen

3) Alle finanziellen Vermögenswerte, deren Zeitwert nicht verläßlich bestimmt werden kann

Trotz der Probleme bei der Preisermittlung von Kreditderivaten wird hier die Auffassung vertreten, daß Kreditderivate nicht zur genannten dritten Gruppe gehören. Denn in IAS 39.70 wird festgestellt, daß davon ausgegangen werden kann, daß für die meisten Vermögenswerte, die zur Veräußerung verfügbar oder zu Handelszwecken gehalten werden, ein Zeitwert verläßlich bestimmt werden kann.[608] Ausnahmen könnten nur hinsichtlich von Eigenkapitalinstrumenten

---

605 Vgl. IAS 39.29 (d) wo ausdrücklich festgestellt wird, daß Optionen auf Finanzinstrumente als Vermögenswerte oder Verbindlichkeiten erfaßt werden müssen.

606 Vgl. IAS 39.66

607 Der nach der Terminologie der IAS beizulegende Zeitwert wird im folgenden als Zeitwert bezeichnet.

608 Mangels Vorliegen von Marktwerten wird zukünftig auch die Bewertungskategorie „marking-to-model“ an Bedeutung gewinnen, bei der anerkannte Bewertungsverfahren zur Preis-

bestehen. Diese Ausnahmen betreffen aber nicht Kreditderivate, d.h. diese sind regelmäßig zum Zeitwert zu bewerten.

Die beiden erstgenannten Gruppen können regelmäßig Grundgeschäfte von Kreditderivaten beinhalten, deshalb werden deren Bewertungsverfahren vorgestellt. Es werden zwei verschiedene Bewertungsmaßstäbe verwandt: zum einen die Anschaffungskosten und zum anderen die fortgeführten Anschaffungskosten unter Verwendung der Effektivzinsmethode.[609] Gem. IAS 39.73 sind bis zur Endfälligkeit zu haltende Finanzinvestitionen bei einer festen Laufzeit mit den fortgeführten Anschaffungskosten, ohne feste Laufzeit mit den Anschaffungskosten zu bewerten. Vom Unternehmen ausgereichte Kredite und Forderungen sind mit den fortgeführten Anschaffungskosten anzusetzen. Bei der Notwendigkeit einer Forderungsberichtigung wegen Wertminderung oder Uneinbringlichkeit ist der Buchwert des finanziellen Vermögenswerts auf den voraussichtlich erzielbaren Betrag zu reduzieren.[610] Dies kann direkt oder unter Verwendung eines Wertminderungskontos erfolgen.

Die Verbuchung der Gewinne und Verluste, die durch die Bewertung zum Zeitwert entstehen können, erfolgt gem. IAS 39.103 nach zwei unterschiedlichen Verfahren. Bei zu Handelszwecken gehaltenen Vermögenswerten und Verbindlichkeiten ist der Gewinn oder Verlust in das Ergebnis der Periode einzubeziehen, in der er entstanden ist. Bei zur Veräußerung verfügbaren finanziellen Vermögenswerten besteht ein Wahlrecht. So kann einerseits der Gewinn bzw. Verlust im Ergebnis der Periode berücksichtigt werden, in der er entstanden ist. Andererseits kann er auch erfolgsneutral direkt im Eigenkapital erfaßt werden und erst bei der endgültigen Abwicklung des Geschäfts als Gewinn oder Verlust gezeigt werden.

2.2.3 Hedge-Accounting

In Abweichung von der oben beschriebenen Bilanzierung schreibt IAS 39.121 bei Vorliegen einer Sicherungsbeziehung zwischen einem gesicherten Grundgeschäft und einem Sicherungsinstrument eine besondere Vorgehensweise vor. Aus diesem Grundsatz folgt die Notwendigkeit der Klärung, welche Geschäfte

---

ermittlung eingesetzt werden. Zur Zulässigkeit des Barwerts im Rahmen der US-GAAP, das Rückschlüsse auch auf eine künftige Zulässigkeit im Rahmen der IAS erlaubt, vgl. Hitz/Kuhner (2000) S. 889 f.

[609] Die fortgeführten Anschaffungskosten unter Verwendung der Effektivzinsmethode beinhalten nach IAS 39.10 die ursprünglichen Anschaffungskosten unter Berücksichtigung von Tilgungen, evtl. außerplanmäßige Abschreibungen und einer Verteilung des Agios oder Disagios, das sich am Effektivzins orientiert. Zur Vereinfachung wird es aber auch für möglich gehalten, das Agio oder Disagio linear zu verteilen, vgl. Gebhardt/Naumann (1999) S. 1466; zu einer Gegenüberstellung der Anschaffungskosten nach HGB und IAS vgl. Wohlgemuth/Radde (2000) S. 903 ff.

[610] Vgl. IAS 39.111

Sicherungsgeschäfte darstellen können, welche Grundgeschäfte gesichert werden können, wann es sich um eine Sicherungsbeziehung handelt und schließlich, welche Konsequenzen die Bewertung als Sicherungsgeschäft hat, d.h. der Inhalt der „besonderen Vorgehensweise".

Die Funktion eines Sicherungsinstruments kann nach IAS 39.122 grundsätzlich nur durch derivative Finanzinstrumente übernommen werden. Ausnahmen können hinsichtlich der Absicherung von Fremdwährungsgeschäften gelten, diese sind aber für das hier interessierende Problem der Absicherung durch Kreditderivate nicht relevant. Als Ergebnis können damit Kreditderivate als derivative Finanzinstrumente die Funktion eines Sicherungsinstruments übernehmen.

Eine Einschränkung gesicherter Grundgeschäfte hinsichtlich bestimmter finanzieller Vermögenswerte erfolgt nicht, so daß jeder finanzielle Vermögenswert ein gesichertes Grundgeschäft darstellen kann. Diese können gem. IAS 39.127-128 sowohl gegen alle Risiken insgesamt als auch gegen einen Teil der Risiken abgesichert werden. Die Absicherung mehrerer Risiken durch ein Sicherungsinstrument setzt aber nach IAS 39.131 voraus, daß die abzusichernden Risiken eindeutig ermittelt werden können, die Wirksamkeit des Sicherungsgeschäfts nachweisbar ist und eine spezifische Zuordnung des Sicherungsinstruments und der unterschiedlichen Risikopositionen gewährleistet sind. Grundgeschäfte von Kreditderivaten müssen folglich nur die Voraussetzung eines finanziellen Vermögenswerts erfüllen, um ein gesichertes Grundgeschäft darstellen zu können. Falls mehrere Risiken durch ein Kreditderivat abgesichert werden, wird i.d.R. eine Aufteilung in die einzelnen Risiken möglich sein, so daß die Anforderungen des Standards erfüllt sind.

Die oben beschriebene besondere Vorgehensweise bei Vorliegen einer Sicherungsbeziehung unterscheidet sich abhängig vom vorliegenden Sicherungsgeschäft. Die IAS unterscheiden hier zwischen drei verschiedenen Sicherungsgeschäften:[611]

1) Fair-Value-Hedge

   Diese Form sichert das Grundgeschäft gegen das Risiko einer negativen Änderung des beizulegenden Zeitwerts ab. Dieses Risiko muß einem einzelnen Risiko zugeordnet werden können und Auswirkungen auf das ausgewiesene Periodenergebnis haben.

2) Cash-Flow-Hedge

   Ein Cash-Flow-Hedge sichert das Risiko von Wertschwankungen von Cash-Flows aus einem Vermögenswert ab. Die Wertschwankungen müssen wie

[611] Vgl. IAS 39.137; im folgenden werden für die beiden Hedge-Formen die englischen Originalbezeichnungen verwendet, der Inhalt der Hedges wird nur verkürzt wiedergegeben.

derum einem einzelnen Risiko zugeordnet werden können und Auswirkungen auf das Periodenergebnis haben.[612]

3) Absicherung einer Nettoinvestition im Ausland

   Diese Form betrifft die Problematik von Wechselkursänderungen. Aufgrund des fehlenden Anknüpfungspunkts an Kreditderivate wird diese Form nicht weiter behandelt.

Die eigentlichen Voraussetzungen für eine Anerkennung als Sicherungsgeschäft ergeben sich aus IAS 39.142. Die Voraussetzungen werden im folgenden vorgestellt, wobei für eine Anerkennung als Sicherungsgeschäft alle Voraussetzungen erfüllt sein müssen.

1) Das Sicherungsgeschäft muß von Beginn an dokumentiert sein.[613]
2) Die Cash-Flow- oder Fair-Value-Hedges werden als hoch wirksam eingestuft und dies stimmt mit der ursprünglichen Strategie überein.[614]
3) Beim Cash-Flow-Hedge müssen evtl. zukünftig abzuschließende Geschäfte eine hohe Eintrittswahrscheinlichkeit haben.
4) Bei Cash-Flow- und Fair-Value-Hedges muß die Wirksamkeit eines Sicherungsgeschäfts verläßlich bestimmbar sein.
5) Das Sicherungsgeschäft wurde in der Vergangenheit fortlaufend beurteilt und für die gesamte Sicherungsperiode als hoch wirksam eingeschätzt.

Erfüllt ein Fair-Value-Hedge die genannten Anforderungen, richtet sich die bilanzielle Behandlung nach besonderen Regeln.[615] So ist der Gewinn oder Verlust des Sicherungsgeschäfts aufgrund der Bewertung zum Zeitwert sofort im Periodenergebnis zu erfassen. Gleichzeitig ist der entsprechend gegenläufige Gewinn oder Verlust aus dem Grundgeschäft ebenfalls sofort im Periodenergebnis zu berücksichtigen. Darüber hinaus ist der Buchwert des Grundgeschäfts

---

[612] Als Beispiel für einen Cash-Flow-Hedge wird in IAS 39.139(c) ein Swap-Vertrag genannt, mit dem variable Zinsen gegen feste Zinsen getauscht werden. Bemerkenswert ist, daß nach diesem Beipiel und auch nach der Definition des Cash-Flow-Hedge eine variable Verzinsung als Risiko angesehen wird und eine feste Verzinsung als Absicherung. Diese Auffassung verkennt, daß die Frage des Risikos unternehmensindividuell entschieden werden muß, d.h. es bei Banken abhängig ist von der individuellen Finanzierungs- und Refinanzierungsstruktur, ob aus einer variablen oder einer festen Verzinsung ein Risiko drohen kann.

[613] Zu den Bestandteilen einer ordnungsmäßigen Dokumentation vgl. IASC (2000) Question 121-2-c

[614] Ein Sicherungsgeschäft wird nach IAS 39.146 als hoch wirksam eingestuft, wenn die tatsächlichen Ergebnisse verglichen mit den prognostizierten in einer Bandbreite von 80 % und 125 % liegen. Die Wirksamkeit der Absicherung wird bei Kreditderivaten i.d.R, gegeben sein, da diese das Ausfallrisiko und evtl. weitere Preisrisiken eines bestimmten Kredits oder Wertpapiers absichern. Insoweit ist keine Ineffektivität der Absicherung denkbar.

[615] Vgl. hierzu und zum Folgenden IAS 39.153

um den in der Periode entstandenen Gewinn oder Verlust aus dem Sicherungsgeschäft zu berichtigen.

Falls ein Cash-Flow-Hedge die in IAS 39.142 genannten Voraussetzungen erfüllt, gilt für den wirksamen Teil des Sicherungsgeschäfts, daß der Gewinn oder Verlust direkt im Eigenkapital erfaßt wird. Der ineffektive Teil wird bei derivativen Finanzinstrumenten im Periodenergebnis erfaßt.

B. Bilanzierung von Kreditderivaten

1. Bilanzierung von Credit-Default-Produkten

1.1 Bilanzierung des Credit Default Swap

Für die Bilanzierung von Credit-Default-Produkten wird nun das oben angedeutete Problem entschieden, ob es sich bei diesen Produkten um derivative Finanzinstrumente oder um Zahlungsbürgschaften handelt. Rechtliche Grundlage dieses Entscheidungsproblems ist IAS 39.1(f). Zahlungsbürgschaften sind danach von der Anwendung des IAS 39 ausgenommen, außer wenn diese eine Zahlung für den Fall vorsehen, daß es zu einer Änderung des Zinssatzes, Wertpapierkurses,(...) Bonitätsratings, Kurs- oder Zinsindexes oder anderer Variablen kommt. Unter den Begriff der Zahlungsbürgschaft würde ggf. auch ein Credit-Default-Produkt fallen und dann nach IAS 37 behandelt werden. Die Hinweise des Implementation Guidance Committee zu dieser Problematik lauten in Analogie zum Wortlaut des IAS 39.1(f), daß bei einer Veränderung des Ratings das Finanzinstrument in den Anwendungsbereich des IAS 39 fällt.[616] Beruht das Zahlungsereignis des Derivats dagegen auf einem Ausfall des Schuldners, fällt das Derivat nicht unter IAS 39, sondern unter IAS 37.[617]

Eine solche Trennung scheint nur auf den ersten Blick verständlich. Tatsächlich wird man aber nicht jedes Credit-Default-Produkt von der Anwendung des IAS 39 mit dem Hinweis ausgrenzen können, daß es sich um eine eindeutige Zahlungsbürgschaft handelt.[618] In der Praxis umfassen Credit-Default-Produkte meist mehrere credit-events, z.B. einen Ausfall des Schuldners und eine Herabstufung im Rating. Dieser Fall wird durch die IAS nicht berücksichtigt. Es erscheint in diesem Fall sachgerecht, das Credit-Default-Produkt als Finanzinstrument i.S.d. IAS 39 zu erfassen.[619] Die Begründung hierfür liegt im Grundsatz der Vollständigkeit.[620] Würde das Kreditderivat nicht gem. IAS 39 erfaßt und würde sich eine Ratingverschlechterung herausstellen, müßte es ab diesem Zeitpunkt beim Sicherheitskäufer und –verkäufer als Finanzinstrument

---

616 IASC (2000) Question 1-1
617 IASC (2000) Question 1-2
618 So aber Bundesverband deutscher Banken (2000) S. 679
619 Gl.A. aber ohne Begründung PWC (1999) S. 245
620 Vgl. IAS framework.38

i.S.d. IAS 39 aufgeführt werden. Bis zu diesem Zeitpunkt wäre es beim Sicherheitsverkäufer als Eventualschuld i.S.d. IAS 37.10 aufgeführt. Gem. IAS 37.31 dürfte der Sicherheitskäufer keine Eventualforderung ansetzen. Eine solche Handhabung würde zu Bewertungsinkonsistenzen führen, da bis zum Vorliegen des credit-event das Kreditderivat nach IAS 37 ausgewiesen wird, der mögliche Ertrag dann aber aus einem Finanzinstrument i.S.d. IAS 39 vereinnahmt wird. Damit ist es sachgerechter, das Kreditderivat in dem beschriebenen Fall nach IAS 39 auszuweisen, und falls als credit-event ein Konkurs eintritt, wäre ein Abgang des Kreditderivats und der Zugang einer Sicherheit zu buchen. Unabhängig davon kann auch argumentiert werden, daß aufgrund der üblichen zeitlichen Abfolge einem Konkurs im Regelfall eine Ratingsverschlechterung vorausgeht und damit die Ratingänderung das wahrscheinlichere Ereignis darstellt.

Aufgrund der für Credit-Default-Produkte einschlägigen zwei Vorschriften ist für die folgende Darstellung der konkreten Bilanzierung zu unterscheiden zwischen einer Anwendung des IAS 39 und der tendenziell selteneren Anwendung von IAS 37, wenn es sich um eine eindeutige Zahlungsbürgschaft handelt.

1.1.1 Abbildung beim Sicherheitskäufer

Falls der Credit Default Swap nach IAS 39 bilanziert wird, ist zu entscheiden, ob eine Sicherungsbeziehung i.S. der Voraussetzungen von IAS 39.142 vorliegt. Falls diese vorliegt, kommt als konkrete Ausprägung ein Fair-Value-Hedge in Frage. Allerdings wird ein Credit Default Swap nur einen Teil der Risiken absichern, denen ein Kredit oder ein festverzinsliches Wertpapier ausgesetzt ist, nämlich die Ausfallrisiken. Risiken, die nicht dem Sicherungsgeschäft zuzurechnen sind, sind gemäß IAS 39.155 getrennt zu erfassen. Die Bewertungen des Credit Default Swap und des Grundgeschäfts richten sich nach den Vorschriften des Fair-Value-Hedge, d.h. beide Geschäfte sind zum Zeitwert zu bewerten. Aus der Bewertung zum Zeitwert resultierende Gewinne oder Verluste sind sofort aufwands- oder ertragswirksam im Periodenergebnis zu erfassen.

Liegt keine Sicherungsbeziehung und damit kein Fair-Value-Hedge vor, ist der Credit Default Swap ein Handelsgeschäft. Die Bewertung erfolgt ebenfalls zum Zeitwert, wobei das Handelsergebnis bei Banken gem. IAS 30.10 gesondert in der GuV aufgeführt wird.

Gehört das Grundgeschäft[621] zur Kategorie der zu Handelszwecken gehaltenen Vermögenswerte, erfolgt die Bewertung zum Zeitwert. Eventuelle Gewinne oder Verluste sind im Periodenergebnis zu erfassen. Liegt ein zur Veräußerung verfügbarer Vermögenswert vor, erfolgt die Bewertung ebenfalls zum Zeitwert.

---

621 Die Ausführungen gelten sowohl für Wertpapiere als auch für Kredite, bei letzteren aber unter der Annahme, daß der Zeitwert verläßlich bestimmt werden kann. Anderenfalls richtet sich die Bewertung des Grundgeschäfts nach den folgenden Ausführungen zur Bewertung zu Anschaffungskosten bzw. fortgeführten Anschaffungskosten.

Die Umrechnungsdifferenzen können wahlweise erfolgswirksam oder erfolgsneutral im Eigenkapital gebucht werden. Gehört das Grundgeschäft einer anderen Kategorie finanzieller Vermögenswerte an, ist das Grundgeschäft zu den Anschaffungskosten bzw. fortgeführten Anschaffungskosten zu bewerten. Falls allerdings eine Wertminderung gem. IAS 39.111 aufgetreten ist, wäre diese gesondert im Periodenergebnis zu erfassen.

Im Ergebnis wird unabhängig vom Vorliegen einer Sicherungsbeziehung bzw. der Zuordnung des Grundgeschäfts zu einer der verschiedenen Kategorien fast jede Wertminderung einer der beiden Bestandteile erfolgswirksam im Periodenergebnis dargestellt.[622] Die parallele Werterhöhung des Kreditderivats wird ebenso in jedem Fall im Periodenergebnis berücksichtigt. Unterschiede bestehen dagegen zwischen den möglichen Kategorien des Basiswerts hinsichtlich der Berücksichtigung möglicher Wertsteigerungen des Basiswerts. Diese müssen bei der Bewertung zu Anschaffungskosten bzw. fortgeführten Anschaffungskosten unberücksichtigt bleiben (d.h. bei bis zur Endfälligkeit zu haltenden Finanzinvestitionen oder bei vom Unternehmen ausgereichten Krediten und Forderungen). Bei Handelsgeschäften müssen sie aufgrund der Bewertung zum Zeitwert berücksichtigt werden, und bei der Gruppe der zur Veräußerung verfügbaren Vermögenswerte besteht wiederum ein Wahlrecht zur erfolgswirksamen oder erfolgsneutralen Verbuchung des Bewertungsergebnisses.

Wird der Credit Default Swap als Zahlungsbürgschaft i.S.d. IAS 37 angesehen, erfolgt keine separate Bilanzierung des Kreditderivats. Vielmehr ist der Credit Default Swap bei Krediten als Sicherheit zu berücksichtigen. Erfolgswirksam wird diese Sicherheit indirekt über eine evtl. notwendige Abschreibung auf den voraussichtlich erzielbaren Betrag unter Berücksichtugung des Kreditderivats, d.h. auch in diesem Fall erfolgt eine zeitnahe Berücksichtigung der Wertminderung beim Grundgeschäft einerseits und der Wertsteigerung beim Kreditderivat andererseits.

Eine solche Berücksichtigung ist aber nicht möglich, wenn das Grundgeschäft aus einem Wertpapier besteht, welches zum Zeitwert bewertet wird. In diesem Zeitwert können auch bonitätsinduzierte Zu- oder Abschläge enthalten sein, wobei andererseits u.U. das credit-event noch nicht eingetreten ist, so daß keine korrespondierende Berücksichtigung einer Forderung aus dem Credit Default Swap erfolgen darf. Für diesen Fall wird vorgeschlagen, eine voraussichtlich entstehende Ausgleichszahlung zu antizipieren, gleichsam in Form eines „Erwartungswerts".[623] Dieser Vorschlag ist abzulehnen, da er die Aktivierungs-

---

[622] Die Ausnahme betrifft finanzielle Vermögenswerte, die der Gruppe der zur Veräußerung verfügbaren Vermögenswerte zugeordnet werden und die Zeitwertänderungen erfolgsneutral im Eigenkapital dargestellt werden.

[623] Vgl. Bundesverband deutscher Banken (2000) S. 687

voraussetzungen einer Forderung nicht erfüllt.[624] So ist erst bei Eintritt des credit-event die Voraussetzung für eine Aktivierung der Forderung erfüllt.

Trotzdem braucht der Sicherungszusammenhang nicht ignoriert zu werden, denn würde das Grundgeschäft der Kategorie der bis zur Endfälligkeit zu haltenden Finanzinvestitionen zugeordnet, ergäbe sich eine Bewertung zu fortgeführten Anschaffungskosten. Dieser Lösungsvorschlag umgeht die Probleme, die aufgrund der Marktbewertung entstehen. Dem könnte entgegengehalten werden, daß für eine Zuordnung zur Gruppe der bis zur Endfälligkeit zu haltenden Finanzinvestitionen strenge Voraussetzungen gelten.[625] Allerdings wird davon ausgegangen, daß ein Wertpapier, das fristengleich bis zur Endfälligkeit abgesichert wurde, auch bis zu diesem Zeitpunkt gehalten wird. Ansonsten entstünden dem Unternehmen Leerkosten für eine Absicherung, die nicht gebraucht wird.

Für die bilanzielle Behandlung der Prämie muß wiederum zwischen zwei Fällen unterschieden werden: zum einen, wenn das Kreditderivat unter IAS 39 fällt und zum anderen, wenn es eine Zahlungsbürgschaft i.S.d. IAS 37 darstellt. Die Unterscheidung zwischen dem Vorliegen einer Sicherungsbeziehung und dem Nichtvorliegen kann entfallen, da oben festgestellt wurde, daß in beiden Fällen der Credit Default Swap zum Zeitwert bewertet wird. Aufgrund dieser Identität ist auch die Behandlung der Prämie identisch.

Fraglich könnte bei der bilanziellen Berücksichtigung der Prämienzahlung sein, ob die Prämie zeitanteilig[626] oder erst am Ende aufwandswirksam[627] erfaßt wird. Entsprechende Diskussionen sind nach der hier vertretenen Auffassung entbehrlich, da sie an den Grundlagen der Rechnungslegung für derivative Finanzinstrumente vorbeigehen. So ist die Grundregel für Derivate die Bewertung zum Zeitwert, Gewinne oder Verluste aus dieser Bewertung sind im Periodenergebnis zu verbuchen. Demzufolge werden Optionsrechte gemäß IAS 39.29(d) als finanzielle Vermögenswerte erfaßt, und die Erstbewertung erfolgt in Höhe der gezahlten Optionsprämie.[628] Die Folgebewertung ist abhängig von Marktwertänderungen des Optionsrechts, demzufolge wird die Optionsprämie bei Derivaten nach keinem bestimmten Verfahren verteilt. Stattdessen erfolgt eine fortlaufende erfolgswirksame Anpassung an Marktwerte.

Handelt es sich beim Credit Default Swap dagegen um eine Zahlungsbürgschaft i.S.d. IAS 37 können mangels Vorschriften zur Aufwandserfassung der Prämie die Vorschriften zur Ertragserfassung analog IAS 18 angewandt werden. Die

---

[624] Zu Aktivierungsvoraussetzungen von Forderungen vgl. IAS framework.85

[625] Zu den Voraussetzungen einer Zuordnung zur Gruppe der bis zur Endfälligkeit zu haltenden Wertpapiere vgl. IAS 39.79

[626] Vgl. PWC (1999) S. 246; Bundesverband deutscher Banken (2000) S. 687

[627] Vgl. PWC (1999) S. 248

[628] Vgl. IAS 39.66

Kriterien ergeben sich aus IAS 18.20 zur zeitanteiligen Ertragserfassung bei der Erbringung von Dienstleistungen. Die Vorschriften zur Erfassung von Zinsen, Lizenzerträgen und Dividenden gem. IAS 18.29 und 30 sind dagegen nicht anzuwenden.[629]

Nach IAS 18.20 ist eine zeitanteilige Vereinnahmung dann möglich, wenn

- die Höhe der Erträge verläßlich bestimmt werden kann und
- eine hinreichende Wahrscheinlichkeit besteht, daß der wirtschaftliche Nutzen aus dem Geschäft dem Unternehmen zufließt und
- der Fertigstellungsgrad verläßlich bestimmt werden kann und
- die für das Geschäft angefallenen und noch anfallenden Kosten verläßlich bestimmt werden können.

Im Fall der Prämie eines Credit Default Swap wird im Regelfall keines dieser Kriterien vorliegen.[630] Im Ergebnis darf die Ertragserfassung und analog die Aufwandserfassung erst zum Ende der Laufzeit erfolgen.

1.1.2 Abbildung beim Sicherheitsverkäufer

Analog zu den Regelungen für den Sicherheitskäufer hat auch beim Sicherheitsverkäufer eine Unterteilung nach IAS 37 und 39 zu erfolgen.

Falls der Credit Default Swap nach IAS 39 behandelt wird, erfolgt eine Bewertung zum Zeitwert, da das Kreditderivat beim Sicherheitsverkäufer nur ein Handelsgeschäft und kein Sicherungsgeschäft sein kann. Die vereinnahmten Gebühren sind analog den Regelungen des Sicherheitskäufers auszuweisen, d.h. es erfolgt keine separate Ertragserfassung. Stattdessen stellt die erhaltene Prämie die Erstbewertung einer finanziellen Verbindlichkeit i.S.d. IAS 39.29(d) dar. Die Erfassung des Ertrags bzw. des Aufwands im Falle einer drohenden Auszahlung erfolgt fortlaufend über die Marktbewertung.

Wird der Credit Default Swap nach IAS 37 erfasst, so muß nach diesem Standard die Angabe einer Eventualverbindlichkeit erfolgen. Droht aus dem Geschäft dagegen für den Sicherheitsverkäufer ein Verlust, erfolgt der Ansatz einer Rückstellung.[631]

Die Ertragserfassung erfolgt analog zu den Regelungen, die für den Sicherheitskäufer gelten. Danach scheitert eine zeitanteilige Vereinnahmung am fehlenden Vorliegen der Kriterien für eine solche Vereinnahmung. Demzufolge kann der Ertrag erst bei Auslaufen des Credit Default Swap vereinnahmt werden.

---

[629] Gl.A. Bundesverband deutscher Banken (2000) S. 687

[630] A.A. Bundesverband deutscher Banken (2000) S. 687

[631] Vgl. hierzu das Beispiel zur Darstellung einer Einzelbürgschaft in IAS 37, Anhang, Beispiel 9

1.2 Bilanzierung der Credit Linked Note

Bei der Credit Linked Note handelt es sich um ein sogenanntes eingebettetes derivatives Finanzinstrument i.S.d. IAS 39.22, das sich aus einem Basisvertrag, d.h. einer Schuldverschreibung und einem derivativen Finanzinstrument, d.h. einem Credit Default Swap zusammensetzt. Nach IAS 39.23 ist das eingebettete derivative Finanzinstrument eigenständig zu bilanzieren, wenn die folgenden Bedingungen erfüllt sind:

- Das eingebettete derivative Finanzinstrument würde als eigenständiges Instrument ein derivatives Finanzinstrument darstellen.
- Das zusammengesetzte Finanzinstrument wird nicht mit dem Zeitwert bewertet.
- Die wirtschaftlichen Risiken des derivativen Finanzinstruments sind nicht eng mit den wirtschaftlichen Risiken des Basisvertrags verbunden.

Ob ein Credit Default Swap ein eigenständiges derivatives Finanzinstrument darstellen kann, wurde bereits oben[632] diskutiert. Die folgenden Ausführungen beziehen sich auf solche Credit Default Swaps als Teil einer Credit Linked Note, die unter den Anwendungsbereich des IAS 39 fallen und damit derivative Finanzinstrumente darstellen. Die nächste Bedingung einer nicht zum Zeitwert erfolgenden Bewertung wird unten differenziert nach Sicherheitskäufer und –verkäufer. Die dritte Bedingung einer fehlenden Parallelität der Risiken der beiden Bestandteile einer Credit Linked Note ist strittig. So kann einerseits argumentiert werden, daß die beiden Bestandteile einer Credit Linked Note unterschiedlichen Risiken ausgesetzt sind.[633] Andererseits verweist IAS 39.24(h) ausdrücklich auf Vereinbarungen, die als Kreditderivate bezeichnet und in ein originäres Schuldinstrument eingebettet sind. Diese Vereinbarungen würden es dem Begünstigten ermöglichen, das Ausfallrisiko eines Vermögenswerts zu übertragen. Solche Vereinbarungen gelten nach der Vorschrift als nicht eng mit dem originären Schuldinstrument verbunden.[634] Demzufolge müßte die Schuldverschreibung getrennt vom Credit Default Swap bilanziert werden.

1.2.1 Abbildung beim Sicherheitskäufer

Die Erstbewertung der emittierten Schuldverschreibung erfolgt beim Sicherheitskäufer gem. IAS 39.66 mit den Anschaffungskosten. Die Folgebewertung finanzieller Schulden, zu denen auch eine emittierte Schuldverschreibung

---

[632] Vgl. Kapitel IV.B.1.1, S. 163 ff.

[633] Vgl. Bundesverband deutscher Banken (2000) S. 689

[634] Es wird auch die Auffassung vertreten, daß sich diese Vorschrift auf eine allgemeine Trennung von Basiswert und Kreditderivat bezieht, so PWC (1999) S. 246. Diese Auffassung widerspricht aber dem Wortlaut des IAS 39.24(h), wo zwischen einem Schuldinstrument einerseits und dem Vermögenswert andererseits differenziert wird. Aufgrund der Unterscheidung ist davon auszugehen, daß mit dem Vermögenswert der Basiswert eines Kreditderivats gemeint ist und mit dem Schuldinstrument die Credit Linked Note.

gehört, erfolgt gem. IAS 39.93 mit den fortgeführten Anschaffungskosten. Damit ist die Voraussetzung für eine Aufspaltung der Credit Linked Note in den derivativen Teil und in die Schuldverschreibung gegeben.

Der derivative Teil wird nach den gleichen Grundsätzen bilanziert wie ein Credit Default Swap.[635] Die Schuldverschreibung wird mit den fortgeführten Anschaffungskosten bewertet. Diese sind bis auf evtl. Zu- oder Abschreibungen aufgrund eines Agios oder Disagios und evtl. Tilgungen mit den Anschaffungskosten identisch.

Die Vorgehensweise bei bonitätsinduzierten Wertänderungen des Basiswerts ähnelt ebenfalls der des Credit Default Swap. Auf Einzelwertberichtigungen kann verzichtet werden, soweit aufgrund der Credit Linked Note das Ausfallrisiko vollständig übertragen wird. Tritt das credit-event ein, erfolgt eine (ggf. anteilige) Abschreibung des Basiswerts und die Verbuchung eines Ertrags aus dem Sicherungsgeschäft, wobei parallel zur Behandlung nach dem HGB diese beiden Werte brutto gezeigt werden sollten. In der gleichen Höhe ist die Verbindlichkeit aus der Schuldverschreibung zu reduzieren.

Ist der derivative Teil dagegen eine Zahlungsbürgschaft i.S.d. IAS 37, sind die Voraussetzungen für das Vorliegen einer Aufspaltung des Geschäfts nicht erfüllt, da der eigenständige Teil kein Derivat darstellt. Die einzige Änderung gegenüber der oben beschriebenen Vorgehensweise besteht darin, daß die Absicherungswirkung eine zusätzliche Eigenschaft der Schuldverschreibung darstellt, d.h. die Bewertung der Schuldverschreibung abhängig ist vom Eintritt eines credit-event und nicht, wie im oben dargestellten Fall, quasi ein separates Geschäft, eine zusätzliche Sicherheit darstellt. Zur Beschreibung dieses Sachverhalts sollte die Absicherung netto gezeigt werden.

1.2.2 Abbildung beim Sicherheitsverkäufer

Auch für die Bilanzierung beim Sicherheitsverkäufer muß unterschieden werden, ob die Credit Linked Note aufgespalten werden muß oder nicht. Eine Aufspaltung ist nicht erforderlich, wenn es sich um eine Zahlungsbürgschaft i.S.d. IAS 37 handelt. Aufgespalten wird das Finanzinstrument in den Fällen, in denen es nicht mit dem Zeitwert bewertet wird und die übrigen Voraussetzungen des IAS 39.23 erfüllt sind. Dazu ist zu untersuchen, welcher Kategorie von Finanzinstrumenten die erworbene Schuldverschreibung zuzuordnen ist. Da die Schuldverschreibung nicht zu Handelszwecken gehalten wird, kommen folglich die übrigen drei Kategorien in Frage: eine bis zur Endfälligkeit zu haltende Finanzinvestition, ein vom Unternehmen ausgereichter Kredit und schließlich ein zur Veräußerung verfügbarer finanzieller Vermögenswert. Ein zur Veräußerung verfügbarer finanzieller Vermögenswert wird zum Zeitwert bewertet, während eine bis zur Endfälligkeit zu haltende Finanzinvestition oder ein vom

---

[635] Vgl. Kapitel IV.B.1.1.1, S. 164 ff.

Unternehmen ausgreichter Kredit mit den Anschaffungskosten bzw. fortgeführten Anschaffungskosten bewertet wird.

Eine Aufspaltung der Credit Linked Note erfolgt also nur dann, wenn es sich beim Sicherungsinstrument um einen finanziellen Vermögenswert i.S.d. IAS 39 handelt und gleichzeitig die Schuldverschreibung der Kategorie einer bis zur Endfälligkeit zu haltenden Finanzinvestition oder eines vom Unternehmen ausgereichten Kredits zugeordnet wird. In diesem Fall erfolgt die Bewertung des Derivats nach den allgemeinen Grundsätzen zur Bewertung eines Credit Default Swap, während die Bewertung der Schuldverschreibung zu Anschaffungskosten bzw. fortgeführten Anschaffungskosten erfolgt. Tritt das credit-event ein, sollte in Analogie zur Behandlung beim Sicherheitskäufer der Aufwand für die Erfüllung des Derivats und die Abschreibung der Schuldverschreibung brutto gezeigt werden.

Ist dagegen keine Aufspaltung erforderlich, dann handelt es sich beim derivativen Teil der Credit Linked Note bzw. der Zahlungsbürgschaft um eine wertbildende Eigenschaft der Schuldverschreibung, so daß die Wertberichtigung der Schuldverschreibung und der Aufwand für die Erfüllung des Derivats netto gezeigt werden sollte.

In jedem Fall sind beim Sicherheitsverkäufer Angabepflichten über das zusätzlich übernommene Ausfallrisiko erforderlich, da es sich um eine Garantie für Verpflichtungen Dritter i.S.d. IAS 32.73 handelt. Darüber hinaus sind regelmäßig die Bonität des Sicherheitskäufers und seine Fähigkeit zur Rückzahlung der Schuldverschreibung zu überprüfen, ggf. sind hierfür Einzelwertberichtigungen zu bilden.

2. Bilanzierung von Credit-Spread-Produkten

Bei der Credit Spread Option handelt es sich um ein derivatives Finanzinstrument i.S.d. IAS 39, da die Wertänderung der Credit Spread Option abhängig ist vom Wertpapierkurs des Basiswerts. Aufgrund der Derivateigenschaft der Credit Spread Option kommt für sie grundsätzlich eine Bilanzierung als Sicherungs- oder als Handelsgeschäft in Frage.

2.1 Abbildung beim Optionskäufer

Falls es sich bei der Credit Spread Option um ein Sicherungsgeschäft handelt, müßte es sich einerseits um einen Cash-Flow oder einen Fair-Value-Hedge handeln und zum anderen müssen die Bedingungen des IAS 39.142 erfüllt sein. Die Credit Spread Option führt zu einer Zahlungspflicht des Sicherheitsverkäufers, wenn der Credit Spread ein bestimmtes Maß überschreitet. Da dies zu einer Absicherung des Zeitwerts führt, kommt grundsätzlich die Absicherung durch einen Fair-Value-Hedge in Frage.

Problematisch im Rahmen einer Hedge-Beziehung könnte die Eigenschaft der Credit Spread Option sein, wonach erst bei Erreichen eines bestimmten Credit

Spreads eine Auszahlung erfolgt. Die Konsequenz dieser Eigenschaft könnte sein, daß ein Geschäft als Teil eines Sicherungsgeschäfts dargestellt wird, obwohl die Sicherungswirkung mangels Erreichen des vereinbarten Credit Spreads u.U. nicht vorliegt. Aus diesem Grund wird hier für die Credit Spread Option eine Hedge-Beziehung ausgeschlossen, und folglich werden der Basiswert und das Sicherungeschäft jeweils separat bewertet.

Da es sich bei der Credit Spread Option nicht um ein Sicherungsgeschäft handelt, liegt folglich ein Handelsgeschäft vor. Demzufolge wird das Derivat mit dem Zeitwert bewertet. Die Bewertung des Basiswerts ist wiederum abhängig von der Zuordnung zu einer der Kategorien finanzieller Vermögenswerte und unterscheidet sich insoweit nicht von anderen Kreditderivaten. Auf eine Darstellung wird deshalb hier verzichtet.

Die Abbildung der gezahlten Prämie erfolgt ebenfalls analog zu den oben dargestellten Grundsätzen, d.h. die Prämie stellt die Anschaffungskosten für das Optionsrecht dar. Das Optionsrecht ist fortlaufend mit dem Zeitwert zu bewerten, und aufgrund der Zeitbewertung erfolgt die Erfassung als Aufwand oder Ertrag.

2.2 Abbildung beim Optionsverkäufer

Der Optionsverkäufer, d.h. der Stillhalter, kann eine Option nicht zu Sicherungszwecken halten, demzufolge kann es sich bei ihm nur um ein Handelsgeschäft handeln. Damit ist die Option erstmals mit der erhaltenen Prämie zu bilanzieren. Die Folgebewertung erfolgt jeweils zum Zeitwert. Erhöhungen oder Minderungen des Zeitwerts sind in der GuV zu erfassen. Bei Kreditinstituten erfolgt diese Berücksichtigung im Handelsergebnis.

3. Bilanzierung eines Total Return Swap

Total Return Swaps sind derivative Finanzinstrumente und fallen unter den Anwendungsbereich von IAS 39, da deren Wert sich in Abhängigkeit von Wertpapierkursen ändert. Aufgrund des Vorliegens eines derivativen Finanzinstruments handelt es sich beim Total Return Swap entweder um ein Handels- oder um ein Absicherungsinstrument.

3.1 Abbildung beim Sicherheitskäufer

Zuerst wird geprüft, ob es sich beim Total Return Swap um ein Sicherungsgeschäft handeln kann. Dazu muß es sich um einen Cash-Flow oder Fair-Value-Hedge handeln, und es müssen die Bedingungen des IAS 39.142 erfüllt sein. Im Rahmen einer Sicherungsbeziehung mit einem Total Return Swap kann es zweifelhaft sein, ob ein Cash-Flow oder ein Fair-Value-Hedge vorliegt. So werden mit einem Total Return Swap einerseits Zinsvereinbarungen im Sinne eines Swap getauscht, was nach IAS 39.139(c) ein Beispiel für einen Cash-Flow-Hedge darstellt. Andererseits sind auch Elemente eines Fair-Value-Hedge enthalten, da mit dem Total Return Swap Ausgleichszahlungen bei Marktwertänderungen vereinbart werden.

Im Rahmen der Entscheidung zwischen beiden Alternativen wird hier für das Vorliegen eines Fair-Value-Hedge plädiert.[636] Dies folgt aus der Tatsache, daß mit einem Total Return Swap im Grunde eine Übertragung der Risiken vorgenommen wird, ohne den Basiswert, d.h. das Grundgeschäft oder die Verfügungsrechte über den Basiswert, auch zu übertragen. Damit sichert der Total Return Swap in erster Linie den Zeitwert des Grundgeschäfts und erst in zweiter Linie die Cash-Flows aus dem Grundgeschäft ab.

Grundlegendes Merkmal eines Swap ist der Tausch von zukünftigen Zahlungsströmen, so daß der Swap im Zeitpunkt des Abschlusses einen Marktwert von Null besitzt.[637] Dieser Wert stellt auch die Erstbewertung dar. Die Folgebewertung erfolgt zum Zeitwert, wobei Gewinne oder Verluste aus dieser Bewertung aufgrund des Vorliegens eines Fair-Value-Hedge auch den Buchwert des Grundgeschäfts verändern können. Da es sich bei einem Total Return Swap um einen Perfect-Hedge handelt, werden alle Wertänderungen des Grundgeschäfts durch gegenläufige Wertänderungen des Sicherungsgeschäfts ausgeglichen.[638] Bei der Kategorie der bis zur Endfälligkeit zu haltenden Finanzinvestitionen ist dagegen nach IAS 39.127 eine Absicherung gegen Zinsrisiken ausgeschlossen. Aus diesem Grund muß bei solchen Grundgeschäften eine Aufteilung der Risiken erfolgen.

Die Berücksichtigung der Zinsen aus dem Grundgeschäft erfolgt als Zinsertrag in der GuV. Der Austausch der Zinsvereinbarungen aus dem Total Return Swap wird dagegen nur als Spitzenausgleich erfolgen. Nur dieser Nettobetrag ist ebenfalls in der Erfolgsrechnung zu berücksichtigen.

Der Sicherheitskäufer hat aufgrund des Total Return Swap mögliche Wertsteigerungen an den Sicherheitsverkäufer auszuschütten. Umgekehrt hat der Sicherheitskäufer einen Anspruch auf finanziellen Ausgleich durch den Sicherheitsverkäufer für Wertminderungen des Basiswerts. Diese Zahlungen erfolgen mit der Gegenbuchung einer Anpassung des Werts des Total Return Swap. Hat der Total Return Swap beispielsweise aufgrund von Wertminderungen des Basiswerts i.H.v. 10 ein positiven Wert von 10, so kann über eine Korrektur dieses Werts auf Null die Ausgleichszahlung des Sicherheitsverkäufers erfolgsneutral gebucht werden. Aufgrund der fortlaufenden Bewertung wird bei Beendigung des Geschäfts keine Erfolgsbuchung erforderlich werden.

---

636 Im Ergebnis ebenso Bundesverband deutscher Banken (2000) S. 683
637 Vgl. Bundesverband deutscher Banken (2000) S. 683
638 Zum Perfect-Hedge vgl. Kapitel II.C.1, S. 24

3.2 Abbildung beim Sicherheitsverkäufer

Der Sicherheitsverkäufer kann den Total Return Swap aufgrund einer fehlenden Sicherungsabsicht nur als Handelsgeschäft ausweisen. Demzufolge ist der Total Return Swap fortlaufend zum Zeitwert zu bewerten, wobei Marktwerterhöhungen des Basiswerts als Ertrag und –reduzierungen als Aufwand aus Handelsgeschäften berücksichtigt werden. Der Spitzenausgleich aus dem Tausch der Zinsvereinbarungen wird direkt im Zinsergebnis verbucht.

Die Ausgleichszahlungen an den Sicherheitskäufer aufgrund von Marktwertänderungen des Basiswerts werden analog zu der Behandlung beim Sicherheitskäufer gebucht, d.h. die Zahlungen werden gegen eine Reduzierung oder Erhöhung des Werts des Total Return Swap gebucht, so daß das Derivat nach dem Zahlungsvorgang grundsätzlich einen Wert von Null aufweisen müßte.

V. Schlußbetrachtung

Bei der Bilanzierung von Finanzinstrumenten und der Berücksichtigung von Sicherungszusammenhängen verfolgen HGB und IAS zwei grundlegend verschiedene Konzepte.

Bei der Bilanzierung nach HGB dominiert der Gläubigerschutz mit den zentralen Vorschriften des Realisations- und Imparitätsprinzips. Diese Vorschriften führen dazu, daß Finanzinstrumente entweder gar nicht (wie bei Swaps) oder aber nur mit ihrer Prämie (wie bei Optionen) angesetzt werden. Allerdings gibt die Optionsprämie oft nicht einmal ansatzweise den tatsächlichen Wert des Finanzinstruments wieder. Ähnlich unbefriedigend stellt sich die Situation dar, wenn Finanzinstrumente zur Absicherung erworben werden. In dem Ausmaß, in dem Wertminderungen beim Grund- oder Sicherungsgeschäft entstehen, werden im Regelfall Werterhöhungen beim jeweiligen Gegengeschäft auftreten. Die Wertminderungen müßten bei formaler Auslegung des Imparitätsprinzips berücksichtigt werden, die Werterhöhungen beim Gegengeschäft dürften hingegen gem. Realisationsprinzip noch nicht ausgewiesen werden.

Eine solche Vorgehensweise würde allerdings in keiner Weise dem wirtschaftlichen Inhalt von Sicherungsgeschäften entsprechen. Deshalb wurde bereits vor längerer Zeit das Konzept der Bewertungseinheit entwickelt, das die Zusammenfassung mehrerer Geschäfte gestattet und einen begründeten Ausnahmefall vom Grundsatz der Einzelbewertung darstellt. Zur Bewertungseinheit wurden diverse Kriterien entwickelt, wobei die Gesamtheit der Kriterien als Synonym für eine negative Korrelation der beiden Marktwerte von Grund- und Sicherungsgeschäft gelten kann. So soll erreicht werden, daß bei den in einer Bewertungseinheit zusammengefaßten Geschäften die Marktpreisminderungen des einen Geschäfts durch Marktpreiserhöhungen des anderen Geschäfts ausgeglichen werden. Da Marktpreise bei noch nicht realisierten Geschäften aber nur im Rahmen des Imparitätsprinzips Berücksichtigung finden, müssen die Kriterien für das Vorliegen einer Bewertungseinheit den gegenseitigen Marktwertausgleich sicherstellen. Eine einfachere Möglichkeit zur Sicherstellung und Überprüfung der Effektivität der Sicherungsbeziehung wäre eine vollständige Marktbewertung von Finanzinstrumenten.

Dieses Konzept verfolgen die IAS, wo mit IAS 39 eine umfassende Marktbewertungspflicht für Finanzinstrumente eingeführt wurde. Die Anschaffungskosten bzw. fortgeführten Anschaffungskosten besitzen bei dieser Bewertungskonzeption als Wertmaßstab nur einen geringen Stellenwert. Es ist geplant, IAS 39 durch einen noch umfassenderen Standard für die Bilanzierung von Finanzinstrumenten zu ersetzen.[639] Dabei soll auch die Marktbewertung ein noch stärkeres Gewicht erhalten. Es ist zu hoffen, daß auch die oben aufgezeigte

[639] Vgl. Breker/Gebhardt/Pape (2000) S. 730

Inkonsistenz bei der Bilanzierung des Credit Default Swap (Bilanzierung als Zahlungsbürgschaft oder als Finanzinstrument) zukünftig behoben wird zugunsten einer durchgängigen Marktbewertung.

Nach diesem Plädoyer für eine umfassende Marktbewertung stellt sich die Frage, ob diese auch im Rahmen des HGB als Wertmaßstab für Finanzinstrumente eingeführt werden kann. *Herzig/Mauritz* stellen hierzu fest, daß der Gläubigerschutz durch eine Marktbewertung für Finanzinstrumente gefördert wird, da auch die Gläubiger an zutreffenden Informationen über das Unternehmen interessiert sind.[640] Die isolierte Einführung einer Marktbewertungspflicht für Finanzinstrumente unter Beibehaltung der übrigen Vorschriften erscheint allerdings kein gangbarer Weg, denn einerseits besteht weiterhin die Koppelung der Ausschüttungen an den ausgewiesenen Gewinn. Andererseits kann zweifelhaft sein, ob eine vereinzelte neue Vorschrift mit dem Inhalt einer Marktbewertungspflicht für Finanzinstrumente die Informationsvermittlung eines Jahresabschlusses nach HGB wirklich durchgreifend verbessert.

Die Bedeutung des HGB als Maßstab für den Konzernabschluß ist indessen zurückgegangen.[641] Denn beim Konzernabschluß haben die Unternehmen ein begrenztes Wahlrecht bei der Auswahl des Rechnungslegungssystems, und im Hinblick auf die Anforderungen internationaler Kapitalmärkte wurden vor einigen Jahren die ersten sogenannten dualen Abschlüsse veröffentlicht, die gleichzeitig die Vorschriften des HGB und die Standards der IAS bzw. US-GAAP erfüllen sollten. Derzeit geht der Trend aber zum reinen IAS-Konzernabschluß, wobei in den Jahresabschlußberichten der Einzel- und Konzernabschluß nach HGB teilweise „versteckt" wird und der IAS Konzernabschluß immer mehr in den Vordergrund rückt. So hat als einziger DAX-Wert nur die Volkswagen AG bislang nicht die Absicht, in Zukunft vom HGB Konzernabschluß abzugehen.[642]

Diese Tendenz ist zu begrüßen, denn anhand der Bilanzierung von Kreditderivaten hat sich gezeigt, daß nur unter Nutzung des schwerfälligen Konstrukts der Bewertungseinheit, das darüber hinaus ein Bilanzierungswahlrecht darstellt, eine Berücksichtigung von Kreditderivaten bei der Bewertung ausfallgefährdeter Kredite erfolgen kann. Die Marktbewertung ist hingegen genauer und gleichzeitig weniger restriktiv.

§ 292 a HGB, der deutschen Unternehmen die Aufstellung eines befreienden Konzernabschlusses nach internationalen Rechnungslegungsnormen gestattet, ist vorerst bis Ende 2004 befristet. Man darf auf die zukünftige Entwicklung auf diesem Gebiet gespannt sein, sie wird bestimmt nicht zu einer Einschränkung der Bedeutung der IAS führen.

---

[640] Vgl. Herzig/Mauritz (1998) S. 339 ff.
[641] Vgl. hierzu und zum Folgenden Spanheimer/Koch (2000) S. 302 ff.
[642] Vgl. Spanheimer/Koch (2000) S. 304

Literaturverzeichnis

Adler/Düring/Schmaltz (6. Aufl.)
Rechnungslegung und Prüfung der Unternehmen, neu bearbeitet von K.-H. Forster u.a., Stuttgart,
Teilband 1 (§§ 252 – 263 HGB) erschienen 1995
Teilband 5 (§§ 264 –274, 274 a, 275 – 283) erschienen 1997
Teilband 6 (§§ 238 – 251) erschienen 1998

Baetge, J. (1976)
Rechnungslegungszwecke des aktienrechtlichen Jahresabschlusses, in: Bilanzfragen, Festschrift zum 65. Geburtstag von Ulrich Leffson, hrsg. von J. Baetge, A. Moxter, D. Schneider, Düsseldorf 1976, S. 11-30

Baetge, J. (1986)
Grundsätze ordnungsmäßiger Buchführung, DB 1986, Beilage Nr. 26/86, S. 1-15

Baetge, J. (1991)
Bilanzen, Düsseldorf 1991

Baetge, J. (1996)
Bilanzen, 4., überarb. Aufl., Düsseldorf 1996

Baetge, J./Apelt, B. (1992)
Bedeutung und Ermittlung der Grundsätze ordnungsmäßiger Buchführung (GoB), Handbuch des Jahresabschlusses in Einzeldarstellungen, (Abt.I/2), 2., neubearb. Aufl., Köln 1992

Baier, C. (1991)
Bilanzierung schwebender Verträge und einer „verlorenen" Vorleistung, DB 1991, S. 2349-2351

Ballwieser, W. (1995)
Zur Frage der Rechtsform-, Konzern- und Branchenunabhängigkeit der Grundsätze ordnungsmäßiger Buchführung, in: Rechenschaftslegung im Wandel, Festschrift für Wolfgang Dieter Budde, hrsg. von G. Förschle, K. Kaiser, A. Moxter, München 1995, S. 43-66

Barth, H./Porlein, N. (2000)
Rechnungslegung für derivative Instrumente und Sicherungsgeschäfte nach SFAS 133 im Überblick, Finanz Betrieb 2000, Beilage 1/2000, S. 16-23

Basle Committee on Banking Supervision (1999)
Principles for the Management of Credit Risk, Consultative Paper, Basel 1999

BBA (1999)
British Bankers' Association, Credit Derivatives: Key Issues 2 nd Edition, London 1999

Beck Bil-Komm. (1999)
Beck`scher Bilanz-Kommentar: der Jahresabschluß nach Handels- und Steuerrecht; Konzernabschluß, Prüfung, Offenlegung; §§ 238 und 339 HGB, bearb. von W. D. Budde, 4., neubearb. Aufl., München 1999

Becker, A./Wolf, M. (1999)
Revision von Kreditderivaten, in: Handbuch Kreditrisikomodelle und Kreditderivate, hrsg. von R. Eller u.a., 1. Aufl., Stuttgart 1999, S. 593-644

Becker, E. (1930)
Kommentar zur AO, 7. Aufl., Berlin 1930

Beisse, H. (1980)
Handelsbilanzrecht in der Rechtsprechung des Bundesfinanzhofs, BB 1980, S. 637-646

Beisse, H. (1981)
Die wirtschaftliche Betrachtungsweise bei der Auslegung der Steuergesetze in der neueren deutschen Rechtsprechung, StuW 1981, S. 1-14

Beisse, H. (1984)
Zum Verhältnis von Bilanzrecht und Betriebswirtschaftslehre, StuW 1984, S. 1-14

Beisse, Heinrich (1988)
Die Generalnorm des neuen Bilanzrechts, in: Handelsrecht und Steuerrecht, Festschrift für Dr. Dr. h.c. Georg Döllerer, hrsg. von F. Klein, B. Knobbe-Keuk, A. Moxter, Düsseldorf 1988, S. 25-44

Beisse, H. (1989)
Die Generalnorm des neuen Bilanzrechts und ihre steuerliche Bedeutung, in: Handelsbilanz und Steuerbilanz – Beiträge zum neuen Bilanzrecht Band 2, hrsg. von W. Mellwig, A. Moxter, D. Ordelheide, Wiesbaden 1989, S. 15-31

Beisse, H. (1990)
Rechtsfragen der Gewinnung von GoB, BFuP 1990, S. 499-514

Beisse, H. (1993)
Gläubigerschutz – Grundprinzip des deutschen Bilanzrechts, in: Festschrift für Karl Beusch zum 68. Geburtstag am 31. Oktober 1993, hrsg. von H. Beisse, Berlin 1993, S. 77-97

Benne, J. (1979)
Die Bedeutung von Gewinnerwartungen aus schwebenden Geschäften für die Bewertung der Aktiva und Passiva, BB 1979, S. 1653-1656

Benne, J. (1991)
Einzelbewertung und Bewertungseinheit, DB 1991, S. 2601-2610

Benne, J. (1992)
Einzelbewertung bei wechselseitigen Leistungsbeziehungen, WPg 1992, S. 245-252

Benne, J. (1992a)
Bewertung bei geschlossenen Positionen, BB 1992, S. 1172-1177

Bieg, H. (1977)
Schwebende Geschäfte in Handels- und Steuerbilanz, Frankfurt am Main 1977

Bieg, H. (1998)
Finanzmanagement mit Forward Rate Agreements, StB 1998, S. 140-147

Bieg, H. (1998a)
Finanzmanagement mit Optionen, StB 1998, S. 18-25

Bieg, H. (1998b)
Finanzmanagement mit Swaps, StB 1998, S. 65-70

Bieg, H. (1998c)
Finanzmanagement mit Futures, StB 1998, S. 104-112

Biener, H. (1979)
AG KgaA GmbH Konzerne, Köln 1979

Biener, H./Berneke, W. (1986)
Bilanzrichtlinien-Gesetz: Textausgabe des Bilanzrichtlinien-Gesetzes vom 19.12.1985, Düsseldorf 1986

Brackert, G./Prahl, R./Naumann, T. (1995)
Neue Verfahren der Risikosteuerung und ihre Auswirkungen auf die handelsrechtliche Gewinnermittlung, WPg 1995, S. 544-555

Breker, N./Gebhardt, G./Pape, J. (2000)
Das Fair-Value-Projekt für Finanzinstrumente – Stand der Erörterungen der Joint Working Group of Standard Setters im Juli 2000, WPg 2000, S. 729-744

Bundesaufsichtsamt für das Kreditwesen (1999)
Rundschreiben 10/99 vom 16.6.1999, Behandlung von Kreditderivaten im Grundsatz I gemäß §§ 10, 10a KWG und im Rahmen der Großkredit- und Millionenkreditvorschriften, Internet unter *www.bakred.de* im Fach Rundschreiben 1999 Abfragedatum: 05.10.00

Bundesverband deutscher Banken (1988)
Zur Rechnungslegung von Swap-Geschäften, Die Bank 1988, S. 158-165

Bundesverband deutscher Banken (1990)
Behandlung von DTB-Aktienoptionen im Jahresabschluß von Banken, Die Bank 1990, S. 211-216

Bundesverband deutscher Banken (1995)
Bilanzpublizität von Finanzderivaten, WPg 1995, S. 1-6

Bundesverband deutscher Banken (2000)
Bilanzielle Erfassung und Offenlegung von Kreditderivaten, WPg 2000, S. 677-696

Burghof, H.-P./Henke, S./Rudolph, B. (1998)
Kreditderivate als Instrumente eines aktiven Kreditrisikomanagements, ZBB 1998, S. 277-356

Burghof, H.-P./Henke, S./Rudolph, B. (2000)
Die bankaufsichtliche Behandlung von Kreditderivaten im Lichte eines aktiven Kreditportfoliomanagements, Vorabausdruck eines Artikels aus: Kreditrisikomanagement, Portfoliomodelle und Derivate, hrsg. von A. Oehler, Stuttgart 2000

Burghof, H.-P./Henke, S./Schirm, A. (2000)
Kreditderivate – Markt und Meinungen, Die Bank 2000, S. 536-539

Burkhardt, D. (1988)
Grundsätze ordnungsmäßiger Bilanzierung für Fremdwährungsgeschäfte, Düsseldorf 1998

Burkhardt, D. (1989)
Realisation von Währungserfolgsbeiträgen aus gegenläufigen Geschäften, WPg 1989, S. 495-498

Büschgen, H.E. (1998)
Bankbetriebslehre: Bankgeschäfte und Bankmanagement, 5., vollst. überarb. und erw. Aufl., Wiesbaden 1998

Büschgen, H.E. (1999)
Grundlagen des Bankmanagements, 2., völlig neu konzipierte Aufl., Frankfurt am Main 1999

Castan, E. (1993)
Rechnungslegung in der Europäischen Gemeinschaft – Besonderheiten des Jahresabschlusses und Lageberichts in den 12 EG-Staaten, München 1993

Chastney, J.G. (1975)
True and Fair View – History, Meaning and the Impact of the Fourth Directive, in: The Institute of Chartered Accountants in England and Wales, London 1975

Christiansen, A. (1995)
Der Grundsatz der Einzelbewertung – Schwerpunkt des bilanziellen Ergebnisausweises, DStZ 1995, S. 385-397

Clausen, C.P. (1987)
Zum Stellenwert des § 264 HGB, in: Bilanz- und Konzernrecht, Festschrift zum 65. Geburtstag von Dr. Dr. h.c. Reinhard Goerdeler, hrsg. von H. Havermann, Düsseldorf 1987, S. 79-92

Clemm, H. (1987)
Unternehmerische Rechnungslegung -Aufgaben, Möglichkeiten und Grenzen-, in: Bilanz- und Konzernrecht, Festschrift zum 65. Geburtstag von Dr. Dr. h.c. Reinhard Goerdeler, hrsg. von H. Havermann, Düsseldorf 1987, S. 93-112

Conze, A.G. (1963)
Wirtschaftliche Betrachtungsweise, Ordnungsstruktur des Zivilrechts, Milderung von Gesetzeshärten und der Grundsatz der Gleichmäßigkeit der Besteuerung, StuW 1963, Sp. 221-234

Crezelius, G. (1988)
Das sogenannte schwebende Geschäft in Handels-, Gesellschafts- und Steuerrecht, in: Handelsrecht und Steuerrecht, Festschrift für Dr. Dr. h.c. Georg Döllerer, hrsg. von F. Klein, B. Knobbe-Keuk, A. Moxter, Düsseldorf 1988, S. 81-95

Das, S. (1998)
Credit Derivatives, Singapore 1998

Deutscher Bundestag (1975)
BT-Drucks. 7/4292 vom 7.11.75, Sachgebiet 610, S. 15-16

Dietrich, J. (1998)
Die Bewertungseinheit im allgemeinen Handelsbilanzrecht, Frankfurt am Main 1998

Döllerer, G. (1959)
Grundsätze ordnungsmäßiger Bilanzierung, deren Entstehung und Ermittlung, BB 1959, S. 1217-1221

Döllerer, G. (1980)
Droht eine neue Aktivierungswelle?, BB 1980, S. 1333-1337

Döllerer, G. (1994)
Saldierung von Forderungen und Verbindlichkeiten im Bilanzrecht, in: Für Recht und Staat, Festschrift für Herbert Helmrich zum 60. Geburtstag, hrsg. von K. Letzgus u.a., München 1994, S. 585-596

Dornbach, E.-G. (1977)
Die Bedeutung und Funktion der „wirtschaftlichen Betrachtungsweise" in der höchstrichterlichen Rechtsprechung – Vergangenheit, Gegenwart und Zukunft, DStR 1977, S. 3-13

Drzik, J./Kuritzkes, A. (1998)
Zukunftsszenarien des Kreditderivatemarktes, Die Bank 1998, S. 368-371

Ebke, W. (1986)
Stichwort: Verrechnungsverbot, in: Handwörterbuch unbestimmter Rechtsbegriffe im Bilanzrecht des HGB, hrsg. von U. Leffson u.a., Köln 1986, S. 365-374

Egner, H. (1974)
Bilanzen, München 1974

Egner, H. (1993)
Stichwort: Bilanz, kalkulatorische, in: Handwörterbuch des Rechnungswesens, 3. völlig neu gestaltete und erg. Aufl., hrsg. von K. Chmielewicz, M. Schweitzer, Stuttgart 1993, Sp. 1037-1043

Faller, E. (1985)
Der Grundsatz der Einzelbewertung und die Notwendigkeit zu seiner Durchbrechung unter Berücksichtigung des Bilanzrichtlinien-Gesetzentwurfs, BB 1985, S. 2017-2023

Finne, T. (1991)
Bilanzielle Berücksichtigung von Kurssicherungen, BB 1991, S. 1295-1301

Finne, T. (1992)
Bilanzierung von Fremdwährungstransaktionen im handelsrechtlichen Jahresabschluß, DB 1992, S. 338-339

Gallarotti, E. (1994)
Derivate aus der Sicht einer Rating-Agentur, in: Neue Zürcher Zeitung vom 07.06.1994, S. 33

Gebhardt, G./Breker, N. (1991)
Bilanzierung von Fremdwährungstransaktionen im handelsrechtlichen Einzelabschluß – unter Berücksichtigung von § 340 h HGB, DB 1991, S. 1529-1538

Gebhardt, G./Naumann, T. (1999)
Grundzüge der Bilanzierung von Financial Instruments und von Absicherungszusammenhängen nach IAS 39, DB 1999, S. 1461-1469

Glanegger, P. (1993)
Bewertungseinheit und einheitliches Wirtschaftgut, in: Ertragsbesteuerung: Zurechnung, Ermittlung, Gestaltung, Festschrift für Ludwig Schmidt zum 65. Geburtstag, hrsg. von A. Raupach, A. Uelner, München 1993, S. 145-160

Göttgens, M. (1995)
Hedge Accounting, BFuP 1995, S. 146-165

Groh, M. (1988)
Verbindlichkeitsrückstellung und Verlustrückstellung: Gemeinsamkeiten und Unterschiede, BB 1988, S. 27-33

Groh, M. (1989)
Die wirtschaftliche Betätigung im rechtlichen Sinne, StuW 1989, S. 227-231

Großfeld, B. (1986)
Stichwort: Generalnorm (ein den tatsächlichen Verhältnissen entsprechendes Bild der Vermögens-, Finanz- und Ertragslage), in: Handwörterbuch unbestimmter Rechtsbegriffe im Bilanzrecht des HGB, hrsg. von U. Leffson u.a., Köln 1986, S. 192-204

Grune, G. (1968)
Bewertung von Warenforderungen bei Bestehen einer Warenkreditversicherung (Delkredereversicherung), FR 1968, S. 85-86

Hartung, W. (1988)
Unmittelbare Wirkung von Bestimmungen der EG-Bilanzrichtlinie?, Recht der internationalen Wirtschaft 1988, S. 52-55

Hashagen, J./Auerbach, D. (1998)
Bilanzierung und Bewertung von Kreditderivaten, Die Bank 1998, S. 625-629

Hein, M. (1993)
Einführung in die Bankbetriebslehre, 2., überarb. Aufl., München 1993

Helmrich, H. (1986)
Bilanzrichtlinien-Gesetz: amtl. Texte und Entwürfe, Begründungen, Stellungnahmen und Protokolle, zsgst. und bearb. von H. Helmrich, München 1986

Helmrich, H. (1988)
Gesetzgeberische Grundsatzentscheidungen beim Bilanzrichtlinien-Gesetz, in: Handelsrecht und Steuerrecht, Festschrift für Dr. Dr. h.c. Georg Döllerer, hrsg. von F. Klein, B. Knobbe-Keuk, A. Moxter, Düsseldorf 1988, S. 219-224

Herber, R. (1988)
Hat der deutsche Richter das Bilanzrichtlinien-Gesetz an den ihm zugrundeliegenden EG-Richtlinien zu messen?, in: Handelsrecht und Steuerrecht, Festschrift für Dr. Dr. h.c. Georg Döllerer, hrsg. von F. Klein, B. Knobbe-Keuk, A. Moxter, Düsseldorf 1988, S. 225-244

Herzig, N./Mauritz, P. (1997)
Micro-Hedges, Macro-Hedges und Portfolio-Hedges für derivative Finanzinstrumente: Kompatibel mit dem deutschen Bilanzrecht?, WPg 1997, S. 141-155

Herzig, N./Mauritz, P. (1998)
Ökonomische Analyse einer bilanziellen Marktbewertungspflicht für originäre und derivative Finanzinstrumente, ZfB 1998, S. 335-361

Hitz, M./Kuhner, C. (2000)
Erweiterung des US-amerikanischen *conceptual framework* um Grundsätze zur Barwertermittlung, WPg 2000, S. 889-901

Hoffmann, J. (1991)
Verhaltenspflichten der Banken und Kreditversicherungsunternehmen: zur Situation des Kaufpreisschuldners beim Lieferantenkredit, Heidelberg 1991

Hohl, S./Liebig, T. (1999)
Kreditderivate – ein Überblick, in: Handbuch Kreditrisikomodelle und Kreditderivate, hrsg. von R. Eller u.a., 1. Aufl., Stuttgart 1999, S. 499-525

Hüttemann, P. (1997)
Kreditderivate im europäischen Kapitalmarkt, Wiesbaden 1997

IASC(2000)
Implementation Guidance – Questions and Answers, im Internet: *www.iasc.org.uk/docs/ias39igc/igc-1.pdf*, Abfragedatum: 05.10.00

IDW (1987)
Stellungnahme BFA 2/1987 „Zur bilanziellen Behandlung von Optionsgeschäften", WPg 1987, S. 682-683

IDW (1993)
Stellungnahme BFA 2/1993 „Bilanzierung und Prüfung von Financial Futures und Forward Rate Agreements", WPg 1993, S. 517-518

IDW (1995)
Stellungnahme BFA 2/1995 „Bilanzierung von Optionsgeschäften", WPg 1995, S. 421-422

IDW (1995a)
Stellungnahme BFA 3/1995 „Währungsumrechnung bei Kreditinstituten", WPg 1995, S. 735-737

IDW (1995b)
Rechnungslegung nach International Accounting Standards: praktischer Leitfaden für die Aufstellung IAS-konformer Jahres- und Konzernabschlüsse in Deutschland, o.V., Düsseldorf 1995

IDW (2000)
Entwurf einer Stellungnahme zur Rechnungslegung: „Bilanzierung von Kreditderivaten“ (IDW ERS BFA 1), WPg 2000, S. 721-724

IDW (2000a)
Stellungnahme zu dem Vorschlag für eine Richtlinie des europäischen Parlaments und des Rates zur Änderung der Richtlinien 78/660/EWG und 83/349/EWG im Hinblick auf die im Jahresabschluß bzw. im konsolidierten Abschluß von Gesellschaften bestimmter Rechtsformen zulässigen Wertansätze, WPg 2000, S. 611-615

ISDA (1998)
International Swaps and Derivatives Association, Confirmation of OTC Credit Swap Transaction, New York 1998

Janke, M. (1994)
Periodisierung, Objektivierung und Vorsicht bei Vermögensgegenständen und Schulden, StuW 1994, S. 214-231

Janke, M. (1997)
Dauerschuldverträge und Grundsätze ordnungsmässiger Bilanzierung, Wiesbaden 1997

Jebens, C. (1975)
Der Einfluß von Debitorenversicherungen auf den Bilanzansatz der versicherten Forderungen, DB 1975, S. 1043-1045

Jüttner, U. (1993)
GoB-System, Einzelbewertungsgrundsatz und Imparitätsprinzip, Frankfurt am Main 1993

Jutz, M. (1989)
Swaps und Financial Futures und ihre Abbildung im Jahresabschluß, Stuttgart 1989

Kassberger, S./Wentges, P. (1999)
Die Schätzung der Ausfallwahrscheinlichkeiten von Unternehmen, in: Handbuch Kreditrisikomodelle und Kreditderivate, hrsg. von R. Eller u.a., 1. Aufl., Stuttgart 1999, S. 23-50

Knapp, L. (1971)
Was darf der Kaufmann als seine Vermögensgegenstände bilanzieren?, DB 1971, S. 1121-1129

Knobbe-Keuk, B. (1993)
Bilanz- und Unternehmenssteuerrecht, 9., völlig überarb. und erw. Aufl., Köln 1993

Knüppe, W. (1985)
Die Berücksichtigung einer Delkredereversicherung bei der Forderungsbewertung, DB 1985, S. 2361-2365

Kommission der europäischen Gemeinschaften (2000)
Vorschlag für eine Richtlinie des europäischen Parlaments und des Rates zur Änderung der Richtlinien 78/660/EWG und 83/349/EWG im Hinblick auf die im Jahresabschluß bzw. im konsolidierten Abschluß von Gesellschaften bestimmter Rechtsformen zulässigen Wertansätze, o.V., Internet unter *www.europ.eu.int/comm/internal_market/en/company/account/news/7032de.pdf* Abfragedatum: 15.09.00

Kontaktausschuß für Richtlinien der Rechnungslegung (2000)
Eine Überprüfung der Konformität der Internationalen Rechnungslegungsgrundsätze (IAS) mit den europäischen Richtlinien der Rechnungslegung, o.V., Internet unter *www.europ.eu.int/comm/internal_market/en/company/account/ias/700396de.pdf*, Abfragedatum: 15.09.00

Körner, W. (1974)
Die wirtschaftliche Betrachtungsweise im Bilanzsteuerrecht, BB 1974, S. 797-802

Körner, W. (1976)
Das Prinzip der Einzelbewertung, WPg 1976, S. 430-441

Körner, W. (1986)
Praktische Bedeutung der Grundsätze ordnungsmäßiger Buchführung, BB 1986, S. 1950-1958

Kosiol, E. (1976)
Pagatorische Bilanz, 3. Aufl., Berlin

KPMG (1995)
Financial Instruments, o.V., Frankfurt am Main 1995

KPMG (1996)
International Accounting Standards, 2., aktualisierte Aufl., o.V., Frankfurt am Main 1996

Krümmel, H.-J. (1992)
Pagatorisches Prinzip und nominelle Kapitalerhaltung, in: Rechnungslegung: Entwicklungen bei der Prüfung von Kapitalgesellschaften, Festschrift zum 65. Geburtstag von Professor Dr. Dr. h.c. Karl-Heinz Forster, hrsg. von A. Moxter u.a , Düsseldorf 1992, S. 307-320

Krumnow, J. (1994)
Rechnungslegung der Kreditinstitute: Kommentar zum Bankbilanzrichtlinie-Gesetz und zur RechKredV, hrsg. von J. Krumnow u.a., Stuttgart 1994

Krumnow, J. (1995)
Risikosteuerung im derivativen Geschäft, in: Internationale Wirtschaftsprüfung, Festschrift zum 65. Geburtstag von Professor Dr. Dr. h.c. Hans Havermann, hrsg. von J. Lanfermann, Düsseldorf 1995, S. 343-371

Kruschwitz, L. (1973)
Zum Grundsatz der Einzelbewertung, DB 1973, S. 1905-1912

Kruschwitz, L. (1999)
Finanzierung und Investition, 2. Aufl., München 1999

Kruse, H.W. (1970)
Grundsätze ordnungsmäßiger Buchführung, Köln 1970

Kübler, F. (1995)
Vorsichtsprinzip versus Kapitalmarktinformation, in: Rechenschaftslegung im Wandel, Festschrift für Wolfgang Dieter Budde, hrsg. von G. Förschle, K. Kaiser, A. Moxter, München 1995, S. 360-375

Kühnberger, M./Lenz, H./Stachuletz, R. (1982)
Rechnungslegungsvorschriften des Entwurfs eines Bilanzrichtlinie-Gesetzes – ein Schritt zu einem „Allgemeinen Rechnungslegungsgesetz"?, DB 1982, S. 3-9

Kümpel, S. (2000)
Bank- und Kapitalmarktrecht, 2., neubearb. und wesentlich erw. Aufl., Köln 2000

Kupsch, P. (1992)
Zum Verhältnis von Einzelbewertungsprinzip und Imparitätsprinzip, in: Rechnungslegung: Entwicklungen bei der Prüfung von Kapitalgesellschaften, Festschrift zum 65. Geburtstag von Professor Dr. Dr. h.c. Karl-Heinz Forster, hrsg. von A. Moxter u.a., Düsseldorf 1992, S. 339-357

Labude, M./Wienken, R. (2000)
Die Bilanzierung von Derivaten und Sicherungsbeziehungen nach SFAS No. 133, WPg 2000, S. 11-22

Landry, S./Radeke, O. (1999)
Kreditderivate in der Praxis, in: Handbuch Kreditrisikomodelle und Kreditderivate, hrsg. von R. Eller u.a., 1. Aufl., Stuttgart 1999, S. 527-574

Langenbucher, G. (1986)
Die Umrechnung von Fremdwährungsgeschäften nach Handels- und Steuerrechtlichen Grundsätzen, Würzburg 1986

Langer, C./Leichner, R. (1998)
Germany – Accounting, in: Das, S. (1998), Credit Derivatives, Singapore 1998, S. 472-479

Larenz, K. (1992)
Methodenlehre der Rechtswissenschaft, 2., neu bearb. Aufl., verkürzte Studienausgabe der 6. Aufl, Berlin 1992

Leffson, U. (1986)
Stichwort: Bild der tatsächlichen Verhältnisse, in: Handwörterbuch unbestimmter Rechtsbegriffe im Bilanzrecht des HGB, hrsg. von U. Leffson u.a., Köln 1986, S. 94-105

Leffson, U. (1987)
Die Grundsätze ordnungsmäßiger Buchführung, 7. Aufl., Düsseldorf 1987

Leffson, U. (1987a)
Die beiden Generalnormen, in: Bilanz- und Konzernrecht, Festschrift zum 65. Geburtstag von Dr. Dr. h.c. Reinhard Goerdeler, hrsg. von H. Havermann, Düsseldorf 1987, S. 315-325

Leffson, U. (1988)
Das Gebot der Stetigkeit im europäischen Bilanzrecht, WPg 1988, S. 441-446

Lemm, W. (1979)
Der Einfluß von Debitorenversicherungen auf den Bilanzansatz risikobehafteter Forderungen, DStR 1979, S. 423-425

Liedmeier, N. (1989)
Rückstellungen wegen drohender Haftung bei bestehender Versicherungsdekkung, DB 1989, S. 2133-2136

Lüders, J. (1986)
Realisationszeitpunkt und wirtschaftliche Betrachtungsweise, DB 1986, S. 1944-1946

Lüders, J. (1987)
Der Zeitpunkt der Gewinnrealisierung im Handels- und Steuerbilanzrecht, Köln 1987

Maulshagen, A./Maulshagen, O. (1998)
Die Neuregelung der Bilanzierung derivativer Finanzinstrumente nach US-GAAP, BB 1998, S. 2151-2155

Meyer, D. (1993)
Rechnungslegung und Revision von Termingeschäften, Winterthur 1993

Moxter, A. (1976)
Fundamentalgrundsätze ordnungsmäßiger Rechenschaft, in: Bilanzfragen, Festschrift zum 65. Geburtstag von Ulrich Leffson, hrsg. von J. Baetge, A. Moxter, D. Schneider, Düsseldorf 1976, S. 87-100

Moxter, A. (1985)
Das System der handelsrechtlichen Grundsätze ordnungsmäßiger Bilanzierung, in: Der Wirtschaftsprüfer im Schnittpunkt nationaler u. intern. Entwicklungen, Festschrift für Klaus v. Wysocki, hrsg. von G. Gross, Düsseldorf 1985, S. 17-28

Moxter, A. (1986)
Bilanzlehre, Band II Einführung in das neue Bilanzrecht, 3., vollst. umgearb. Aufl., Wiesbaden 1986

Moxter, A. (1987)
Zum Sinn und Zweck des handelsrechtlichen Jahresabschlusses nach neuem Recht, in: Bilanz- und Konzernrecht, Festschrift zum 65. Geburtstag von Dr. Dr. h.c. Reinhard Goerdeler, hrsg. von H. Havermann, Düsseldorf 1987, S. 361-374

Moxter, A. (1989)
Zur wirtschaftlichen Betrachtungsweise im Bilanzrecht, StuW 1989, S. 232-241

Moxter, A. (1994)
Die Helmrich-Konzeption des Bilanzrichtlinien-Gesetzes – Bedeutung und Bedrohung, in: Für Recht und Staat, Festschrift für Herbert Helmrich zum 60. Geburtstag, hrsg. von K. Letzgus u.a., München 1994, S. 709-719

Moxter, A. (1995)
Zum Verhältnis von handelsrechtlichen Grundsätzen ordnungsmäßiger Bilanzierung und True-and-fair-view-Gebot bei Kapitalgesellschaften, in: Rechenschaftslegung im Wandel, Festschrift für Wolfgang Dieter Budde, hrsg. von G. Förschle, K. Kaiser, A. Moxter, München 1995, S. 419-429

Moxter, A. (1999)
Bilanzrechtsprechung, 5., erg. Aufl., Tübingen 1999

Müller, T.-F. (1990)
Hedgegeschäfte: wirtschaftliche Funktion und rechtliche Behandlung von Börsentermingeschäften zu Sicherungszwecken, München 1990

Müller, W. (1987)
Zur Rangordnung der in § 252 Abs. 1 Nr. 1 bis 6 HGB kodifizierten allgemeinen Bewertungsgrundsätze, in: Bilanz- und Konzernrecht, Festschrift zum 65. Geburtstag von Dr. Dr. h.c. Reinhard Goerdeler, hrsg. von H. Havermann, Düsseldorf 1987, S. 397-410

Müller, W. (1988)
Die Grundsätze ordnungsmäßiger Bilanzierung und ihre Kodifizierung nach neuem Bilanzrecht, in: Beiträge zum neuen Bilanzrecht, Band 1 Einzelabschluß und Konzernabschluß, hrsg. von W. Mellwig, Wiesbaden 1988, S. 3-26

Naumann, T. (1995)
Bewertungseinheiten im Gewinnermittlungsrecht der Banken, Düsseldorf 1995

Naumann, T. (1998)
Zur Abgrenzung von künftig ertragsteuerlich nicht mehr zu bildenden Drohverlustrückstellungen, insbesondere bei Kreditinstituten, BB 1998, S. 527-531

Niemann, U. (1997)
Zur Bilanzierung von Finanzderivaten in Handels- und Industrieunternehmen, hrsg. vom Institut „Finanzen und Steuern", IFSt-Schrift Nr. 353, Bonn 1997

Nieskens, H. (1989)
Schwebende Geschäfte und das Postulat des wirtschaftlichen Eigentums, FR 1989, S. 537-542

Oestreicher, A. (1992)
Grundsätze ordnungsmässiger Bilanzierung von Zinsterminkontrakten: das Prinzip der Einzelbewertung bei funktional verknüpften Finanzgeschäften, Düsseldorf 1992

Popper, K. (1989)
Logik der Forschung, 9., verb. Aufl., Tübingen 1989

Pößl, W. (1984)
Die Zulässigkeit von Saldierungen bei der Bilanzierung von wirtschaftlich ineinandergreifenden Vorgängen, DStR 1984, S. 428-435

Prahl, R. (1996)
Bilanzierung und Prüfung von Financial Instruments in Industrie- und Handelsunternehmen, WPg 1996, S. 830-839

Prahl, R./Naumann, T. (1991)
Zur Bilanzierung von portfolio-orientierten Handelsaktivitäten der Kreditinstitute, WPg 1991, S. 729-739

Prahl, R./Naumann, T. (1992)
Moderne Finanzinstrumente im Spannungsfeld zu traditionellen Rechnungslegungsvorschriften: Barwertansatz, Hedge-Accounting und Portfolio-Approach, WPg 1992, S. 709-719

Prahl, R./Naumann, T. (1994)
Die Bewertungseinheit am Bilanzstichtag – und was dann?, ZBB 1994, S. 1-9

PWC (1999)
IAS für Banken, o.V., Frankfurt am Main 1999

Rai, S./Holappa, H. (1997)
Credit Derivatives: The New Wave in Risk Management, The Journal of Lending & Risk Management 1997, S. 26-33

Ranson, B. (1997)
Credit Derivatives – A User's Observations, The Journal of Lending & Risk Management 1997, S. 34-37

Rau, H.G. (1968)
Bewertung von Forderungen bei Abschluß einer Debitorenversicherung, DB 1968, S. 1463-1465

Richter, H. (1988)
Die Generalklausel des § 264 Abs. 2 HGB und die Forderung des true and fair view, BB 1988, S. 2212-2219

Rittner, F. (1975)
Die sogenannte wirtschaftliche Betrachtungsweise in der Rechtsprechung des Bundesgerichtshofs, Karlsruhe 1975

Rose, G. (1968)
Forderungsbewertung und Delkredereversicherung, BB 1968, S. 1323-1327

Rückle, D. (1986)
Stichwort: Vorsicht, in: Handwörterbuch unbestimmter Rechtsbegriffe im Bilanzrecht des HGB, hrsg. von U. Leffson u.a., Köln 1986, S. 403-416

Savelberg, A. (1996)
Risikomanagement mit Kreditderivaten, Die Bank 1996, S. 328-332

Scharpf, P. (1995)
Derivative Finanzinstrumente im Jahresabschluß unter Prüfungsgesichtspunkten – Erfassung, Abwicklung und Bildung von Bewertungseinheiten, BFuP 1995, S. 166-208

Scharpf, P. (2000)
Bilanzierung von Finanzinstrumenten nach dem Vorschlag der EG-Kommission, DB 2000, S. 629-634

Scharpf, P./Epperlein, J. (1995)
Rechnungslegung und interne Kontrolle von derivativen Finanzinstrumenten, in: Derivate Finanzinstrumente, hrsg. von B. Rudolph, Stuttgart 1995, S. 131-170

Scheffler, J. (1993)
Hedge Accounting, St. Gallen 1993

Schildbach, T. (1987)
Die neue Generalklausel für den Jahresabschluß von Kapitalgesellschaften – zur Interpretation des Paragraphen 264 Abs. 2 HGB, BFuP 1987, S. 1-15

Schildbach, T. (1999)
Zeitbewertung, Gewinnkonzeption und Informationsgehalt-Stellungnahme zu „Financial Assets and Liabilities-Fair Value or Historical Cost?“, WPg 1999, S. 177-185

Schmalenbach, E. (1933)
Grundsätze ordnungsmäßiger Bilanzierung, ZfhF 1933, S. 225-233

Schmalenbach-Gesellschaft (1997)
Arbeitskreis „Externe Unternehmensrechnung“ der Schmalenbach-Gesellschaft, Bilanzierung von Finanzinstrumenten im Währungs- und Zinsbereich auf der Grundlage des HGB, DB 1997, S. 637-642

Schmidt, C. (1996)
Hedge Accounting mit Optionen und Futures, Zürich 1996

Schmidt, L. (1998)
Einkommensteuergesetz, hrsg. von L. Schmidt, 12., völlig neubearb. Aufl., München 1998

Schneider, D. (1967)
Theorie und Praxis der Unternehmensbesteuerung, ZfbF 1967, S. 206-230

Schneider, D. (1976)
Realisationsprinzip und Einkommensbegriff, in: Bilanzfragen, Festschrift zum 65. Geburtstag von Ulrich Leffson, hrsg. von J. Baetge, A. Moxter, D. Schneider, Düsseldorf 1976, S. 101-117

Schneider, D. (1980)
Bilanzrechtsprechung und wirtschaftliche Betrachtungsweise, BB 1980, S. 1225-1232

Schneider, D. (1983)
Rechtsfindung durch Deduktion von Grundsätzen ordnungsmäßiger Buchführung aus gesetzlichen Jahresabschlußzwecken?, StuW 1983, S. 141-160

Schulze-Osterloh, J. (1992)
Der Ausweis von Aufwendungen nach dem Realisations- und dem Imparitätsprinzip, in: Rechnungslegung: Entwicklungen bei der Prüfung von Kapitalgesellschaften, Festschrift zum 65. Geburtstag von Professor Dr. Dr. h.c. Karl-Heinz Forster, hrsg. von A. Moxter u.a., Düsseldorf 1992, S. 653-670

Schulze-Osterloh, J. (1993)
Zivilrechtliche Theorien in der neueren Rechtsprechung des Bundesfinanzhofs zum Ertragsteuerrecht in: Ertragsbesteuerung: Zurechnung, Ermittlung, Gestaltung, Festschrift für Ludwig Schmidt zum 65. Geburtstag, hrsg. von A. Raupach, A. Uelner, München 1993, S. 307-314

Schumacher, A, (1995)
Kompensatorische Bewertung bei der Sicherung von Bilanzpositionen durch Finanztermingeschäfte in Handels- und Steuerbilanz, DB 1995, S. 1473-1478

Selchert, F. (1993)
Zur Generalnorm für offenlegungspflichtige Unternehmen, BB 1993, S. 753-760

Siegel, T. (1992)
Metamorphosen des Realisationsprinzips?, in: Rechnungslegung: Entwicklungen bei der Prüfung von Kapitalgesellschaften, Festschrift zum 65. Geburtstag von Professor Dr. Dr. h.c. Karl-Heinz Forster, hrsg. von A. Moxter u.a., Düsseldorf 1992, S. 585-605

Spanheimer, J./Koch, C. (2000)
Internationale Bilanzierungspraxis in Deutschland, WPg 2000, S. 301-310

Steiner, M./Tebroke, H.-J./Wallmeier, M. (1995)
Konzepte der Rechnungslegung für Finanzderivate, WPg 1995, S. 533-544

Streim, H. (1994)
Die Generalnorm des § 264 Abs. 2 HGB – Eine kritische Analyse, in: Bilanzrecht und Kapitalmarkt, Festschrift zum 65. Geburtstag von Professor Dr. Dr. h.c. Dr. h.c. Adolf Moxter, hrsg. von W. Ballwieser u.a., Düsseldorf 1994, S. 391-406

Stüdemann, K. (1984)
Über das Wirtschaftliche der wirtschaftlichen Betrachtungsweise, FR 1984, S. 545-556

Tipke, K. (1996)
Steuerrecht, begr. von K. Tipke, fortgeführt von J. Lang, 15., völlig überarb. Aufl., Köln 1996

Tipke, K. (1998)
Steuerrecht, begr. von K. Tipke, fortgeführt von J. Lang, 16., völlig überarb. Aufl., Köln 1998

Urbas, H. (1987)
Die wirtschaftliche Betrachtungsweise im Steuerrecht, Frankfurt am Main 1987

von Westphalen, F. G. (1982)
Bilanzrechtliche Bewertung Hermes-gesicherter Auslandsforderungen, BB 1982, S. 711-719

Weber, M. (1999)
Netting – Ein Instrument zur Reduzierung des Kreditrisikos bei derivativen Geschäften, in: Handbuch Kreditrisikomodelle und Kreditderivate, hrsg. von R. Eller u.a.,1. Aufl., Stuttgart 1999, S. 459-475

Whittaker, G./Frost, J. (1997)
An Introduction to Credit Derivatives, The Journal of Lending & Risk Management 1997, S. 15-25

Wiedmann, H. (1994)
Die Bewertungseinheit im Handelsrecht, in: Bilanzrecht und Kapitalmarkt, Festschrift zum 65. Geburtstag von Professor Dr. Dr. h.c. Dr. h.c. Adolf Moxter, hrsg. von W. Ballwieser u.a., Düsseldorf 1994, S. 453-482

Wilk, T. (1995)
Die handels- und steuerrechtliche Abgrenzung des Betriebsvermögens vom Privatvermögen bei Einzelunternehmen und Personengesellschaften: eine Analyse des Abgrenzungsproblems (Mikrofiche-Ausgabe)

Willis, D. (1998)
Financial Assets and Liabilities – Fair Value or Historical Cost, WPg 1998, S. 854-860

Windmöller, R./Breker, N. (1995)
Bilanzierung von Optionsgeschäften, WPg 1995, S. 389-401

Wittchen, I. (1995)
Die Warenkreditversicherung, Karlsruhe 1995

Woerner, L. (1984)
Grundsatzfragen zur Bilanzierung schwebender Geschäfte, FR 1984, S. 489-496

Woerner, L. (1989)
Der schwebende Vertrag im Gefüge der Grundsätze ordnungsmäßiger Bilanzierung – Vollständigkeitsgebot, Vorsichtsprinzip, Realisationsprinzip, in: Handelsbilanz und Steuerbilanz – Beiträge zum neuen Bilanzrecht Band 2, hrsg. von W. Mellwig, A. Moxter, D. Ordelheide, Wiesbaden 1989, S. 33-55

Wohlgemuth, M./Radde, J. (2000)
Der Bewertungsmaßstab „Anschaffungskosten" nach HGB und IAS, WPg 2000, S. 903-911

Yoshida, T. (1976)
Methode und Aufgabe der Ermittlung der Grundsätze ordnungsmäßiger Buchführung, in: Bilanzfragen, Festschrift zum 65. Geburtstag von Ulrich Leffson, hrsg. von J. Baetge, A. Moxter, D. Schneider, Düsseldorf 1976, S. 49-64

Zernack, A. (1997)
Rechnungslegung, ihre Abgrenzungsfunktionen und Internationalisierung, Frankfurt am Main 1997

Zielke, W. (1994)
Internationale Aspekte der Bilanzierung derivativer Geschäfte im Jahresabschluß von Industrieunternehmen, in: Bilanzrecht und Kapitalmarkt, Festschrift zum 65. Geburtstag von Professor Dr. Dr. h.c. Dr. h.c. Adolf Moxter, hrsg. von W. Ballwieser u.a., Düsseldorf 1994, S. 507-528

Rechtsprechungsverzeichnis

Gericht und Datum	Aktenzeichen	Fundstelle	
Rechtsprechung des Bundesverfassungsgerichts			
Beschluß vom 11.11.1964	I BvR 488/62, I BvR 562/63, I BvR 216/64	BVerfGE 18. Bd.	S. 224-241
Rechtsprechung des Reichsfinanzhofs			
Urteil v. 28.10.1931	VI A 1922/31	RStBl. 1932	S. 308
Rechtsprechung des Bundesfinanzhofs			
Urteil vom 13.05.1958	I 290/56 U	BStBl. III 1958	S. 331-333
Urteil vom 22.05.1958	IV 222/56 U	BStBl. III 1958	S. 333-335
Urteil vom 29.07.1965	IV 164/63 U	BStBl. III 1965	S. 648-650
Urteil vom 23.11.1967	IV 123/63	BStBl. II 1968	S. 176-177
Urteil vom 22.01.1970	IV R 178/68	BStBl. II 1970	S. 416-418
Urteil vom 16.09.1970	I R 184/67	BStBl. II 1971	S. 85-87
Urteil vom 15.10.1970	IV R 134/70	BStBl. II 1971	S. 262-263
Urteil vom 24.08.1971	VIII R 17 /66	BFHE Bd. 103	S. 416-418
Urteil vom 19.06.1973	I R 206/71	BStBl. II 1973	S. 774-775
Urteil vom 26.02.1975	I R 72/73	BStBl. II 1976	S. 13-16
Urteil vom 01.10.1975	I R 207/73	BStBl. II 1976	S. 202-203
Urteil vom 26.06.1979	VIII R 145/78	BStBl. II 1979	S. 625-627
Urteil vom 19.07.1983	VIII R 160/79	BStBl. II 1984	S. 56-59
Urteil vom 25.01.1984	I R 7/80	BStBl. II 1984	S. 344-347
Beschluß vom 25.06.1984	GrS 4/82	BStBl. II 1984	S. 751-770
Urteil vom 27.02.1986	IV R 52/83	BStBl. II 1986	S. 552-554
Beschluß vom 26.10.1987	GrS 2/86	BStBl. II 1988	S. 348-357
Urteil vom 24.01.1990	I R 157/85, I R 145/86	BStBl. II 1990	S. 639-643
Urteil vom 28.09.1990	III R 178/86	BStBl. II 1991	S. 187-189
Urteil vom 16.12.1992	XI R 42/89	FR 1993	S. 296-297
Urteil vom 03.02.1993	I R 37/91	BStBl. II 1993	S. 441-446
Urteil vom 17.02.1993	X R 60/89	BStBl. II 1993	S. 437-441

Urteil vom 26.05.1993	X R 72/90	BStBl. II 1993	S. 855-861
Beschluß vom 23.06.1997	GrS 2/93	BStBl. II 1997	S. 735-739

Rechtsprechung von Finanzgerichten

Urteil des Hessischen Finanzgerichts vom 24.11.1982	IV 359/79	EFG 1983	S. 337-338

Peter Lang · Europäischer Verlag der Wissenschaften

Jörn Heidrich

Verbraucherschutz in der Kreditwirtschaft

Frankfurt/M., Berlin, Bern, Bruxelles, New York, Oxford, Wien, 2000. 311 S.
Europäische Hochschulschriften: Reihe 2, Rechtswissenschaft. Bd. 2915
ISBN 3-631-36543-8 · br. DM 98.–*

Diese Arbeit befaßt sich mit der Frage, welchen Schutz die Verbraucher im Bereich der Kreditwirtschaft durch das deutsche und europäische Recht sowie durch sonstige Regelungen und Einrichtungen genießen. Nach einer Betrachtung der Entwicklung des Verbraucherschutzrechts zielt die Arbeit auf eine systematische Erschließung der verbraucherschützenden Regelungen im Bereich der Kreditwirtschaft. Es werden dabei zuerst die Regelungen untersucht, die für fast alle Verbraucher gelten, sobald sie mit einem Kreditinstitut wirtschaftlich in Kontakt treten. Danach werden die Regelungen betrachtet, die nur für Verbraucher gelten, die eine bestimmte Art von Geschäften bei den Kreditinstituten tätigen, wie z. B. Anlage-, Zahlungsverkehrs- oder Kreditgeschäfte.

Aus dem Inhalt: Genereller Schutz der Verbraucher in der Kreditwirtschaft · Verbraucherschutz bei bestimmten Arten von Bankgeschäften

FSC
www.fsc.org
MIX
Papier | Fördert
gute Waldnutzung
FSC® C083411

Kolibri 360 GmbH
Ferdinand-Jühlke-Straße 7
99095 Erfurt, Deutschland
produktsicherheit@kolibri360.de

Druck:
CPI Druckdienstleistungen GmbH
im Auftrag der
Kolibri 360 GmbH
Ferdinand-Jühlke-Str. 7
99095 Erfurt